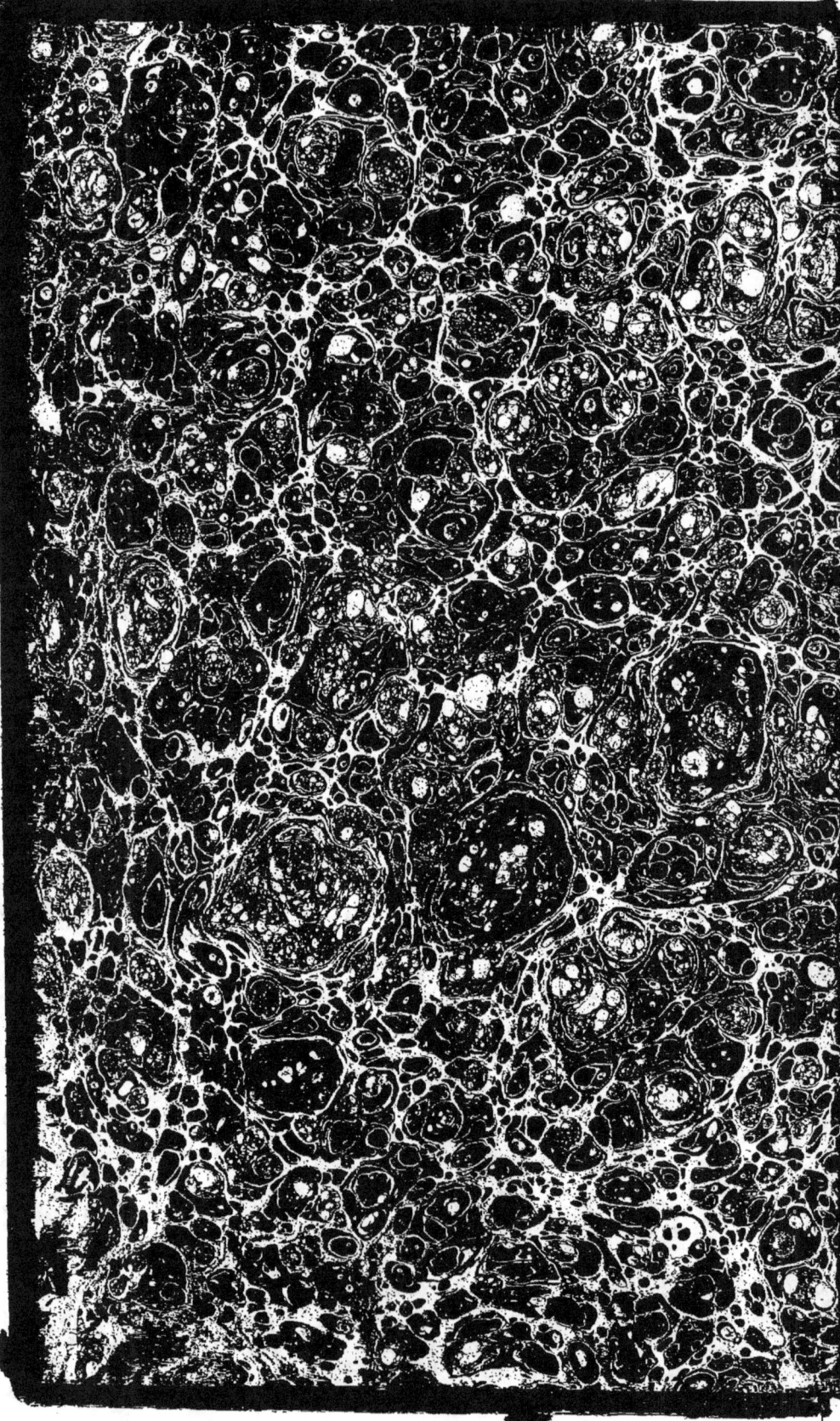

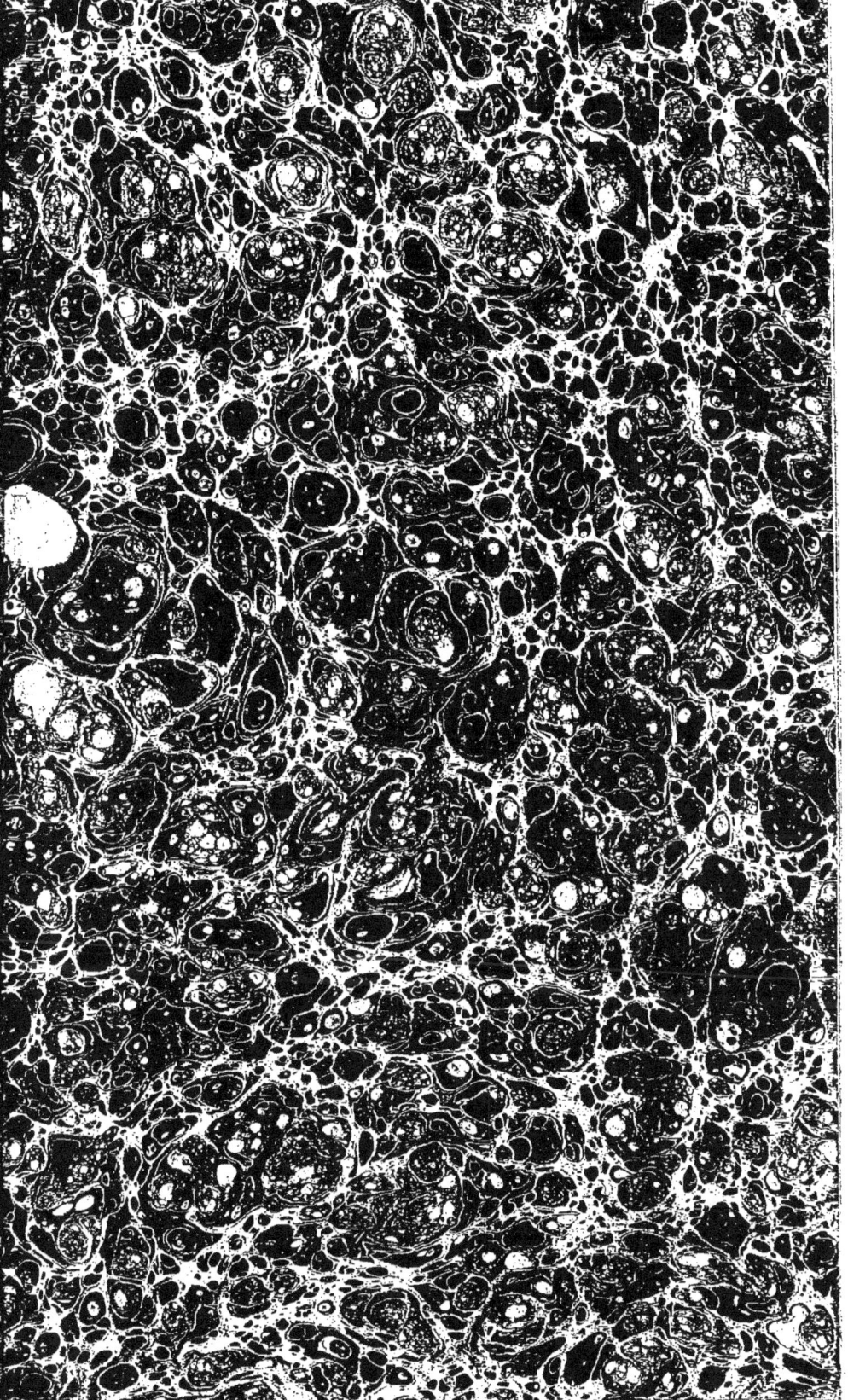

1291 qto.
.H.

VOYAGE

AUX RÉGIONS ÉQUINOXIALES

DU

NOUVEAU CONTINENT.

DE L'IMPRIMERIE DE J. SMITH.

VOYAGE

AUX RÉGIONS ÉQUINOXIALES

DU

NOUVEAU CONTINENT,

FAIT EN 1799, 1800, 1801, 1802, 1803 ET 1804,

PAR AL. DE HUMBOLDT ET A. BONPLAND,

RÉDIGÉ

PAR ALEXANDRE DE HUMBOLDT;

AVEC UN ATLAS GÉOGRAPHIQUE ET PHYSIQUE.

TOME QUATRIÈME.

A PARIS,

A LA LIBRAIRIE GRECQUE - LATINE - ALLEMANDE, RUE DES FOSSÉS-MONTMARTRE, N.º 14.

1817.

VOYAGE
AUX RÉGIONS ÉQUINOXIALES
DU
NOUVEAU CONTINENT.

LIVRE IV.

CHAPITRE X.

Second séjour à Cumana. — Tremblemens de terre. — Météores extraordinaires.

Nous restâmes encore un mois à Cumana. La navigation que nous devions entreprendre sur l'Orénoque et le Rio Negro exigeoit des préparatifs de tout genre. Il falloit choisir les instrumens les plus faciles à transporter dans des canots étroits ; il falloit se munir de fonds pour un voyage de dix mois dans l'intérieur des terres, à travers un pays qui est sans communication avec les côtes. Comme la détermination astronomique des lieux étoit le but le plus important de cette entreprise, j'avois un grand intérêt à ne pas manquer l'observation d'une éclipse de soleil qui devoit être visible à la fin du mois d'octobre. Je préférai rester jusqu'à cette époque à Cumana, où le ciel est généralement beau et serein. Il n'étoit plus temps d'atteindre les rives de l'Orénoque, et la haute vallée de Caracas offroit des chances moins favorables, à cause des vapeurs qui s'accumulent autour des montagnes voisines. En fixant avec précision la longitude de Cumana, j'avois un point de départ pour les déterminations chronométriques, les seules sur lesquelles je pouvois compter, lorsque je ne m'arrêtois pas assez long-temps pour prendre des distances lunaires ou pour observer les satellites de Jupiter.

Il s'en fallut peu qu'un accident funeste ne me forçât à renoncer au voyage à l'Orénoque, ou du moins à l'ajourner pour long-temps. Le 27 octobre, veille de l'éclipse, nous allâmes, comme de coutume, au bord du golfe pour prendre le frais et pour observer l'instant de la pleine mer, dont la hauteur, dans ces parages, n'est que de 12 à 13 pouces.

CHAPITRE X.

Il étoit huit heures du soir, la brise ne souffloit point encore. Le ciel étoit couvert; et, pendant un calme plat, il faisoit une chaleur excessive. Nous traversâmes la plage qui sépare de l'embarcadère le faubourg des Indiens Guaiqueries. J'entendis marcher derrière moi; en me tournant, je vis un homme d'une taille élevée, de la couleur des *Zambos* et nu jusqu'à la ceinture. Il tenoit presque au-dessus de ma tête une *macana*, gros bâton de bois de palmier, renflé vers le bout en forme de massue. J'évitai le coup en faisant un saut vers la gauche. M. Bonpland, qui marchoit à ma droite, fut moins heureux. Il avoit aperçu le Zambo plus tard que moi; il reçut au-dessus de la tempe un coup qui l'étendit par terre. Nous nous trouvions seuls, sans armes, à une demi-lieue de toute habitation, dans une vaste plaine bordée par la mer. Le Zambo, au lieu de m'attaquer de nouveau, s'éloigna lentement pour saisir le chapeau de M. Bonpland, qui, en amortissant un peu la violence du coup, étoit tombé loin de nous. Effrayé de voir mon compagnon de voyage terrassé et sans connoissance pendant quelques instans, je ne m'occupai que de lui. Je l'aidai à se relever;

la douleur et le ressentiment redoublèrent ses forces. Nous nous portâmes sur le Zambo, qui, soit par une lâcheté assez commune dans cette caste, soit parce qu'il aperçut de loin quelques hommes sur la plage, ne nous attendit point, et se mit à fuir vers le *Tunal*, petit bocage de Raquettes et d'Avicennia arborescent. Le hasard le fit tomber en courant; M. Bonpland, qui l'avoit atteint le premier, se prit corps à corps avec lui, et s'exposa au danger le plus imminent. Le Zambo tira un long couteau de son caleçon; et, dans cette lutte inégale, nous aurions été blessés indubitablement, si des négocians biscayens, qui cherchoient le frais sur la plage, n'étoient venus à notre secours. Se voyant entouré, le Zambo ne songea plus à se défendre : il parvint à s'échapper de nouveau; et, après que nous l'eûmes suivi long-temps en courant à travers les Cactus épineux, il se jeta comme par lassitude dans une vacherie, d'où il se laissa conduire tranquillement à la prison.

M. Bonpland eut la fièvre pendant la nuit; mais, plein de courage et doué de cette gaîté de caractère qu'un voyageur doit regarder comme un des dons les plus précieux de la nature, il continua ses travaux dès le lendemain. Le coup de la *macana* avoit porté jusqu'au sommet de la tête; il s'en ressentit deux à trois mois, pendant le séjour que nous fîmes à Caracas. En se baissant pour ramasser des plantes, il fut plusieurs fois saisi d'un étourdissement, qui nous fit craindre qu'il ne se fût formé un dépôt intérieur. Heureusement ces craintes n'étoient pas fondées, et des symptômes, d'abord si alarmans, disparurent peu à peu. Les habitans de Cumana nous donnèrent les marques les plus touchantes de leur intérêt. Nous apprîmes que le Zambo étoit natif d'un des villages indiens qui entourent le grand lac de Maracaybo. Il avoit servi sur un corsaire de l'île de Saint-Domingue; et, à la suite d'une querelle avec le capitaine, il avoit été abandonné sur les côtes de Cumana, lorsque le navire avoit quitté le port. Ayant vu le signal que nous avions fait placer pour observer la hauteur des marées, il guêta le moment où il pourroit nous attaquer sur la plage. Mais pourquoi, après avoir étendu par terre un de nous, sembloit-il se contenter du simple vol d'un chapeau? Dans un interrogatoire qu'il subit, ses réponses furent à la fois si confuses et si stupides, qu'il étoit impossible d'éclaircir nos doutes; le plus souvent il soutenoit que son intention n'avoit pas été de nous voler, mais qu'irrité des mauvais traitemens qu'il avoit endurés à bord du corsaire de Saint-Domingue, il n'avoit pu résister au désir de nous faire du mal, dès qu'il nous avoit entendu parler françois. Comme la justice est si lente dans ce pays, que les détenus dont regorgent les prisons, restent sept à huit ans sans pouvoir obtenir un jugement, nous apprîmes avec quelque satisfaction que, peu de jours après notre départ de Cumana, le Zambo avoit réussi à s'échapper du château Saint-Antoine.

Malgré l'accident fâcheux arrivé à M. Bonpland, je me trouvois, le lendemain 28 octobre, à cinq heures du matin, sur la terrasse de notre maison pour me préparer à l'observation de l'éclipse. Le ciel étoit beau et serein. Le croissant de Vénus, et la constellation du Navire, si éclatante par le rapprochement de ses immenses nébuleuses, se perdirent dans les rayons du soleil levant. J'avois d'autant plus à me féliciter d'un si beau jour que, depuis plusieurs semaines, les orages qui se formoient régulièrement au sud et au sud-est, deux à trois heures après le passage du soleil par le méridien, m'avoient empêché de régler les montres par des hauteurs correspondantes. La nuit, une de ces vapeurs roussâtres qui n'affectent guère l'hygromètre dans les basses couches de l'atmosphère, voiloit les étoiles. Ce phénomène étoit d'autant plus extraordinaire, que, dans d'autres années, il arrive souvent que, pendant trois ou quatre mois, on ne voit pas la moindre trace de nuages et de vapeurs. J'eus une observation complète du progrès et de la fin de l'eclipse. Je déterminai la distance des cornes ou les différences de hauteurs et d'azimuth par le passage aux fils du quart de cercle. La fin de l'éclipse étoit à 2h 14′ 23″,4, temps moyen de Cumana. Le résultat de mon observation, calculée, d'après les anciennes tables, par M. Ciccolini, à Bologne, et par M. Triesnecker, à Vienne, a été publié dans la *Connoissance des temps*[1]. Ce résultat ne différoit pas moins que de 1′9″ en temps de la longitude que j'avois obtenue par le chronomètre; mais recalculée par

---

[1] *An* 9, p. 142. Zach, *Mon. Corresp.* Vol. I, p. 596, (*Voyez* aussi la note A à la fin de ce 4.ᵉ livre.)

M. Oltmanns, d'après les nouvelles tables lunaires de Burg et les tables du soleil de Delambre, l'éclipse et le chronomètre se sont accordés à 10″ près. Je cite cet exemple remarquable d'une erreur réduite à $\frac{1}{7}$ par l'emploi des nouvelles tables, pour rappeler aux voyageurs combien il est de leur intérêt de noter et de publier jusqu'aux moindres détails de leurs observations partielles. L'harmonie parfaite, trouvée sur les lieux mêmes, entre les satellites de Jupiter et les résultats chronométriques, m'avoit inspiré beaucoup de confiance dans la marche du garde-temps de Louis Berthoud, chaque fois qu'il n'étoit point exposé aux fortes secousses des mulets [1].

Les jours qui précédèrent et qui suivirent celui de l'éclipse de soleil, offrirent des phé-

---

[1] Voici les résultats de l'ensemble de mes observations de longitude, faites à Cumana, en 1799 et 1800 :

Par le transport du temps de la
Corogne........................... 4ʰ 26′ 4″.
Par dix Im. et Em. des Satellites... 4ʰ 26′ 6″.
Par des distances lunaires.......... 4ʰ 25′ 32″.
Par l'éclipse du soleil............. 4ʰ 25′ 55″.

Long. de Cumana................ 4ʰ 25′ 54″.
Voyez mes *Obs. astron.*, Vol. I, p. 64-86.

nomènes atmosphériques très-remarquables. C'étoit ce qu'on appelle, dans ces contrées, la saison d'hiver, c'est-à-dire celle des nuages et des petites pluies électriques. Depuis le 10 octobre jusqu'au 3 novembre, à l'entrée de la nuit, une vapeur roussâtre s'élevoit sur l'horizon et couvroit en peu de minutes, comme d'un voile plus ou moins épais, la voûte azurée du ciel. L'hygromètre [1] de Saussure, loin de marcher à l'humidité, rétrogradoit souvent de 90° à 83°. La chaleur du jour étoit de 28° à 32°; ce qui, pour cette partie de la zone torride, est une chaleur très-considérable. Quelquefois, au milieu de la nuit, les vapeurs disparoissoient dans un instant; et, au moment où je plaçois les instrumens, des nuages d'une blancheur éclatante se formoient au zénith et s'étendoient jusque vers l'horizon. Le 18 octobre, ces nuages avoient une transparence

---

[1] Il faut se rappeler que, par cette latitude, à des époques où il ne pleut jamais, l'hygromètre de Saussure se soutient assez constamment entre 85° et 90°, la température étant de 25°-30°. En Europe, au mois d'août, à la même température, l'humidité moyenne de l'atmosphère est de 78°-80. *Voy.* plus haut, T. II, p. 112.

si extraordinaire, qu'ils ne cachoient pas les étoiles de la quatrième grandeur. Je distinguois si parfaitement les taches de la lune, qu'on auroit dit que son disque étoit placé au-devant des nuages. Ils étoient à une hauteur prodigieuse, disposés par bandes et également espacés, comme par l'effet de répulsions électriques. Ce sont ces mêmes petits amas de vapeurs que j'ai vus au-dessus de moi sur le dos des Andes les plus élevées, et qui, dans plusieurs langues, portent le nom de *moutons*. Lorsque la vapeur roussâtre couvroit légèrement le ciel, les grandes étoiles qui, généralement, à Cumana, scintillent à peine au-dessous de 20° ou 25°, ne conservoient pas même au zénith leur lumière tranquille et planétaire. Elles scintilloient à toutes les hauteurs, comme après une forte pluie d'orage [1]. Je fus frappé de cet effet d'une brume

---

[1] Je n'ai observé aucun rapport direct entre le scintillement des étoiles et la sécheresse de l'air dans cette partie de l'atmosphère qui est soumise à nos expériences. J'ai vu souvent à Cumana un fort scintillement des étoiles d'Orion ou du Sagittaire, l'hygromètre de Saussure se soutenant à 85°. D'autres fois ces mêmes étoiles, placées à de grandes hauteurs au-dessus de l'ho-

qui n'affectoit pas l'hygromètre à la surface du sol. Je restois une partie de la nuit assis sur un balcon, d'où je découvrois une grande partie de l'horizon. Sous tous les climats, c'est un spectacle attrayant pour moi de fixer les yeux, par un ciel serein, sur quelque grande constellation, et de voir se former, s'agrandir comme autour d'un noyau central, disparoître et se former de nouveau des groupes de vapeurs vésiculaires.

Du 28 octobre au 3 novembre, la brume roussâtre fut plus épaisse qu'elle ne l'eût encore été : la chaleur des nuits paroissoit étouffante, quoique le thermomètre ne s'élevât qu'à 26°. La brise qui, généralement, rafraîchit l'air dès les

rizon, répandoient une lumière tranquille et planétaire, l'hygromètre étant à 90° et 93°. Ce n'est probablement pas la quantité de vapeurs contenues dans l'air, mais la manière dont la vapeur est répandue, et qui détermine le scintillement, constamment accompagné d'une coloration de lumière, plus ou moins parfaitement dissoute. Il est assez remarquable que, dans les pays du Nord, le scintillement est le plus fort par un très-grand froid, à une époque où l'atmosphère paroît éminemment sèche. (*Voyez* la note B.)

huit ou neuf heures du soir, ne se fit pas sentir du tout. L'atmosphère paroissoit comme embrasée : la terre poudreuse et desséchée se fendilloit de toute part. Le 4 novembre, vers les deux heures après midi, de gros nuages d'une noirceur extraordinaire enveloppèrent les hautes montagnes du Brigantin et du Tataraqual. Ils s'étendirent peu à peu jusqu'au zénith. Vers les quatre heures, le tonnerre se fit entendre au-dessus de nous, mais à une immense hauteur, sans roulement, d'un bruit sec et souvent interrompu. Au moment de l'explosion électrique la plus forte, à 4^h 12′, il y eut deux secousses de tremblement de terre qui se succédèrent à 15 secondes de distance l'une de l'autre. Le peuple jetoit les hauts cris dans la rue. M. Bonpland, qui étoit penché au-dessus d'une table, pour examiner des plantes, fut presque renversé. Je sentis la secousse très-fortement, quoique je fusse étendu dans un hamac. Elle étoit dirigée, ce qui est assez rare à Cumana, du nord au sud. Des esclaves qui tiroient de l'eau d'un puits de plus de dix-huit à vingt pieds de profondeur, près du Rio - Manzanares [1], entendirent un bruit semblable à l'explosion d'une forte charge de poudre à canon. Le bruit sembloit venir du fond du puits, phénomène bien singulier, quoique bien commun dans la plupart des pays de l'Amérique exposés aux tremblemens de terre.

Quelques minutes avant la première secousse, il y eut un coup de vent très-violent, suivi d'une pluie électrique à grosses gouttes. J'essayai de suite l'électricité atmosphérique par l'électromètre de Volta. Les petites boules s'écartoient de 4 lignes; l'électricité passa souvent du positif au négatif, comme c'est le cas pendant les orages, et dans le nord de l'Europe, même quelquefois lors de la chute des neiges. Le ciel resta couvert, et le coup de vent fut suivi d'un calme plat, qui dura toute la nuit. Le coucher du soleil présenta un spectacle d'une magnificence extraordinaire. Le voile épais des nuages se déchira comme par lambeaux, tout près de l'horizon : le soleil parut à 12° de hauteur, sur un fond bleu in-

---

[1] Dans la plantation (*chara*) du colonel d'artillerie don Antonio Montaña. *Voyez* plus haut, Tom. II, p. 287.

digo. Son disque étoit énormément élargi, défiguré et ondoyant vers les bords. Les nuages étoient dorés, et des faisceaux de rayons divergens qui reflétoient les plus belles couleurs de l'iris, s'étendoient jusqu'au milieu du ciel. Il y eut un grand attroupement sur la place publique. Ce phénomène, le tremblement de terre, le coup de tonnerre qui l'avoit accompagné, la vapeur roussâtre vue depuis tant de jours, tout fut regardé comme l'effet de l'éclipse.

Vers les neuf heures du soir, il y eut une troisième secousse beaucoup moins forte que les deux premières, mais accompagnée d'un bruit souterrain très-sensible. Le baromètre étoit un peu plus [1] bas qu'à l'ordinaire;

---

[1] Le 4 nov. 1799, haut barom., à 9 heures du matin, de 336 li. 83; à 4 h. du soir, de 336,04; à 4 h. 30' de 335,92; à 11 h. de 336,42. Le 5 nov., à 9 h. du matin, de 337,02; à 10 h. de 337,00; à 1 h. de 336,72; à 3 h. de 336,25; à 4 h. de 336,20; à 4 h. 30' de 336,52; à 11 h. du soir, 336,86; à 1 h. de la nuit, 336,32; à 4 h. 30' du matin, 336,28. Le 18 août, j'avois été frappé de trouver la hauteur absolue du baromètre un peu moindre qu'à l'ordinaire. Il y eut, ce jour-là, onze fortes secousses de tremblement de terre à Ca-

CHAPITRE X.

mais la marche des variations horaires ou des petites marées atmosphériques ne fut aucunement interrompue. Le mercure se trouvoit précisément au *minimum* de hauteur au moment du tremblement de terre; il continua de monter jusque vers les onze heures du soir, et baissa de nouveau jusqu'à quatre heures et demie du matin, conformément à la loi à laquelle sont sujettes les variations barométriques. La nuit du 3 au 4 novembre, la vapeur roussâtre fut tellement épaisse, que je ne pus distinguer l'endroit où la lune

---

rupano, 22 lieues à l'est de Cumana. Le 25, une légère secousse fut sentie à Cumana; et la hauteur barométrique fut aussi grande qu'à l'ordinaire. Pendant ces deux phénomènes, les marées atmosphériques furent également régulières; seulement, le 25 août, leur étendue étoit de beaucoup plus petite. Je placerai ici, pour chaque jour, les trois observations que nous avons faites, M. Bonpland et moi, à 9 h. du matin, à 4 h. 30′ de l'après-midi, et à 11 h. du soir. Le 18 août : 336,85 ; 335,92 ; 336,75. Le 25 août 337,01 ; 336,80 ; 337,00 : le 26 août 337,50 ; 336,42 ; 337,10 : le 27 août 337,18 ; 336,51 ; 336,87. Ces exemples confirment ce que j'ai exposé plus haut sur l'invariabilité des marées atmosphériques à l'époque des secousses. (Tom. II, p. 284).

2 *

étoit placée, que par un beau halo de 20° de diamètre.

Il y avoit à peine vingt-deux mois que la ville de Cumana avoit été presque totalement détruite par un tremblement de terre. Le peuple regarde les vapeurs qui embrument l'horizon et le manque de brise pendant la nuit, comme des pronostics infailliblement sinistres. Nous eûmes de fréquentes visites de personnes qui s'informoient si nos instrumens indiquoient de nouvelles secousses pour le lendemain. L'inquiétude fut surtout très-grande et très-générale, lorsque, le 5 novembre, exactement à la même heure que la veille, il y eut un coup de vent violent, accompagné de tonnerre et de quelques gouttes de pluie. Aucune secousse ne se fit sentir. Le vent et l'orage se répétèrent pendant cinq ou six jours à la même heure, on auroit presque dit à la même minute. C'est une observation faite depuis long-temps par les habitans de Cumana et de tant d'autres lieux situés entre les tropiques, que les changemens atmosphériques qui paroissent les plus accidentels suivent, pendant des semaines entières, un certain type avec une régularité étonnante. Le même phénomène se manifeste, en été, sous la zone tempérée : aussi n'a-t-il pas échappé à la sagacité des astronomes qui, par un ciel serein, voient souvent pendant trois ou quatre jours de suite se former des nuages au même point du ciel; prendre la même direction, et se dissoudre à la même hauteur, tantôt avant, tantôt après le passage d'une étoile au méridien, par conséquent à peu de minutes près au même *temps vrai* [1].

Le tremblement de terre du 4 novembre, le premier que j'aie senti, fit une impression d'autant plus vive sur moi, qu'il étoit, peut-être accidentellement, accompagné de variations météorologiques si remarquables. C'étoit de plus un véritable soulèvement de bas en haut, et non une secousse par ondulation. Je n'aurois pas cru alors qu'après un long séjour sur les plateaux de Quito et les côtes du Pérou, je deviendrois presque

---

[1] Nous avons été très-attentifs à ce phénomène, M. Arago et moi, pendant une longue série d'observations faites, dans les années 1809 et 1810, à l'observatoire de Paris, pour vérifier la déclinaison des étoiles.

aussi familier avec les mouvemens un peu brusques du sol, que nous le sommes, en Europe, avec le bruit du tonnerre. Dans la ville de Quito, nous ne pensions pas à nous lever la nuit, lorsque des mugissemens souterrains (*bramidos*), qui semblent toujours venir du volcan de Pichincha, annonçoient (2 ou 3, quelquefois 7 ou 8 minutes d'avance) une secousse dont la force est rarement en rapport avec l'intensité du bruit. L'insouciance des habitans qui se rappellent que, depuis trois siècles, leur ville n'a pas été ruinée, se communique facilement à l'étranger le moins hardi. Ce n'est en général pas autant la crainte du danger que la nouveauté de la sensation qui frappe si vivement, lorsqu'on vient d'éprouver pour la première fois les effets du tremblement de terre le plus léger.

Dès notre enfance, l'idée de certains contrastes se fixe dans notre esprit; l'eau nous paroît un élément mobile, la terre une masse immuable et inerte. Ces idées sont, pour ainsi dire, le produit d'une expérience journalière; elles se lient à tout ce qui nous est transmis par les sens. Lorsqu'une secousse se fait sentir; lorsque la terre est ébranlée dans ses vieux fondemens, que nous avions cru si stables, un instant suffit pour détruire de longues illusions. C'est comme un réveil, mais un réveil pénible. On sent qu'on a été trompé par le calme apparent de la nature; on devient dès-lors attentif au moindre bruit, on se méfie, pour la première fois, d'un sol sur lequel, si long-temps, on a posé le pied avec assurance. Si les secousses se répètent, si elles deviennent fréquentes pendant plusieurs jours successifs, l'incertitude disparoît rapidement. En 1784, les habitans du Mexique s'étoient accoutumés à entendre gronder le tonnerre au-dessous de leurs pieds [1], comme nous l'entendons dans la région des nuages. La confiance renaît facilement dans l'homme; et, sur les côtes du Pérou, on finit par s'accoutumer aux ondulations du sol, comme le pilote aux secousses du navire causées par le choc des vagues.

Le tremblement de terre du 4 novembre m'a paru avoir exercé une influence sensible

---

[1] *Los bramidos de Guanaxuato.* Voyez plus haut, Chap. IV, Tom. II, p. 194.

sur les phénomènes magnétiques. J'avois trouvé, peu de temps après mon arrivée sur les côtes de Cumana, l'inclinaison de l'aiguille aimantée de 43°,53 division centésimale. Quelques jours avant le tremblement de terre, j'étois occupé très-assidument à vérifier ce résultat. Le gouverneur de Cumana, qui possédoit beaucoup de livres de sciences, m'avoit prêté l'intéressant *Tratado de Navigacion*[1] de Mendoza; j'avois été frappé de l'assertion qui s'y trouve énoncée, « que l'inclinaison de l'aiguille varie selon les mois et les heures plus fortement que la déclinaison magnétique. » Une suite d'observations que j'avois faites en 1798, conjointement avec le chevalier de Borda, à Paris, et puis seul à Marseille et à Madrid, m'avoit convaincu que les variations diurnes ne pouvoient être aperçues dans les meilleures boussoles d'inclinaison; que si elles existent (comme on doit le supposer), elles n'excèdent pas 8-10 minutes[2], et que les changemens horaires,

---

[1] Tom. II, p. 72.

[2] Les changemens annuels de l'inclinaison paroissent, dans nos climats, de 4-5 minutes; mais, d'après l'ana-

beaucoup plus considérables, indiqués par différens auteurs, devoient être attribués au nivellement imparfait de l'instrument. Malgré ces doutes assez fondés, je n'hésitai point, le 1er novembre, à placer la grande boussole de Borda dans un endroit très-propre aux expériences délicates de ce genre. L'inclinaison se trouva invariablement de 43°,65. Ce nombre est la moyenne de beaucoup d'observations faites avec le plus grand soin. Le 7 novembre, trois jours après les fortes secousses du tremblement de terre, je recommençai la même série d'observations, et je fus étonné de voir que l'inclinaison étoit devenue plus petite de 90 minutes centésimales; elle n'étoit plus que de 42°,75. Je crus que peut-être elle augmenteroit de nouveau en revenant progressivement à son premier état; mais je fus trompé dans mon attente. Un an plus tard, après mon retour de l'Orénoque, je trouvai encore l'inclinaison de

logie des variations diurnes et annuelles de la déclinaison magnétique, il n'est pas indispensable d'admettre que les changemens diurnes d'inclinaison soient plus petites que les changemens annuels.

l'aiguille aimantée, à Cumana, de 42°,80, l'intensité des forces magnétiques étant restée la même avant et après le tremblement de terre. Elle se trouvoit exprimée par 229 oscillations en 10′ de temps, lorsqu'à Madrid elle étoit proportionnelle à 240, à Paris à 245 oscillations. Je déterminai, le 7 novembre, la déclinaison magnétique; elle étoit de 4° 13′ 50″ au nord-est. Je l'avois trouvée, avant le tremblement de terre, à différentes heures du jour, de 5-6 minutes plus grande et plus petite. Les variations horaires masquent les changemens de déclinaison absolue, lorsque celles-ci ne sont pas très-considérables.

En réfléchissant sur l'ensemble de ces phénomènes magnétiques [1], je n'aperçois pas de cause d'erreur qui ait pu altérer le résultat de mes observations d'inclinaison faites avant le 4 novembre. J'ai employé les mêmes précautions, je n'ai pas deplacé l'instrument [2],

---

[1] Le 28 août 1799, inclinaison à l'est, 42°,97; à l'ouest, 44°,10. Le 1.er nov. est, 43°,10; ouest, 44°,20. Le 7 nov. est, 42°,15; ouest, 43°,35. Le 5 sept. 1800 est, 42°,20; ouest, 43°,40.

[2] Nous avons trouvé, en 1805, M. Gay-Lussac et moi (en changeant les pôles dans chaque endroit), à

j'ai noté dans mon journal le détail de chaque observation partielle. Il est même bien remarquable que l'aiguille conservée avec le plus grand soin dans du papier huilé, a donné, après un voyage de 700 lieues, en revenant à Cumana, par la moyenne de 15 observations, à 5 minutes centésimales près, la même inclinaison qu'immédiatement après le tremblement de terre. Je n'ai pas changé, il est vrai, à chaque observation, les pôles de l'aiguille, comme je l'ai fait dans une longue suite d'inclinaisons déterminées conjointement avec M. Gay-Lussac, en 1805 et 1806, en France, en Italie, en Suisse et en Allemagne, et comme les astronomes l'avoient constamment fait dans le second voyage du capitaine Cook. Cette opération est longue et délicate lorsqu'on se voit forcé d'observer presque toujours en plein air. En quittant l'Europe, le chevalier de Borda m'avoit conseillé de ne désaimanter l'aiguille qu'après de certains intervalles, et de tenir compte des différences. Ces différences ne s'élevoient,

---

Milan, dans l'intérieur de la ville, 46° 46′ dans une prairie près de la ville, 65° 36′ anc. div.

à Paris, dans les expériences faites avec M. Lenoir, qu'à 12 minutes; à Mexico, dans différens essais, à 8, 15, 6 et 10 minutes: aussi l'aiguille d'un acier bien trempé a conservé tout son poli pendant cinq ans. De plus, dans le phénomène qui nous occupe, il ne s'agit que d'un changement d'inclinaison apparente, et non d'une quantité absolue. N'ayant pas touché à l'aiguille, je n'entrevois pas la possibilité d'une erreur d'un degré centésimal.

On sait que le choc, en modifiant la position des molécules de fer, de cobalt ou de nicel, modifie aussi leurs propriétés magnétiques; qu'il est capable de donner des pôles, et quelquefois même de les changer. Lorsque je fis connoître les axes magnétiques d'une grande montagne de serpentine polarisante située au nord de Baireuth, en Franconie, M. Lichtenberg, le célèbre physicien de Gottingue, énonça la conjecture que ces axes pouvoient bien être l'effet des tremblemens de terre qui, dans les grandes catastrophes de notre planète, avoient agi long-temps selon une même direction. Nous savons, par les expériences récentes de M. Haüy, que si la chaleur diminue la charge magnétique, elle peut aussi quelquefois rendre attirable à l'aimant de certaines substances [1] dans lesquelles le fer est combiné avec quelque autre principe. On conçoit par-là, jusqu'à un certain point, comment des tremblemens de terre et des agens volcaniques, par les changemens qu'ils produisent dans l'intérieur du globe, à de grandes profondeurs, peuvent modifier les phénomènes magnétiques que nous observons à sa surface. Je n'insisterai pas sur des conjectures si hasardées, et je me bornerai à faire observer ici qu'aux époques où nous avons éprouvé de fréquentes et fortes secousses dans les Cordillères de Quito et sur les côtes du Pérou, nous n'avons jamais pu découvrir aucune variation accidentelle dans l'inclinaison magnétique. Il est vrai que les changemens analogues, produits par les aurores boréales dans la déclinaison de l'aiguille; de même que ceux que j'ai cru remarquer dans l'intensité des forces, ne s'observent aussi que de temps en temps: ils sont d'ailleurs passagers, et cessent avec la durée du phénomène.

La vapeur roussâtre qui embrumoit

---

[1] Par exemple, le fer sulfuré, le fer arsénical.

l'horizon, peu avant le coucher du soleil, avoit cessé depuis le 7 novembre. L'atmosphère avoit repris son ancienne pureté, et la voûte du ciel parut au zénith de cette teinte d'un bleu foncé qui est propre à des climats où la chaleur, la lumière et une grande égalité de charge électrique semblent favoriser à la fois la plus parfaite dissolution de l'eau dans l'air. J'observai, dans la nuit du 7 au 8, l'immersion du second satellite de Jupiter [1]. Les bandes de la planète étoient plus distinctes que je ne les eusse jamais vues auparavant.

Je passai une partie de la nuit à comparer l'intensité de la lumière que répandent les belles étoiles qui brillent dans le ciel austral. J'ai suivi ce travail avec soin sur mer, et pendant mon séjour à Lima, à Guayaquil et à Mexico, dans l'un et l'autre hémisphère. Près d'un demi-siècle s'étoit écoulé depuis que La Caille avoit examiné cette région du ciel, qui reste invisible en Europe. Les étoiles voisines du pôle

---

[1] Je l'observai à $11^h 25' 6''$, temps moyen, d'où résulte, en comparant mon observation à celles de Viviers et de Marseille, long. de Cumana $4^h 26' 6''$. (*Obs. astr.* T. I, p. 79.)

austral sont observées en général avec si peu de suite et d'assiduité, que les plus grands changemens peuvent avoir lieu dans l'intensité de leur lumière et dans leur mouvement propre, sans que les astronomes en aient la moindre connoissance. Je crois avoir remarqué des changemens de ce genre dans la constellation de la Grue et dans celle du Navire. J'ai comparé d'abord, à la simple vue, les étoiles qui ne sont pas très-éloignées les unes des autres, pour les ranger d'après la méthode que M. Herschel [1] a indiquée dans un mémoire lu à la société royale de Londres, en 1796 : dans la suite j'ai employé des diaphragmes diminuant l'ouverture de l'objectif, des verres colorés et non colorés, placés devant l'oculaire, et surtout un instrument de réflexion propre à ramener à la fois deux étoiles dans le champ de la lunette, après avoir égalisé leur lumière en recevant à volonté plus ou moins de rayons réfléchis par la partie étamée du miroir. Je conviens que tous ces moyens photomé-

---

[1] *Phil. trans.*, For, 1796, p. 166. (Comparez aussi Pigott et Goodricke, dans les *Trans.*, vol. 75, T. I, p. 127, 154, et vol. 76, T. I, p. 197.)

triques ne sont pas d'une grande précision; mais je crois que le dernier, qui peut-être n'avoit point encore été employé, pourroit être rendu assez exact, en ajoutant une échelle au support mobile de la lunette du sextant. C'est en prenant des moyennes d'un grand nombre d'évaluations, que j'ai vu décroître l'intensité relative de la lumière des grandes étoiles, de la manière suivante: Sirius, Canopus, α du Centaure, Achernar, β du Centaure, Fomahault, Rigel, Procyon, Beteigeuze, ε du Grand Chien, δ du Grand Chien, α de la Grue, α du Paon. Ce travail dont j'ai publié ailleurs [1] les résultats numériques, augmentera d'intérêt lorsque, de 50 à 60 ans, les voyageurs détermineront de nouveau l'intensité de la lumière des astres, et découvriront quelques-uns de ces changemens que semblent éprouver les corps célestes, soit à leur surface, soit dans leur distance de notre système planétaire.

Quand on a observé long-temps avec les mêmes lunettes, dans nos climats du Nord et sous la zone torride, on est surpris de l'effet

---

[1] *Voy.* la note C à la fin du 4.e livre, et mes *Obs. astr.*, T. I, p. LXXI.

que produisent dans celle-ci, la transparence de l'air et la moindre extinction de la lumière sur la netteté avec laquelle se présentent les étoiles doubles, les satellites de Jupiter ou de certaines nébuleuses. Par un ciel également serein en apparence, on croiroit avoir employé des instrumens plus parfaits, tant ces objets paroissent plus distincts, plus terminés entre les tropiques. On ne peut douter qu'à l'époque où l'Amérique équinoxiale sera le centre d'une grande civilisation, l'astronomie physique gagnera prodigieusement, à mesure que le ciel sera exploré par d'excellentes lunettes, dans les climats secs et brûlans de Cumana, de Coro et de l'île de la Marguerite. Je ne nomme point ici le dos des Cordillères, parce que, à l'exception de quelques hautes plaines assez arides du Mexique et du Pérou, les plateaux très-élevés, ceux dans lesquels la pression barométrique est de 10 ou 11 pouces [1] plus petite qu'au niveau de

---

[1] De 27 à 30 centimètres, par exemple, les plaines qui environnent le volcan de Cotopaxi, entre la ferme de Pansache et Pumaurcu; le plateau de Chusulongo sur la pente d'Antisana, et, au Chimborazo, la plaine au-dessus du *Lac noir*, en péruvien, *yanacocha*. D'a-

la mer, n'offrent qu'un climat brumeux et extrêmement variable. Une grande pureté de l'atmosphère, telle qu'elle règne presque constamment dans les basses régions, pendant la saison des sécheresses, compense l'effet de la hauteur du site et de la rareté de l'air sur les plateaux. Les couches élevées de l'atmosphère éprouvent des changemens brusques dans leur transparence, là où elles enveloppent le dos des montagnes.

La nuit du 11 au 12 novembre étoit fraîche et de la plus grande beauté [1]. Vers le matin, depuis deux heures et demie, on vit, à l'est, les météores lumineux les plus extraordinaires. M. Bonpland, qui s'étoit levé pour jouir du frais sur la galerie, les aperçut le premier. Des milliers de bolides et d'étoiles

près les formules de la *Mécanique céleste* de M. Laplace, l'extinction de la lumière est à la hauteur de ces plateaux 9993; à la cime du Chimborazo 9989; à la plus haute cime de l'Himalaya (supposée avec M. Webb, de 4013 toises) 9987, lorsqu'au niveau de la mer, l'extinction de la lumière est 10000. (*Voy.* mon *Tableau de la Géogr. des Plantes*, 1806.)

[1] Therm. cent. à 11^h du soir 21°,8. Hygr. 82°. Pas de scintillement d'étoiles au-dessus de 10° de hauteur.

filantes se succédèrent pendant quatre heures. Leur direction étoit très-régulièrement du nord au sud; elles remplissoient une partie du ciel qui s'étendoit du véritable point Est, 30° vers le nord et le sud. Sur une amplitude de 60°, on voyoit les météores s'élever au-dessus de l'horizon à l'E.N.E. et à l'E., parcourir des arcs plus ou moins grands, et retomber vers le sud après avoir suivi la direction du méridien [1]. Quelques-uns atteignoient jusqu'à 40° de hauteur; tous dépassoient 25° à 30°. Le vent étoit très-foible dans les basses régions de l'atmosphère, et souffloit de l'Est. On ne voyoit aucune trace de nuages. M. Bonpland rapporte que, dès le commencement du phénomène, il n'y avoit pas un espace du ciel égal en étendue à trois diamètres de la lune, que l'on ne vît, à chaque instant, rempli de bolides et d'étoiles filantes. Les premiers étoient en plus petit

---

[1] Cette uniformité dans la direction avoit aussi frappé plusieurs habitans de Nueva-Barcelona, qui nous en parlèrent à notre retour de l'Orénoque, sans que nous leur eussions communiqué les observations de Cumana.

nombre; mais comme on en voyoit de différente grandeur, il étoit impossible de fixer la limite entre ces deux classes de phénomènes. Tous ces météores laissoient des traces lumineuses de 8 à 10 degrés de longueur, comme c'est souvent le cas dans les régions équinoxiales [1]. La phosphorescence de ces traces ou bandes lumineuses duroit 7 à 8 secondes. Plusieurs étoiles filantes avoient un noyau très-distinct, grand comme le disque de Jupiter, et d'où partoient des étincelles d'une lueur extrêmement vive. Les bolides sembloient se briser comme par explosion; mais les plus gros, de 1° à 1° 15' de diamètre, disparoissoient sans scintillement, et laissoient derrière eux des bandes phosphorescentes (*trabes*), dont la largeur excédoit 15 à 20 minutes. La lumière de ces météores étoit blanche, et non rougeâtre, ce qui devoit être attribué sans doute au manque de vapeurs et à l'extrême transparence de l'air. C'est par la même cause que, sous les tropiques, les étoiles de première grandeur, en se levant, ont une lumière sensiblement plus blanche qu'en Europe.

[1] *Voy.* plus haut, Chap. I, T. I, p. 160.

Presque tous les habitans de Cumana furent témoins de ce phénomène, parce qu'ils quittent leur maison avant quatre heures pour assister à la première messe du matin. Ils ne voyoient pas ces bolides avec indifférence; les plus anciens se souvenoient que les grands tremblemens de terre de 1766 avoient été précédés [1] par un phénomène tout semblable. Au faubourg indien, les Guayqueries étoient sur pied: ils prétendoient « que le feu d'artifice avoit commencé à une heure de la nuit, et qu'en revenant de la pêche dans le golfe, ils avoient déjà aperçu des étoiles filantes, mais très-petites, s'élever à l'est. » Ils assuroient en même temps que, sur ces côtes, les météores ignés étoient très-rares après deux heures du matin.

Depuis quatre heures, le phénomène cessa peu à peu; les bolides et les étoiles filantes devinrent plus rares; cependant on en distinguoit encore quelques-unes vers le nord-est, à leur lueur blanchâtre et à la rapidité de leur mouvement, un quart-d'heure après le lever du soleil. Cette dernière circonstance

---

[1] *Voy.* plus haut, Chap. IV, T. II, p. 273.

paroîtra moins extraordinaire, si je rappelle ici qu'on a vu en plein jour, l'an 1788, dans la ville de Popayan, l'intérieur des appartemens fortement éclairé par un aérolithe d'une énorme grandeur. Il passa vers une heure après midi, par un beau soleil, au-dessus de la ville. Le 26 septembre 1800, lors de notre second séjour à Cumana, nous réussîmes, M. Bonpland et moi, après avoir observé l'immersion du premier satellite de Jupiter[1], à voir distinctement la planète à la simple vue, 18 minutes après que le disque du soleil étoit sur l'horizon. Il y avoit une vapeur très-légère du côté de l'est; mais Jupiter étoit sur un fond azuré. Ces faits prouvent l'extrême pureté et la transparence de l'atmosphère sous la zone torride. La masse de lumière diffuse y est d'autant plus petite, que les vapeurs sont plus parfaitement dissoutes. La même cause par laquelle se trouve affoiblie la diffusion de la lumière solaire, diminue l'extinction de la lumière qui émane soit des

---

[1] Je l'observe à 5^h 10′ 8″, temps moyen : long. de Cumana, déduite des tables de M. Delambre, 4^h 25′ 57″. (*Observ. astr.*, T. I, p. 80.)

bolides, soit de Jupiter, soit de la lune, vue le deuxième jour après sa conjonction.

La journée du 12 novembre fut encore très-chaude, et l'hygromètre indiqua une sécheresse bien considérable pour ces climats [1]. Aussi la vapeur roussâtre embruma de nouveau l'horizon, et s'éleva jusqu'à 14° de hauteur. Ce fut la dernière fois qu'elle se montra dans cette année. Je dois faire observer ici qu'en général elle est aussi rare sous le beau ciel de Cumana, qu'elle est commune à Acapulco, sur les côtes occidentales du Mexique.

Comme, à mon départ d'Europe, les recherches de M. Chladni avoient singulièrement fixé l'attention des physiciens sur les bolides et les étoiles filantes, nous ne négligeâmes pas, pendant le cours de notre voyage de Caracas au Rio Negro, de nous informer partout si les météores du 12 novembre avoient été aperçus. Dans un pays sauvage, où la majeure partie des habitans

---

[1] A 9 heures du matin, therm. cent. 26°,2; hygr. 86°,4. A 1 ʰ, therm. 29°; hygr. 81° (Toujours la division de l'hygromètre de Saussure quand le contraire n'est pas expressément indiqué).

couchent en plein air, un phénomène aussi extraordinaire ne pouvoit rester inaperçu que là où des nuages l'avoient dérobé aux yeux de l'observateur. Le missionnaire capucin de San Fernando de Apure [1], village situé au milieu des savanes de la province de Varinas; les religieux de Saint-François, stationnés près des cataractes de l'Orénoque et à Maroa [2], sur les bords du Rio Negro, avoient vu des étoiles filantes et des bolides sans nombre éclairer la voûte du ciel. Maroa est au sud-ouest de Cumana, à 174 lieues de distance. Tous ces observateurs comparoient le phénomène à un beau feu d'artifice, qui avoit duré de trois à six heures du matin. Quelques religieux avoient marqué le jour sur leur rituel; d'autres le désignoient par les fêtes d'église qui en étoient les plus proches; malheureusement aucun d'eux ne se souvenoit de la direction des météores ou de leur hauteur apparente. D'après la position des montagnes et des forêts épaisses qui entourent les missions des cataractes et le petit village

---

[1] Lat. 7° 53' 12"; long. 70° 20'.
[2] Lat. 2° 42' 0"; long. 70° 21'.

CHAPITRE X. 41

de Maroa, je présume que les bolides ont encore été visibles à 20° de hauteur au-dessus de l'horizon. Arrivé à l'extrémité méridionale de la Guiane espagnole, au petit fort de Saint-Charles, j'y trouvai des Portugais qui avoient remonté le Rio Negro depuis la mission de Saint-Joseph des Maravitains. Ils m'assuroient que, dans cette partie du Brésil, le phénomène avoit été aperçu, au moins jusqu'à San Gabriel das Cachoeiras, par conséquent jusqu'à l'équateur même [1].

J'étois vivement frappé de l'immense hauteur que devoient avoir ces bolides pour être visibles à la fois à Cumana et aux limites du Brésil, sur une ligne de 230 lieues de longueur. Quel fut mon étonnement, lorsqu'à mon retour en Europe, j'appris que le même phénomène avoit été aperçu sur une étendue de globe de 64° en latitude, et

[1] Un peu au nord-ouest de San Antonio de Castanheiro. Je n'ai point trouvé de personnes qui aient observé ce météore à Santa-Fe de Bogota, à Popayan, ou, dans l'hémisphère austral, à Quito et au Pérou. Peut-être l'état de l'atmosphère, si variable dans ces contrées occidentales, a-t-il seul empêché l'observation.

de 91° en longitude, à l'équateur, dans l'Amérique méridionale, au Labrador et en Allemagne ! Pendant mon trajet de Philadelphie à Bordeaux, je trouvai accidentellement dans les *Mémoires de la Société de Pensylvanie* l'observation correspondante de M. Ellicot (lat., 30° 42'), et, lors de mon retour de Naples à Berlin, dans la bibliothèque de Gottingue, le récit des missionnaires Moraves chez les Esquimaux. A cette époque, plusieurs physiciens[1] avoient déjà discuté la coïncidence des observations du Nord avec celles de Cumana, que nous avions publiées, M. Bonpland et moi, dès l'année 1800.

Voici l'indication succincte des faits : 1°. les météores ignés ont été vus à l'est et à l'est-nord-est, jusqu'à 40° de hauteur, de 2 à 6 heures à Cumana (lat. 10° 27' 52", long. 66° 30'); à Portocabello (lat. 10° 6' 52", long. 67° 5'), et sur les frontières du Brésil, près de l'équateur, par les 70° de long. occiden-

---

[1] MM. de Hardenberg, Ritter et Böckmann, dans les *Annales de Gilbert*, T. VI, p. 191; T. XIII, p. 255; T. XIV, p. 116; T. XV, p. 107. *Voigt*, Mag. der Naturkunde, T. IX, p. 468.

tale du méridien de Paris. 2.º Dans la Guiane françoise (lat. 4° 56′, long. 54° 35′), on vit « le ciel comme enflammé dans la partie du Nord. Pendant une heure et demie, d'innombrables étoiles filantes parcouroient le ciel, et répandoient une lumière si vive, qu'on pouvoit comparer ces météores aux gerbes flamboyantes lancées dans un feu d'artifice. »] La connoissance de ce fait repose sur un témoignage infiniment respectable, celui de M. le comte de Marbois, alors déporté à Cayenne, victime de son amour pour la justice et pour une sage liberté constitutionnelle; 3º. M. Ellicot, l'astronome des États-Unis, ayant terminé ses opérations trigonométriques, pour la rectification des limites, sur l'Ohio, se trouva, le 12 novembre, dans le canal de Bahama, par les 25° de latitude et 81° 50° de long. Il vit[1], dans toutes les parties du ciel, « autant de météores que d'étoiles : ils se dirigeoient dans tous les sens; quelques-uns paroissoient tomber perpendiculairement, et l'on s'attendoit à chaque instant à en voir

---

[1] *Phil. trans. of the Améric. soc.*, 1804, vol. 6, p. 29.

descendre sur le vaisseau. » Le même phénomène fut aperçu sur le continent américain jusque par les 30° 42′ de latitude. 4°. Au Labrador, à Nain (lat. 56° 55′), et Hoffenthal (lat. 58° 4′); dans le Grœnland, à Lichtenau (lat. 61° 5′), et Nouveau Herrenhut (lat. 64° 14′, long. 52° 20), les Esquimaux furent effrayés de l'énorme quantité de bolides qui tomboient, pendant le crépuscule, vers tous les points du ciel, et « dont quelques-uns avoient un pied de largeur ». 5°. En Allemagne, Mr Zeissing, curé d'Itterstädt, près de Weimar (lat. 50° 59′, long. or. 9° 1′), aperçut, le 12 novembre, entre 6 et 7 heures du matin (lorsqu'il étoit deux heures et demie à Cumana), quelques étoiles filantes qui avoient une lumière très blanche. « Bientôt après parurent, vers le sud et le sud-ouest, des rayons lumineux, de 4-6 pieds de long, qui étoient rougeâtres, et ressembloient à la traînée lumineuse d'une fusée. Pendant le crépuscule du matin, on vit, entre 7 et 8 heures, la partie sud-ouest du ciel, de temps en temps, fortement éclairée par quelques éclairs blanchâtres qui parcouroient l'horizon en serpentant. La nuit, le froid avoit augmenté, et le baromètre étoit monté. » Il est très-probable que le météore auroit pu être observé plus à l'est, en Pologne et en Russie. Si une notice détaillée n'avoit pas été tirée, par M. Ritter, des papiers du curé d'Itterstädt, nous aurions cru aussi que les bolides n'avoient pas été visibles hors des limites du Nouveau-Continent.

Il y a de Weimar au Rio Negro 1800 lieues marines, du Rio Negro à Herrenhut, dans le Grœnland, 1300 lieues. En admettant que les mêmes météores ignés aient été vus sur des points si éloignés les uns des autres, il faudroit supposer que leur hauteur fût au moins de 411 lieues. Près de Weimar, les fusées parurent au sud et au sud-ouest; à Cumana, à l'est et à l'est-nord-est. On pourroit croire par conséquent que des aérolithes sans nombre seroient tombés dans la mer, entre l'Afrique et l'Amérique méridionale, à l'ouest des îles du Cap-Verd. Mais pourquoi les bo-

---

[1] A Paris et à Londres, le temps étoit couvert : à Carlsruh, M. Böckmann aperçut, avant le crépuscule, des éclairs à la fois au nord-ouest et au sud-est. Le 13 novembre, on vit, à Carlsruh, une lueur particulière au sud-est.

lides, dont la direction n'est pas la même au Labrador et à Cumana, n'ont-ils point été aperçus, dans ce dernier endroit, au nord, comme à Cayenne? On ne sauroit être assez prudent dans une hypothèse sur laquelle nous manquons encore de bonnes observations faites dans les lieux très-distans. J'incline à croire que les Indiens Chaymas de Cumana n'ont pas vu les mêmes bolides que les Portugais du Brésil et les missionnaires du Labrador; toujours on ne sauroit révoquer en doute (et ce fait me paroît extrêmement remarquable) que, dans le Nouveau-Monde, entre le méridien de 46° et 82°, entre l'équateur et le parallèle de 64° nord, on a aperçu, aux mêmes heures, une immense quantité de bolides et d'étoiles filantes. Sur un espace de 921,000 lieues carrées, ces météores ont été partout également resplendissans.

Les physiciens [1] qui récemment ont fait des recherches si laborieuses sur les étoiles filantes et leurs parallaxes, les regardent comme des météores appartenant aux dernières limites de notre atmosphère, placés

[1] MM. Benzenberg et Brandes.

entre la région de l'aurore boréale et celle des nuages [1] les plus légers. On en a vu qui n'avoient que 14,000 toises, environ 5 lieues d'élévation ; les plus hautes ne paroissent pas dépasser 30 lieues. Elles ont souvent plus de cent pieds de diamètre, et leur vitesse est telle qu'elles parcourent en peu de secondes un espace de deux lieues. On en a mesuré dont la direction étoit de bas en haut presque perpendiculaire, ou faisant un angle de 50° avec la verticale. Cette circonstance, très-remarquable, a fait conclure que les étoiles filantes ne sont pas des aérolithes qui, après avoir plané long-temps dans l'espace, comme les corps célestes, s'enflamment en entrant accidentellement dans notre atmosphère, et tombent vers la terre [2].

Quelle que soit l'origine de ces météores

---

[1] D'après les observations que j'ai faites sur le dos des Andes, à plus de 2700 toises de hauteur, sur les *moutons* ou petits nuages blancs et pommelés, il m'a paru que leur élévation au-dessus du niveau des côtes pouvoit être quelquefois de plus 6000 toises.

[2] M. Chladni, qui regardoit d'abord les étoiles filantes comme des aérolithes, a dans la suite abandonné cette idée.

lumineux, il est difficile de concevoir une inflammation instantanée dans une région où il y a moins d'air que dans le vide de nos pompes pneumatiques, où (à 25,000 toises de hauteur) le mercure, dans le baromètre, ne s'élèveroit pas à $\frac{12}{1000}$ lignes. Nous ne connoissons, il est vrai, le mélange uniforme de l'air atmosphérique à $\frac{2}{1000}$ près, que jusqu'à 3000 toises de hauteur, par conséquent pas au delà de la dernière couche des nuages floconeux. On pourroit admettre que, dans les premières révolutions du globe, des substances gazeuses qui nous sont restées inconnues jusqu'ici, se sont élevées vers cette région que parcourent les étoiles filantes : mais des expériences précises faites sur des mélanges de gaz qui n'ont pas la même pesanteur spécifique, prouvent que l'on ne peut admettre une dernière couche de l'atmosphère entièrement différente des couches inférieures. Les substances gazeuses se mêlent et se pénètrent au moindre mouvement; et, dans le cours des siècles, l'uniformité du mélange se seroit établi[1], à moins qu'on ne suppose

---

[1] Voyez mes expériences sur un mélange d'hydro-

CHAPITRE X.

les effets d'une répulsion dont les corps que nous connoissons ne nous offrent aucun exemple. De plus, si nous admettons des fluides aériformes particuliers dans ces régions inabordables des météores lumineux, des étoiles filantes, des bolides et de l'aurore boréale, comment concevoir que la couche entière de ces fluides ne s'enflamme pas à la fois, mais que des émanations gazeuses remplissent, comme les nuages, un espace limité? Comment admettre une explosion électrique sans amas de vapeurs, susceptibles d'une charge inégale, dans un air dont la température moyenne est peut-être de 250° au-dessous du zéro du thermomètre centigrade, et dont la raréfaction est telle, que la compression du choc électrique ne peut presque plus y dégager [1] de la chaleur? Ces difficultés disparoîtroient en

---

gène et d'oxigène, ou sur un air atmosphérique à base d'hydrogène, dans un mémoire sur les réfractions astronomiques, joint à mes *Obs. astron.*; Tom. I, p. 117-120.

[1] Voyez l'explication de la chaleur que produit le choc électrique, donnée par M. Gay-Lussac, dès l'année 1805, et exposée dans un mémoire que j'ai publié avec lui dans le *Journ. de phys.* T. LX.

grande partie, si la direction du mouvement des étoiles filantes permettoit de les considérer comme des corps à noyau solide, comme des phénomènes *cosmiques* (appartenant à l'espace hors des limites de l'atmosphère), et non comme des phénomènes *telluriques* (appartenant à notre seule planète).

En supposant que les météores de Cumana n'eussent que la même hauteur à laquelle se meuvent généralement les étoiles filantes, on a pu voir, au-dessus de l'horizon, les mêmes météores, dans des endroits éloignés les uns des autres de plus de 310 lieues [1]. Or quelle disposition d'incandescence extraordinaire doit avoir régné le 12 novembre dans les hautes régions de l'atmosphère, pour fournir pendant quatre heures des milliards de bolides et d'étoiles filantes, visibles à l'équateur, au Grœnland et en Allemagne. M. Benzenberg observe judicieusement que la même cause qui rend le phénomène plus

[1] C'est cette circonstance qui avoit engagé Lambert à proposer l'observation des étoiles filantes pour la détermination des longitudes terrestres. Il les regardoit comme des signaux célestes vus à de grandes distances.

fréquent, influe aussi sur la grandeur des météores et l'intensité de leur lumière. En Europe, les nuits où il y a le plus grand nombre d'étoiles filantes, sont celles dans lesquelles on en voit de très-lumineuses mêlées à de très-petites. La périodicité du phénomène ajoute à l'intérêt qu'il inspire. Il y a des mois où, dans notre zone tempérée, M. Brandes n'a compté que 60 à 80 étoiles filantes dans une nuit; il y en a d'autres où leur nombre s'est élevé à 2000. Lorsqu'on en observe une qui a le diamètre de Sirius ou de Jupiter, on est sûr de voir succéder à un météore si brillant un grand nombre de météores plus petits. Si, pendant une nuit, les étoiles filantes sont très-fréquentes, il est très-probable que cette fréquence se soutiendra pendant plusieurs semaines. On diroit qu'il y a périodiquement dans les hautes régions de l'atmosphère, près de cette limite extrême où la force centrifuge est balancée par la pesanteur, une disposition particulière pour la production des bolides, des étoiles filantes et de l'aurore boréale [1]. La périodicité de ce grand phéno-

[1] Ritter, sur les périodes de 9 à 10 ans (1788, 1798, 1807), dans les Annales de Gilbert, Tom. XV,

mène dépend-elle de l'état de l'atmosphère, ou de quelque chose que cette atmosphère reçoit de dehors, tandis que la terre avance dans l'écliptique ? Nous ignorons tout cela, comme on l'ignoroit du temps d'Anaxagore.

Quant aux étoiles filantes seules, il me paroît, d'après ma propre expérience, qu'elles sont plus fréquentes dans la région équinoxiale que sous la zone tempérée, au-dessus des continens et près de certaines côtes, qu'au milieu des mers. La surface rayonnante du globe, et la charge électrique des basses régions de l'atmosphère, qui varie d'après la nature du sol et le gisement des continens et des mers, exercent-elles leur influence jusqu'à des hauteurs où règne un hiver éternel ? L'absence entière des nuages, même des plus petits, dans de certaines saisons, ou au-dessus de quelques plaines arides et dépourvues de végétaux,

---

p. 212 ; Tom. XVI, p. 224. Il distingue, comme plusieurs physiciens, les bolides mêlés aux étoiles filantes, de ces météores lumineux, qui sont enveloppés de fumée et de vapeurs, qui font explosion avec fracas, et laissent tomber (le plus souvent le jour) des aérolithes. Ces derniers n'appartiennent certainement pas à notre atmosphère.

CHAPITRE X.

semblent prouver que cette influence est sensible, au moins jusqu'à cinq ou six mille toises de hauteur. Dans un pays hérissé de volcans, sur le plateau des Andes, on a observé, il y a trente ans, un phénomène analogue à celui du 12 novembre. On vit à la ville de Quito, s'élever dans une seule partie du ciel, au-dessus du volcan de Cayambe, un si grand nombre d'étoiles filantes, que l'on crut toute la montagne embrasée. Ce spectacle extraordinaire dura plus d'une heure : le peuple s'attroupa dans la plaine de l'Exido, où l'on jouit d'une vue magnifique sur les plus hautes cimes des Cordillères. Déjà une procession étoit sur le point de sortir du couvent de Saint-François, lorsqu'on s'aperçut que l'embrasement de l'horizon étoit dû à des météores ignés qui parcouroient le ciel dans toutes les directions, à 12 ou 15 degrés de hauteur.

CHAPITRE XI.

Trajet de Cumana à la Guayra. — Morro de Nueva Barcelona. — Cap Codera. — Route de la Guayra à Caracas.

Le 18 novembre, à huit heures du soir, nous étions sous voile pour passer, le long des côtes, de Cumana au port de la Guayra, par lequel les habitans de la province de Venezuela exportent la majeure partie de leurs productions. Le trajet n'est que de 60 lieues, et ne dure le plus souvent que 36 à 40 heures. Les petits bâtimens côtiers sont favorisés à la fois par le vent et les courans : ceux-ci portent avec plus ou moins de force de l'est à l'ouest le long des côtes de la Terre-Ferme, surtout du cap Paria à celui de Chichibacoa. Le chemin de terre de Cumana à Nueva Barcelona, et de là à Caracas, est à peu près dans le même état qu'avant la découverte de l'Amérique. Il faut lutter contre les obstacles qu'opposent un terrain fangeux, des blocs de rochers épars et la force de la végétation; il faut coucher à la belle étoile, passer les vallées de l'Unare, du Tuy et du Capaya, traverser des torrens qui croissent rapidement à cause de la proximité des montagnes. A ces obstacles se lient les dangers qui naissent de l'extrême insalubrité du pays qu'on traverse. Les terrains très-bas, entre la chaîne côtière et le rivage de la mer, sont extrêmement malsains, depuis la baie de Mochima jusqu'à Coro. Mais cette dernière ville, entourée d'un immense bocage de raquettes ou Cactus épineux, doit, de même que Cumana, la grande salubrité de son climat à l'aridité de son sol et au manque de pluies.

On préfère quelquefois le chemin de terre au trajet par mer, lorsqu'on retourne de Caracas à Cumana, et que l'on craint de remonter contre le courant. Le courier de Caracas met neuf jours à faire cette route : nous avons vu souvent les personnes qui l'avoient suivi, arriver à Cumana malades de fièvres nerveuses et miasmatiques. L'arbre, dont l'écorce [1]

---

[1] *Cortex Angosturæ* de nos pharmacies, l'écorce du Bonplandia trifoliata (*Voyez* plus haut, T. III, p. 35.)

fournit un remède salutaire contre ces fièvres, croît dans ces mêmes vallons, sur la lisière de ces mêmes forêts, dont les exhalaisons sont si dangereuses. M. Bonpland a reconnu le Cuspare parmi les végétaux du golfe de Santa-Fe, situé entre les ports de Cumana et de Barcelone. Le voyageur souffrant s'arrête dans une chaumière dont les habitans ignorent les qualités fébrifuges des arbres qui ombragent les vallons d'alentour.

En passant par mer de Cumana à la Guayra, notre projet étoit de séjourner à la ville de Caracas jusqu'à la fin de la saison des pluies, de nous diriger de là, à travers les grandes plaines ou *Llanos*, sur les missions de l'Orénoque, de remonter cette immense rivière, au sud des cataractes jusqu'au Rio Negro et aux frontières du Brésil, et de revenir à Cumana par la capitale de la Guiane espagnole, appelée vulgairement, à cause de sa position, l'*Angostura* ou le *Détroit*. Il ne nous fut aucunement possible de fixer le temps qu'il faudroit pour terminer ce voyage de 700 lieues, dont plus des deux tiers devoient être faits en canot. On ne connoît sur les côtes que les parties de l'Orénoque les plus proches de son embouchure. Aucune relation de commerce n'est entretenue avec les missions. Tout ce qui est au-delà des Llanos est un pays inconnu aux habitans de Cumana et de Caracas. Les uns pensent que les plaines de Calabozo couvertes de gazon se prolongent huit cents lieues au sud, en communiquant avec les steppes ou Pampas de Buenos-Ayres; les autres, se rappelant la grande mortalité qui régnoit parmi la troupe d'Iturriaga et de Solano, lors de leur expédition à l'Orénoque, regardent tout le pays au sud des cataractes d'Atures, comme excessivement dangereux pour la santé. Dans une contrée où l'on voyage si rarement, on se plaît à exagérer aux étrangers les difficultés qu'opposent le climat, les animaux et l'homme sauvage. Nous étions encore peu accoutumés à ces moyens de découragement que les colons emploient avec une candeur à la fois naïve et affectueuse : mais nous persistâmes dans le projet que nous avions formé. Nous pouvions compter sur l'intérêt et la sollicitude du gouverneur de Cumana, don Vicente Emparan, de même que sur les recommandations des religieux de Saint-François, qui sont les véritables maîtres des rives de l'Orénoque.

«Heureusement pour nous, un de ces religieux, Juan Gonzales, se trouvoit à cette époque à Cumana. Ce jeune moine n'étoit qu'un frère lai; mais il étoit éclairé, très-intelligent, plein de vivacité et de courage. Peu de temps après son arrivée sur la côte, il avoit eu le malheur de déplaire à ses supérieurs, lors de l'élection d'un nouveau gardien des missions de Piritu, qui est l'époque des grandes agitations dans le couvent de Nueva Barcelona. Le parti vainqueur exerça une réaction si générale, que le frère lai ne put y échapper. Il fut envoyé à l'Esmeralda, dernière mission du Haut-Orénoque, renommée par l'innombrable quantité d'insectes malfaisans dont l'air y est constamment rempli. Fray Juan Gonzales connoissoit à fond les forêts qui s'étendent depuis les cataractes jusque vers les sources de l'Orénoque. Une autre révolution dans le gouvernement républicain des moines, l'avoit ramené depuis quelques années sur les côtes, où il jouissoit, et à juste titre, de l'estime de ses supérieurs. Il nous fortifioit dans notre désir d'examiner la bifurcation si contestée de l'Orénoque : il nous donna des conseils utiles sur la conservation de notre santé, dans des climats dans lesquels lui-même avoit souffert si long-temps des fièvres intermittentes. Nous avons eu la satisfaction de retrouver, à Nueva Barcelona, le frère Juan à notre retour du Rio Negro. Voulant passer de la Havane à Cadiz, il se chargea obligeamment de transporter en Europe une partie de nos herbiers et de nos insectes de l'Orénoque : mais ces collections furent malheureusement englouties avec lui par la mer. Cet excellent jeune homme, qui nous étoit vivement attaché, et dont le zèle courageux auroit pu rendre de grands services aux missions de son ordre, périt, en 1801, dans une tempête, sur les côtes d'Afrique.

Le bateau qui nous conduisit de Cumana à la Guayra [1], étoit un de ceux qui font le commerce des côtes et des îles Antilles. Ils ont trente pieds de long, et pas au-delà de trois pieds de hauteur sur les bords : ils ne sont pas pontés, et leur charge est généralement de deux cents à deux cent cinquante quintaux. Quoique la mer soit très-houleuse

---

[1] On paie ce trajet 120 piastres si l'on dispose du bateau entier.

depuis le cap Codera jusqu'à la Guayra, et qu'ils portent une énorme voile triangulaire assez dangereuse dans les rafales qui sortent des gorges de montagnes, on n'a pas d'exemple, depuis trente ans, qu'un de ces bateaux ait sombré dans le trajet de Cumana aux côtes de Caracas. Telle est l'habileté des pilotes Guaiqueries, que les naufrages sont même très-rares dans les voyages fréquens qu'ils font de Cumana à la Guadeloupe ou aux îles danoises, entourées de brisans. Ces navigations de 120 à 150 lieues par une mer libre, hors de la vue des côtes, s'exécutent dans des bateaux ouverts, à la manière des anciens, sans observation de la hauteur méridienne du soleil, sans cartes marines, presque toujours sans boussole. Le pilote indien se dirige de nuit d'après l'étoile polaire, et de jour d'après le cours du soleil et le vent, qu'il suppose peu variable. J'ai vu des Guaiqueries et des pilotes de la caste des Zambos, qui savoient trouver la polaire par l'alignement de α et β de la grande Ourse, et il m'a semblé qu'ils gouvernoient moins d'après la vue de la polaire que d'après cet alignement. On est surpris que, si souvent,

CHAPITRE XI. 61

à la première vue de terre, ils trouvent l'île de la Guadeloupe, Sainte-Croix ou Porto-Rico; mais la compensation des erreurs de route n'est pas toujours également heureuse. Les bateaux, en attérant sous le vent, ont beaucoup de difficulté à remonter vers l'est, contre le vent et les courans. Souvent, en temps de guerre, les pilotes paient cher leur ignorance et le manque d'usage de l'Octant, parce que les corsaires croisent près de ces mêmes caps, que les bateaux de la Terre-Ferme, égarés dans leur route, doivent reconnoître pour assurer leur point.

Nous descendîmes rapidement la petite rivière du Manzanares, dont des cocotiers marquent les sinuosités, comme les peupliers et les vieux saules dans nos climats. Sur la plage voisine et aride, les buissons épineux qui, de jour, n'offrent que des feuilles couvertes de poussière, brilloient, pendant la nuit, de mille étincelles lumineuses. Le nombre des insectes phosphorescens augmente dans la saison des orages. On ne se lasse pas d'admirer, sous la région équinoxiale, l'effet de ces feux mobiles et rougeâtres qui, reflétés par une eau limpide, confondent leurs images avec celles de la voûte étoilée du ciel.

Nous quittâmes les bords de Cumana comme si nous les avions long-temps habités. C'étoit la première terre à laquelle nous avions touché sous une zone vers laquelle tendoient mes vœux depuis ma première jeunesse. Il y a quelque chose de si grand et de si puissant dans l'impression que fait la nature sous le climat des Indes, qu'après un séjour de quelques mois on croit y avoir vécu une longue suite d'années. En Europe, l'habitant du Nord et des plaines éprouve une émotion presque semblable, lorsqu'il quitte, même après un voyage de peu de durée, les bords du golfe de Naples, la campagne délicieuse entre Tivoli et le lac de Nemi, ou les sites sauvages et imposans des Hautes-Alpes et des Pyrénées. Cependant, partout, sous la zone tempérée, la physionomie des végétaux offre des effets peu contrastés. Les pins et les chênes qui couronnent les montagnes de la Suède, ont un certain air de famille avec ceux qui végètent sous le beau climat de la Grèce et de l'Italie. Entre les tropiques, au contraire, dans les basses régions des deux Indes, tout paroît neuf et merveilleux dans la nature. Au milieu des champs, dans l'épaisseur des forêts, presque tous les souvenirs de l'Europe sont effacés; car c'est la végétation qui détermine le caractère du paysage; c'est elle qui agit sur notre imagination par sa masse, le contraste de ses formes, et l'éclat de ses couleurs. Plus les impressions sont fortes et neuves, plus elles affoiblissent les impressions antérieures. La force leur donne l'apparence de la durée. J'en appelle à ceux qui, plus sensibles aux beautés de la nature qu'aux charmes de la vie sociale, ont fait un long séjour dans la zone torride. Qu'elle leur reste chère et mémorable pour la vie, la première terre où ils ont abordé! Un désir vague de la revoir se renouvelle en eux jusque dans l'âge le plus avancé. Cumana et son sol poudreux se présentent encore aujourd'hui plus souvent à mon imagination, que toutes les merveilles des Cordillères. Sous le beau ciel du midi, la lumière et la magie des couleurs aériennes embellissent une terre presque dénuée de végétaux. Le soleil n'éclaire pas seulement, il colore les objets, il les enveloppe d'une vapeur légère qui, sans altérer la transparence de l'air, rend les teintes plus harmonieuses, adoucit les effets de lumière, et répand dans la nature le calme qui se reflète dans notre âme. Pour expliquer cette vive impression que laisse l'aspect du paysage dans les deux Indes, même sur des côtes peu boisées, il suffit de rappeler que la beauté du ciel augmente, de Naples vers l'équateur, à peu près autant que depuis la Provence jusqu'au midi de l'Italie.

Nous passâmes à la haute marée la barre qu'a formée à son embouchure la petite rivière du Manzanares. La brise du soir soulevoit mollement les vagues dans le golfe de Cariaco. La lune n'étoit pas levée; mais la partie de la voie lactée qui s'étend des pieds du Centaure vers la constellation du Sagittaire, sembloit verser une lumière argentée sur la surface de l'Océan. Le rocher blanc que surmonte le château Saint-Antoine, paroissoit de temps en temps entre les hautes cimes des cocotiers qui bordent le rivage. Bientôt nous ne reconnûmes les côtes que par les lumières éparses des pêcheurs Guaiqueries. C'est alors que nous sentîmes doublement le charme de ces lieux et le regret de nous en éloigner. Il y avoit cinq mois que nous étions débarqués sur cette plage comme sur une terre nouvellement découverte, étrangers à tout ce qui nous environnoit, approchant avec méfiance de chaque buisson, de chaque lieu humide et ombragé. Aujourd'hui cette même côte disparut à nos yeux, en nous laissant des souvenirs qui sembloient dater de loin. Le sol, les rochers, les plantes, les habitans, tout nous étoit devenu familier.

Nous cinglâmes d'abord au N.N.O. en nous approchant de la péninsule d'Araya; puis nous courûmes 30 milles sur l'O. et sur l'O.S.O. En avançant vers le bas-fond qui entoure le cap Arenas, et qui se prolonge jusque vers les sources de pétrole de Maniquares, nous jouîmes d'un de ces spectacles variés que la grande phosphoréscence de la mer offre si souvent dans ces climats. Des bandes de marsouins se plaisoient à suivre notre embarcation. Quinze ou seize de ces animaux nageoient à égales distances. Lorsqu'en tournant sur eux-mêmes, ils frappoient de leur large nageoire la surface de l'eau, ils répandoient une lueur brillante : on auroit dit des flammes qui sortoient du fond de la mer. Chaque bande, en sillonnant la surface des eaux, laissoit derrière elle une traînée de lumière. Cet aspect nous frappoit d'autant plus, que le reste des ondes n'étoit point phosphorescent. Comme le mouvement d'une rame et le sillage du bateau ne produisoient dans cette nuit que de foibles étincelles, il est naturel de croire que la vive phosphorescence causée par les marsouins étoit due non-seulement à l'impulsion de leur nageoire, mais encore à la matière gélatineuse qui enveloppe la surface de leur corps, et se détache par le choc des vagues.

A minuit, nous nous trouvâmes entre des îles arides et rocheuses qui s'élèvent comme des bastions au milieu de la mer; c'est le groupe des îlots Caracas et Chimanas[1]. La lune étoit sur l'horizon; elle éclairoit ces rochers fendillés, sans herbes et d'un aspect bizarre. La mer, entre Cumana et le cap Codera, forme aujourd'hui une espèce de baie, un léger enfoncement dans les terres. Les îlots Picua, Picuita, Caracas et Boracha

[1] Il y a trois îles Caracas et huit îles Chimanas.

offrent comme les débris de l'ancienne côte qui se prolongeoit depuis Bordones dans une même direction de l'est à l'ouest. Derrière ces îles se trouvent les golfes de Mochima et de Santa-Fe qui deviendront sans doute un jour des ports fréquentés. Le déchirement des terres, la fracture et l'inclinaison des couches, tout annonce ici les effets d'une grande révolution. C'est peut-être la même qui a brisé la chaîne de montagnes primitives, et séparé les schistes micacés d'Araya et de l'île de la Marguerite des gneiss du cap Codera. Plusieurs de ces îles sont visibles à Cumana de la terrasse des maisons, où elles présentent, selon la superposition de couches d'air plus ou moins chaudes, les effets de suspension et de mirage les plus extraordinaires [1]. La hauteur de ces rochers n'excède probablement pas 150 toises; mais, de nuit, éclairés par la lune, ils paroissent d'une élévation très-considérable.

On peut être étonné de trouver des îles Caracas si loin de la ville de ce nom, vis-à-vis la côte des Cumanagotes; mais la déno-

---

[1] Voyez la note D à la fin du livre.

mination de Caracas [1] désignoit, au commencement de la conquête, non un site particulier, mais une tribu d'Indiens voisins des Teques, des Taramaynas et des Chagaragates. Le groupe d'îles si montueuses que nous rangeâmes de près, nous ôtoit le vent; et, au lever du soleil, de petits filets de courans nous portoient vers la Boracha. C'est la plus grande de toutes ces îles. Comme les rochers s'élèvent presque perpendiculairement, le fond est acore; et, dans un autre voyage, j'y ai vu mouiller des frégates presque en touchant la terre. La température de l'atmosphère avoit augmenté sensiblement depuis que nous avions cinglé entre les îles de ce petit archipel. Leurs roches s'échauffent pendant le jour, et rendent, la nuit, par rayonnement, une partie de la chaleur absorbée. A mesure que le soleil montoit au-dessus de l'horizon, les montagnes brisées projetoient leurs grandes ombres sur la surface de

---

[1] *Oviedo y Baños*, *Hist. de Venezuela*, Lib. III, Cap. ix, p. 140. Une des petites Antilles, la Guadeloupe, s'appeloit anciennement aussi Caracqueira. *Petr. Martyr, Ocean.* Dec. III, Lib. IX, p. 306.

l'Océan. Les Famants commençoient leur pêche partout où, dans une anse, les rochers calcaires étoient bordés par une plage étroite. Tous ces îlots sont aujourd'hui entièrement inhabités; mais sur une des Caraques, on trouve des chèvres sauvages, brunes, d'une taille très-élevée, rapides à la course, et ayant (à ce que disoit notre pilote indien) la chair d'un goût exquis. Il y a trente ans qu'une famille de blancs s'étoit établie sur cet îlot : elle cultivoit du maïs et du manioc. Le père survécut seul à ses enfans. Comme son aisance avoit augmenté, il acheta deux esclaves noirs : ce fut la cause de son malheur. Il fut tué par ses esclaves. Les chèvres devinrent sauvages, mais non les plantes cultivées. Le maïs en Amérique, comme le froment en Europe, ne semblent se conserver que par les soins de l'homme, auquel ils sont liés depuis ses premières migrations. Nous voyons se disséminer quelquefois ces graminées nourrissantes; mais lorsqu'elles sont abandonnées à elles-mêmes, les oiseaux empêchent leur reproduction en détruisant les graines. Les deux esclaves de l'île de Caracas échappèrent long-temps à la justice : on avoit de la peine à constater un crime commis dans un lieu si solitaire. L'un de ces noirs est aujourd'hui le bourreau de Cumaná. Il avoit dénoncé son complice; et, d'après l'usage barbare de ce pays, comme on manquoit d'exécuteur public, on fit grâce à l'esclave, sous la condition qu'il se chargeroit de pendre tous les détenus, dont l'arrêt de mort étoit prononcé depuis long-temps. On a de la peine à croire qu'il y ait des hommes assez féroces pour racheter leur vie à ce prix, et exécuter de leurs mains ceux qu'ils ont dénoncés la veille.

Nous quittâmes des lieux qui laissent des souvenirs si pénibles, et nous mouillâmes, pour quelques heures, dans la rade de Nueva Barcelona, à l'embouchure du Rio Neveri, dont le nom indien (Cumanagote) est Enipiricuar. La rivière est remplie de crocodiles qui poussent quelquefois leurs excursions jusqu'en pleine mer, surtout par un temps de calme. Ils sont de l'espèce qui est si commune dans l'Orénoque, et qui ressemble à tel point au crocodile de l'Egypte, qu'on l'a long-temps confondu avec lui. On conçoit qu'un animal, dont le corps est entouré d'une espèce de cuirasse, doit être assez indifférent à la salure de l'eau. Déjà Pigafetta [1], comme il le rapporte dans son journal récemment publié à Milan, avoit vu, sur les côtes de l'île de Bornéo, des crocodiles qui habitent également la terre et la mer. Ces faits doivent intéresser les géologues, depuis que leur attention a été fixée sur les formations d'eau douce et sur le mélange curieux de pétrifications marines et fluviatiles que l'on observe quelquefois dans de certaines roches très-récentes.

Le port de Barcelone, dont le nom se trouve à peine sur nos cartes, fait un commerce très-actif depuis l'année 1795. C'est par ce port que s'écoulent, en grande partie, les produits de ces vastes steppes qui s'étendent depuis le revers méridional de la chaîne côtière jusqu'à l'Orénoque, et qui abondent en bétail de toute espèce, presque comme les Pampas de Buenos-Ayres. L'industrie commerçante de ces contrées se fonde sur le besoin qu'ont les grandes et petites Antilles de viandes salées, de bœufs, de mulets et de chevaux. Les côtes de la Terre-Ferme étant opposées à celles de l'île de Cuba,

---

[1] *Trad. de M. Amoretti*, p. 154.

dans un éloignement de 15 à 18 jours de navigation, les négocians de la Havane aiment mieux, surtout en temps de paix, tirer leurs provisions du port de Barcelone, que de courir les chances d'un long voyage dans l'autre hémisphère, à l'embouchure du Rio de la Plata. Sur une population noire de 1,300,000 que renferme déjà aujourd'hui l'archipel des Antilles, Cuba seule a plus de 230,000 esclaves [1], dont la nourriture se compose de légumes, de viandes salées et de poisson desséché. Chaque bâtiment qui fait le commerce de la viande salée ou du *tasajo* de la Terre-Ferme, en charge vingt à trente mille arobes, dont le prix de vente est de plus de 45,000 piastres. Barcelone, par sa situation, est singulièrement favorisé, pour le commerce du bétail. Les animaux n'ont que trois jours de

---

[1] Les débats des *Cortès* de Cadiz sur l'abolition de la traite ont engagé le Consulado de la Havane à faire, en 1811, des recherches exactes sur la population de l'île de Cuba : on l'a trouvée de 600,000 âmes, dont 274,000 blancs, 114,000 hommes libres de couleur, et 212,000 nègres esclaves. L'évaluation publiée dans mon ouvrage sur le Mexique, T. II, p. 7, étoit donc encore de beaucoup trop petite.

marche depuis les Llanos jusqu'au port, tandis que, à cause de la chaîne de montagnes du Bergantin et de l'Imposible, ils en mettent huit ou neuf jusqu'à Cumana. D'après les renseignemens que j'ai pu me procurer, on embarquoit, pendant les années 1799 et 1800, à Barcelone 8000, à Porto-Cabello 6000, à Carupano 5000 mulets pour les îles espagnoles, angloises et françoises. J'ignore l'exportation précise de Burburata, de Coro et des embouchures du Guarapiche et de l'Orénoque; mais je pense que, malgré les causes qui ont diminué le nombre des bestiaux dans les Llanos de Cumana, de Barcelone et de Caracas, ces steppes immenses ne fournissoient pourtant, à cette époque, pas moins de 30,000 mulets par an au commerce avec les Antilles. En évaluant chaque mulet à 25 piastres (prix d'achat), on voit que cette branche de commerce seule rend près de 3,700,000 francs, sans compter le gain sur le frêt des bâtimens. M. de Pons [1], d'ailleurs très-exact dans ses données statistiques, s'arrête à des nombres moins grands. Comme il

---

[1] *Voyage à la Terre-Ferme*, T. II, p. 386.

n'a pu visiter lui-même les Llanos, et que sa place d'agent du gouvernement françois l'a forcé de résider constamment à la ville de Caracas, les propriétaires des *hâtes* lui auront peut-être communiqué des évaluations trop foibles. Je réunirai plus bas, dans un chapitre particulier, tout ce qui a rapport au commerce et à l'industrie agricole de ces pays.

Débarqués sur la rive droite du Neveri, nous montâmes à un petit fort, *el Morro de Barcelona*, placé à 60 ou 70 toises d'élévation au-dessus du niveau de la mer. C'est un rocher calcaire nouvellement fortifié. Il est dominé, au sud, par une montagne beaucoup plus élevée, et les gens de l'art assurent qu'il ne seroit pas difficile à l'ennemi, après avoir débarqué entre l'embouchure de la rivière et le Morro, de tourner celui-ci pour établir des batteries sur les hauteurs environnantes. Nous restâmes cinq heures dans le fortin, dont la garde est confiée à la milice provinciale. Nous attendîmes vainement des renseignemens sur les corsaires anglois stationnés le long de la côte. Deux de nos compagnons de voyage, frères du marquis del Toro de Caracas, venoient d'Espagne, où ils avoient servi dans les gardes du Roi. C'étoient des officiers d'un esprit très-cultivé, qui retournoient, après une longue absence, conjointement avec le brigadier M. de Caxigal et le comte Tovar, dans leur pays natal. Ils devoient craindre, plus que nous, d'être faits prisonniers et amenés à la Jamaïque. Je n'avois point de passeport de l'amirauté ; mais, sûr de la protection que le gouvernement britannique accorde à ceux qui voyagent pour le progrès des sciences, j'avois écrit, dès mon arrivée à Cumana, au gouverneur de l'île de la Trinité, pour lui exposer le but de mes recherches. La réponse que je reçus par la voie du golfe de Paria, fut entièrement satisfaisante.

La vue dont on jouit au haut du Morro est assez belle. On a l'île rocheuse de la Boracha à l'est, le promontoire d'Unare, qui est très-élevé, à l'ouest, et à ses pieds l'embouchure du Rio Neveri et les plages arides, sur lesquelles les crocodiles viennent dormir au soleil. Malgré l'extrême chaleur de l'air (le thermomètre exposé au reflet de la roche calcaire blanche, montoit à 38°), nous parcourûmes la colline. Un heureux hasard nous fit observer un phénomène géologique très-curieux, et que nous n'avons retrouvé depuis que dans les Cordillères du Mexique [1]. Le calcaire de Barcelone a la cassure matte, égale ou conchoïde, à cavités très-aplaties. Il est divisé en couches assez minces, et offre moins d'analogie avec le calcaire de Cumanacoa qu'avec celui de Caripe, qui renferme la caverne du Guacharo. Il est traversé par des bancs de *jaspe schisteux* [2], noir, à cassure conchoïde, se brisant en fragmens de forme parallélipipède. Ce fossile n'offre pas de ces petits filets de quarz si communs dans la pierre lydienne. Il se décompose à sa surface en une croûte gris-jaunâtre, et n'agit point sur l'aimant. Ses bords, un peu translucides, le rapprochent des *hornstein* (pierre de corne), qui sont si communs dans les calcaires secondaires [3]. Il est remarquable de

---

[1] *Essai politique sur la Nouvelle-Espagne*, T. III, p. 416.

[2] *Kieselschiefer* de Werner.

[3] En Suisse, la pierre de corne (*hornstein*) faisant passage au jaspe commun, se rencontre par rognons et par couches dans le calcaire alpin et le calcaire du Jura, surtout dans le premier.

trouver ici le jaspe schisteux qui, en Europe, caractérise les roches de transition [1] dans une roche qui a beaucoup d'analogie avec le calcaire du Jura. Dans l'étude des formations, qui est le grand but de la géognosie, les connoissances acquises dans les deux mondes doivent se suppléer mutuellement. Il paroît que ces couches noires se répètent dans les montagnes calcaires de l'île Boracha [2]. Un autre jaspe, celui qui est connu sous le nom de *caillou d'Égypte*, a été trouvé par M. Bonpland près du village indien de Curacatiche [3], quinze lieues au sud du Morro de Barcelona, lorsque, de retour de l'Orénoque, nous traversâmes les Llanos, et que nous nous approchâmes des montagnes côtières. Il offroit des dessins concentriques et rubannés jaunâtres, sur un fond rouge-brun. Il m'a paru que les morceaux arrondis de jaspe égyptien appartenoient aussi au calcaire de Barcelone. Cependant, d'après M. Cordier, les beaux cailloux

---

[1] Les schistes et les calcaires de transition.

[2] Nous en avons vu, comme lest, dans un bateau pêcheur à Punta Araya. On en auroit pris les fragmens pour du basalte.

[3] Ou Curacaguitiche.

de Suez sont dus à une formation de brèche ou d'aglomérat siliceux.

Au moment où nous mîmes à la voile, le 19 novembre à midi, je pris des hauteurs de la lune pour déterminer la longitude du Morro. La différence du méridien entre Cumana et la ville de Barcelone, où je fis un grand nombre d'observations astronomiques en 1800, est de 0° 34′ 48″. J'ai discuté ailleurs cette différence, sur laquelle il y avoit beaucoup de doutes à cette époque [1]; je trouvai l'inclinaison [2] de l'aiguille aimantée de 42°,20: l'intensité des forces étoit exprimée par 224 oscillations.

---

[1] Dans l'*Introduction* à mes *Obs. astron.*, T. I, p. XXXIX. M. Espinosa s'arrête aujourd'hui à 34′0″. Les pilotes qui naviguent sur ces côtes comptent de Cumana à Barcelone 12 lieues; de Barcelone aux îles Piritù 6 l.; de ces îles au cap Unare 6 l.; du cap Unare au cap Codera 18 l. Le chronomètre de Berthoud m'a donné la pointe occidentale de la plus grande des îles Piritù, de 14′32″; le cap Codera, de 1°24′4″ à l'ouest du méridien de Nueva Barcelona.

[2] Ce résultat appartient proprement au 1.er août 1800 et à la ville de Nueva Barcelona (lat. 10° 6′52″), où j'ai pu faire l'observation avec plus de soin.

Depuis le Morro de Barcelone jusqu'au cap Codera, les terres s'abaissent en se retirant vers le sud : elles portent leurs sondes au large jusqu'à trois milles de distance. Au-delà de cette ligne, il y a fond de 45 à 50 brasses. La température de la mer étoit, à sa surface, de 25°,9; mais lorsque nous passâmes par le canal étroit qui sépare les deux îles Piritù, sur un fond de trois brasses, le thermomètre ne marqua plus que 24°,5. La différence étoit constante; elle seroit peut-être plus grande si le courant qui porte avec rapidité vers l'ouest, soulevoit des eaux plus profondes, et si, dans une passe de si peu de largeur, les terres ne contribuoient pas à élever la température de la mer. Les îles Piritù ressemblent à ces hauts fonds qui deviennent visibles à la marée descendante. Elles ne s'élèvent que de 8 à 9 pouces au-dessus des eaux moyennes. Leur surface est toute unie et couverte de graminées. On croit voir une de nos prairies du nord. Le disque du soleil couchant paroissoit comme un globe de feu suspendu sur la savane. Ses derniers rayons, en rasant la terre, éclairoient les pointes de l'herbe, fortement agitées par la brise du soir. Lorsque, dans les lieux bas et humides de la zone équinoxiale, les graminées et les joncacées offrent l'aspect d'une prairie ou d'un gazon, il manque presque toujours à ce tableau un ornement principal, je veux dire cette variété de fleurs agrestes qui, s'élevant à peine au dessus des graminées, se détachent sur un fond uni de verdure. Entre les tropiques, la force et le luxe de la végétation donnent un tel développement aux plantes, que les herbes dicotylédones les plus petites deviennent des arbustes. On diroit que les liliacées, mêlées aux graminées, remplacent les fleurs de nos prairies. Elles imposent, sans doute, par leur forme; elles brillent par la variété et l'éclat de leurs couleurs; mais, trop élevées au-dessus du sol, elles troublent ces rapports harmonieux qui existent entre les végétaux dont se composent notre gazon et nos prairies. La nature bienfaisante a donné au paysage, sous chaque zone, un type de beauté qui lui est propre.

On ne doit pas être surpris que des îles fertiles, si rapprochées de la Terre-Ferme, ne soient pas habitées aujourd'hui. Ce n'est qu'à la première époque de la découverte, lorsque les Indiens Caribes, Chaymas et Cumanagotes étoient encore maîtres des côtes, que les Espagnols firent des établissemens à Cubagua et à la Marguerite. Dès que les indigènes furent soumis ou repoussés au sud vers les savanes, on préféra se fixer sur le continent, où l'on eut le choix des terres et celui des Indiens, qu'on pouvoit traiter comme des bêtes de somme. Si les petites îles Tortuga, Blanquilla et Orchilla étoient placées au milieu du groupe des Antilles, elles ne seroient pas restées sans trace de culture.

Des bâtimens qui tirent beaucoup d'eau, passent entre la Terre-Ferme et la plus méridionale des îles Piritù. Comme elles sont très-basses, leur pointe nord est redoutée par les pilotes qui attérissent dans ces parages. Lorsque nous nous trouvâmes à l'ouest du Morro de Barcelona et de l'embouchure du Rio Unare, la mer, qui jusque-là avoit été belle, devint d'autant plus agitée et houleuse que nous nous approchions du cap Codera. L'influence de ce grand promontoire se fait sentir de loin dans cette partie de la mer des Antilles. C'est de la facilité plus ou moins grande avec laquelle on parvient à doubler le Cabo Codera, que dépend la durée du trajet de Cumana à la Guayra. Au-delà de ce cap, la mer est constamment si grosse qu'on ne croit plus être près d'une côte où (depuis la pointe de Paria jusqu'au cap Saint-Roman) on n'éprouve jamais un coup de vent. L'impulsion des vagues se faisoit vivement sentir dans notre bateau. Mes compagnons de voyage souffroient beaucoup : je dormis tranquillement, ayant le bonheur assez rare de ne pas être sujet au mal de mer. Il ventoit frais pendant la nuit. Le 20 novembre, au lever du soleil, nous nous trouvâmes assez avancés pour pouvoir espérer de doubler le cap en quelques heures. Nous comptions arriver le même jour à la Guayra, mais notre pilote indien craignoit de nouveau les corsaires stationnés près de ce port. Il lui parut prudent de chercher la terre, de mouiller dans le petit port de l'Higuerote, que nous avions déjà dépassé, et d'attendre la nuit pour continuer la traversée. Lorsqu'on offre à des personnes qui souffrent du mal de mer le moyen de débarquer, on est sûr de la résolution qu'elles vont prendre. Les remontrances étoient inutiles, il fallut céder ; et le 20 novembre, à neuf heures du matin, nous étions déjà en rade dans la baie de l'Higuerote, à l'ouest de l'embouchure du Rio Capaya.

Nous n'y trouvâmes ni village ni ferme, mais deux ou trois cabanes habitées par de pauvres pêcheurs métis. Leur teint livide et l'extrême maigreur des enfans nous rappeloient que cet endroit est un des plus malsains et des plus fiévreux de toute la côte. La mer a si peu de fond dans ces parages que, dans la plus petite barque, on ne peut descendre à terre sans marcher dans l'eau. Les forêts avancent jusque vers la plage, qui est couverte d'un bocage épais de Paletuviers, d'Avicennia, de Mancenilliers et de cette nouvelle espèce de Suriana que les indigènes appellent *Romero de la mar* [1]. C'est à ce bocage, surtout aux exhalaisons des paletuviers ou mangliers, qu'ici comme partout ailleurs dans les deux Indes, on attribue l'extrême insalubrité de l'air. En débarquant, lorsque nous ne fûmes éloignés que de 15 à 20 toises, nous sentîmes une odeur fade et douceâtre, qui me rappeloit celle que répand dans les galeries des

---

[1] Suriana maritima.

mines délaissées, là où les lumières commencent à s'éteindre, le boisage couvert de Byssus floconneux. La température de l'air s'élevoit à 34°, à cause de la réverbération des sables blancs qui formoient une lisière entre les mangliers et les arbres de haute futaie de la forêt. Comme le fond s'abaisse par une pente douce, les petites marées suffisent pour couvrir et mettre à sec alternativement les racines et en partie le tronc des mangliers. C'est sans doute pendant que le soleil échauffe le bois humide, et fait fermenter, pour ainsi dire, le terrain fangeux, le détritus des feuilles mortes et les mollusques enveloppés dans des débris de varec flottant, que se forment ces gaz délétères qui échappent à nos recherches. Sur toute la côte, nous vîmes l'eau de la mer, là où elle est en contact avec les mangliers, prendre une couleur d'un brun-jaunâtre.

Frappé de ce phénomène, j'ai recueilli à l'Higuerote une quantité considérable de branches et de racines pour tenter, dès mon arrivée à Caracas, quelques expériences sur l'infusion du bois de manglier. Cette infusion, faite à chaud, avoit une couleur brune et un goût astringent. Elle offroit un mélange d'ex-

CHAPITRE XI. 85

tractif et de tannin. Le Rhizophora, le Guy, le Cornouiller, toutes les plantes qui appartiennent aux familles naturelles des Loranthées et des Caprifoliacées, ont ces mêmes propriétés. L'infusion de manglier, mise en contact pendant douze jours sous une cloche avec de l'air atmosphérique, n'en altéra pas sensiblement la pureté. Il se formoit un petit dépôt floconneux noirâtre, mais il n'y avoit pas d'absorption d'oxigène sensible. Le bois et les racines de manglier, placés sous l'eau, furent exposés aux rayons du soleil. Je voulois imiter ce que la nature opère journellement sur les côtes à la marée montante. Il se dégagea des bulles d'air qui formèrent pendant dix jours un volume de 33 pouces cubes. C'étoit un mélange d'azote et d'acide carbonique. Le gaz nitreux indiquoit à peine la présence de l'oxigène [1]. Enfin, dans un flacon bouché à l'émeril, je fis agir du bois et des racines de manglier fortement humectés sur de l'air atmosphérique d'un volume déterminé. Tout l'oxigène disparut ;

---

[1] En 100 parties, 84 d'azote, 15 d'acide carbonique que l'eau n'avoit pas absorbées, 1 d'oxigène.

et, loin de se trouver remplacé par de l'acide carbonique, l'eau de chaux n'indiqua de celui-ci que 0,02. Il y eut même une diminution de volume plus considérable que celle qui correspondoit à l'oxigène absorbé. Ce travail à peine ébauché me portoit à croire que ce sont l'écorce et le bois humides qui agissent sur l'atmosphère dans les forêts de mangliers, et non la couche d'eau de mer fortement colorée en jaune, qui formoit une zone particulière le long des côtes. En suivant les différens degrés de décomposition de la matière ligneuse, je n'ai pas observé de trace de ce dégagement d'hydrogène sulfuré, auquel plusieurs voyageurs attribuent l'odeur que l'on sent au milieu des mangliers. La décomposition des sulfates terreux et alcalins, et leur passage à l'état de sulfure, favorisent sans doute ce dégagement dans plusieurs plantes littorales et marines, par exemple, dans les fucus; mais j'incline plutôt à croire que le Rhizophora, l'Avicennia et le Conocarpus augmentent l'insalubrité de l'air par la matière animale qu'ils renferment conjointement avec le tannin. Ces arbrisseaux appartiennent à trois familles naturelles, les Loranthées, les

Combretacées [1] et les Pyrenacées, dans lesquelles abonde le principe astringent, et j'ai déjà fait observer plus haut que ce principe accompagne la gélatine, même dans nos écorces de hêtre, d'aune et de noyer [2].

D'ailleurs, un bocage épais, couvrant des terrains vaseux, répandroit des exhalaisons nuisibles dans l'atmosphère, fût-il composé d'arbres qui, par eux-mêmes, n'ont aucune propriété délétère. Partout où les mangliers se fixent sur le bord de la mer, la plage se peuple d'une infinité de mollusques et d'insectes. Ces animaux aiment l'ombre et le demi-jour; ils trouvent de l'abri contre le choc des vagues entre cet échafaudage de racines épaisses et entrelacées qui s'élèvent comme un treillis au-dessus de la surface des eaux. Les coquilles s'attachent à ce treillis, les crabes se nichent dans le creux des troncs, les varecs que les vents et la marée poussent vers les côtes, restent suspendus aux branches repliées qui se dirigent vers la terre. C'est ainsi que les forêts maritimes, en accumulant un

---

[1] *Rob. Brown, Flor. Nov. Holl. Prodr.*, T. I, p. 351.
[2] Vauquelin, *Ann. du Mus.*, Tom. XV, p. 77.

limon vaseux entre leurs racines, agrandissent le domaine des continens; mais, à mesure qu'elles gagnent sur la mer, elles n'augmentent presque pas en largeur. Leurs progrès même deviennent la cause de leur destruction. Les mangliers et les autres végétaux avec lesquels ils vivent constamment en société [1], périssent à mesure que le terrain se dessèche, et qu'ils ne sont plus baignés par l'eau salée. Leurs vieux troncs, couverts de coquillages et à moitié ensevelis dans les sables, marquent, après des siècles, et la route qu'ils ont suivie dans leurs migrations et la limite du terrain qu'ils ont conquis sur l'Océan.

La baie de l'Higuerote est très-favorablement située pour examiner le cap Codera, qui s'y présente dans toute sa largeur, à six milles de distance. Ce promontoire est plus imposant par sa masse que par son élévation, qui, d'après des angles de hauteur [2] pris sur

[1] Voici les noms de ces végétaux sur le continent et aux Antilles: Avicennia nitida, A. guyannensis Rich., Conocarpus racemosa, Rhizophora Mangle, Cocoloba uvigera, Hippomane Mancinella, Echites biflora, Suriana, Strumpfia, le palmier Pinau, etc.

[2] L'angle apparent est de 1° 25′ 20″.

CHAPITRE XI. 89

la plage, ne m'a paru que de 200 toises. Il est taillé à pic au nord, à l'est et à l'ouest. On croit reconnoître dans ces grands profils l'inclinaison des couches. A en juger d'après les fragmens de roches que l'on trouve le long de la côte, et d'après les collines voisines de l'Higuerote, le cap Codera est composé, non de granite à texture grenue, mais d'un véritable gneiss à texture feuilletée. Les feuillets sont très-larges, et quelquefois sinueux [1]; ils renferment de grands nœuds de feldspath rougeâtre et peu de quarz. Le mica se trouve en paillettes superposées, et non isolé. Les couches les plus voisines de la baie étoient dirigées N.60°O. et inclinées de 80° au nord-ouest. Ces rapports de direction et d'inclinaison sont les mêmes à la grande montagne de la Silla, près de Caracas, et à l'est de Maniquarez dans l'isthme d'Araya : ils semblent prouver que la chaîne primitive de cet isthme, après avoir été déchirée ou engloutie par la mer, sur une longueur de 35 lieues [2], reparoît

---

[1] *Dikflasriger Gneiss.*
[2] Entre les méridiens de Maniquarez et de l'Higuerote.

de nouveau dans le cap Codera et continue vers l'ouest comme une chaîne côtière.

On m'a assuré que, dans l'intérieur des terres, au sud de l'Higuerote, on trouve des formations calcaires. Quant au gneiss, il n'agissoit pas sur la boussole; cependant, le long de la côte qui forme une anse vers le cap Codera, et qui est couverte d'une belle forêt, j'ai vu du sable magnétique mêlé à des paillettes de mica qui sont déposées par la mer. Ce phénomène se répète près du port de la Guayra; il annonce peut-être l'existence de quelque couche de schiste amphibolique recouverte par les eaux, et dans laquelle le sable est disséminé. Vers le Nord, le cap Codera forme un immense segment sphérique. A son pied se prolonge un terrain très-bas, que les navigateurs connoissent sous les noms de Pointes du Tutumo et de San Francisco.

Mes compagnons de voyage redoutoient si fort le roulis de notre petite embarcation, dans une mer grosse et houleuse, qu'ils résolurent de prendre la route de terre qui conduit de l'Higuerote à Caracas: elle passe par un pays sauvage et humide, par la Montaña de Capaya au nord de Caucagua, la vallée du

Rio Guatire et Guarenas. Je vis avec satisfaction que M. Bonpland préféroit cette même route qui, malgré les pluies continuelles et les débordemens des rivières, lui a procuré une riche collection de plantes nouvelles [1]. Quant à moi, je continuai seul, avec le pilote Guaiquerie, le trajet par mer; il me paroissoit hasardeux de quitter les instrumens qui devoient nous servir sur les bords de l'Orénoque.

Nous mîmes à la voile à l'entrée de la nuit. Le vent étoit peu favorable, et nous eûmes beaucoup de peine à doubler le cap Codera; les lames étoient courtes, et brisoient souvent les unes sur les autres; il falloit avoir senti la fatigue d'une journée excessivement chaude, pour dormir dans un petit bateau qui cingloit au plus près du vent. La mer étoit d'autant plus élevée, que le vent fut contraire au courant jusqu'après minuit. Le mouvement général qu'éprouvent les eaux entre les tropiques, vers l'ouest, ne se fait bien vivement sentir sur ces côtes que pendant les deux tiers de

---

[1] Bauhinia ferruginea, Brownea racemosa Bred., Inga hymenæifolia, Inga curiepensis que M. Willdenow a nommé par erreur I. *caripensis*, etc.

l'année. Dans les mois de septembre, d'octobre et de novembre, il arrive assez souvent que le courant porte vers l'est [1] pendant quinze ou vingt jours consécutifs. On a vu des navires faisant route pour la Guayra ou pour Porto-Cabello, ne pas pouvoir remonter contre le courant qui se dirigeoit de l'est à l'ouest, quoiqu'ils eussent le vent en poupe. On n'a pu découvrir jusqu'ici la cause de ces anomalies : les pilotes pensent qu'elles sont l'effet de quelques coups de vent du nord-ouest dans le golfe du Mexique : cependant ces coups de vent sont bien plus forts vers le printemps [2] qu'en automne. Il est remarquable aussi que le courant vers l'est précède le changement de la brise ; il commence d'abord à se faire sentir par un temps de calme ; et, après quelques jours, le vent même suit le courant et se fixe à l'ouest. Pendant la durée de ces phénomènes, le jeu des petites marées barométriques n'est aucunement interrompu.

Le 21 novembre, au lever du soleil, nous nous trouvâmes à l'ouest du cap Codera, vis-

---

[1]. *Corriente por arriba.*
[2]. *Nouv. Espagne*, Tom. I, p. 50.

à-vis le Curuao. Le pilote indien étoit effrayé d'apercevoir une frégate angloise vers le Nord, à un mille de distance. Elle nous prit sans doute pour un de ces bateaux qui font le commerce de contrebande avec les Antilles, et qui (car tout s'organise avec le temps) étoient munis de *licences* signées par le gouverneur de la Trinité. Elle ne nous fit pas même héler par le canot qui sembloit s'approcher de nous. Depuis le cap Codera, la côte est rocheuse et très-élevée; elle offre des sites à la fois sauvages et pittoresques. Nous étions assez près de terre pour distinguer des cabanes éparses, entourées de cocotiers, et des masses de végétations qui se détachoient sur le fond brun des rochers. Partout les montagnes sont taillées à pic, à trois ou quatre mille pieds de hauteur : leur flanc projetoit des ombres larges et fermes sur le terrain humide qui s'étend jusqu'à la mer, et qui brille d'une fraîche verdure. Ce littoral produit en grande partie les fruits de la région chaude, que l'on voit en si grande abondance dans les marchés de Caracas. Entre Camburi et Niguatar, des champs cultivés en cannes à sucre et en maïs se prolongent dans des vallons étroits qui ressemblent à des crevasses ou à des fentes de rochers. Les rayons du soleil peu élevé sur l'horizon pénétroient dans ces lieux, et offroient les oppositions les plus piquantes d'ombre et de lumière.

La montagne de Niguatar et la Silla de Caracas sont les cimes les plus élevées de cette chaîne côtière. La première atteint presque la hauteur du Canigou : on croit voir les Pyrénées ou les Alpes dépourvues de leurs neiges, s'élever du sein des eaux, tant la masse des montagnes semble s'agrandir lorsqu'on les aperçoit pour la première fois du côté de la mer. Près de Caravalleda, le terrain cultivé s'élargit ; on y trouve des collines à pentes douces, et la végétation s'élève à une grande hauteur. On y cultive beaucoup de cannes à sucre, et les moines de la Merci y ont une plantation et 200 esclaves. Cet endroit étoit jadis extrêmement fiévreux, et l'on assure que la salubrité de l'air a augmenté depuis qu'on a fait croître des arbres autour d'une lagune dont on craignoit les émanations, et qui est aujourd'hui moins exposée à l'ardeur du soleil. A l'ouest de

Caravalleda, un mur de rochers arides avance de nouveau vers la mer; mais il a peu d'étendue. Après l'avoir tourné, nous découvrîmes à la fois le joli site du village de Macuto, les rochers noirs de la Guayra hérissés de batteries qui se succèdent par étages, et dans un lointain vaporeux, un long promontoire à cimes coniques et d'une blancheur éclatante, le *Cabo Blanco*. Des cocotiers bordent le rivage, et lui donnent, sous ce ciel brûlant, une apparence de fertilité.

Débarqué au port de la Guayra, je fis, dans la soirée même, les apprêts pour transporter mes instrumens à Caracas. Les personnes pour lesquelles j'avois des recommandations me conseilloient de coucher, non dans la ville, où la fièvre jaune n'avoit cessé de régner que depuis peu de semaines, mais au-dessus du village de Maiquetia, dans une maison placée sur une petite hauteur, et plus exposée aux vents frais que la Guayra. J'arrivai à Caracas le 21 novembre au soir, quatre jours avant mes compagnons de voyage, qui, dans la route de terre, entre Capaya et Curièpe, avoient beaucoup souffert par les averses et les inondations des torrens. Pour ne pas revenir plusieurs fois sur les mêmes objets, je vais réunir à la description de la Guayra et de la route extraordinaire qui conduit de ce port à la ville de Caracas tout ce que nous avons observé, M. Bonpland et moi, dans une excursion faite[1] au Cabo Blanco vers la fin du mois de janvier 1800. Comme M. Depons a visité ces lieux après moi, et que son ouvrage instructif a précédé le mien, je m'abstiendrai de décrire en détail des objets qu'il a traités avec une précision suffisante[2].

[1] Du 23 au 27 janvier.
[2] Je dois rappeler ici que les mesures de hauteur et les résultats d'observations magnétiques publiées par M. Depons (Tom. III, p. 66, 197), se fondent sur mes calculs approximatifs faits sur les lieux, et dont j'avois donné des copies à plusieurs personnes qui s'intéressoient à ce genre de recherches. C'est aux erreurs de ces copies qu'il faut attribuer sans doute les indications de l'*hydromètre* de Deluc, les inclinaisons de l'aiguille aimantée confondues avec l'*inclinaison du pôle* à Caracas, les oscillations d'un pendule dont la longueur n'est pas déterminée, et qui ne sont pas comparées aux oscillations comptées dans un autre lieu pendant le même espace de temps, etc.

CHAPITRE XI.

La Guayra est plutôt une rade qu'un port; la mer y est constamment agitée, et les navires souffrent à la fois par l'action du vent, les lits de marées, le mauvais ancrage et les tarets [1]. Les chargemens se font avec difficulté, et la hauteur des lames empêche qu'on ne puisse embarquer ici des mulets comme à Nueva Barcelona et à Porto-Cabello. Les nègres et les mulâtres libres qui portent le cacao à bord des bâtimens, sont une classe d'hommes d'une force musculaire très-remarquable. Ils traversent l'eau à mi-corps, et, ce qui est bien digne d'attention, ils n'ont rien à redouter des requins, qui sont si fréquens dans ce port. Ce fait semble se lier à ce que j'ai souvent observé entre les tropiques, relativement à d'autres classes d'animaux qui vivent par bandes, par exemple les singes et les crocodiles. Dans les missions de l'Orénoque et de la rivière des Amazones, les Indiens qui prennent des singes pour les vendre, savent très-bien qu'ils parviennent à apprivoiser facilement ceux qui habitent de certaines îles, tandis que les singes de la même espèce, pris sur le

---

[1] *La broma*. Teredo navalis, L.

continent voisin, meurent de rage ou de frayeur dès qu'ils se voient au pouvoir de l'homme. Les crocodiles d'une mare des Llanos sont lâches, et fuient même dans l'eau, tandis que ceux d'une autre mare attaquent avec une intrépidité extrême. Il seroit difficile d'expliquer, par l'aspect des localités, cette différence de mœurs et d'habitudes. Les requins du port de la Guayra semblent offrir un exemple analogue. Ils sont dangereux et avides de sang aux îles opposées à la côte de Caracas, aux Roques, à Bonayre et à Curaçao, tandis qu'ils n'attaquent pas les personnes qui nagent dans les ports de la Guayra et de Sainte-Marthe. Le peuple, qui, pour simplifier l'explication des phénomènes physiques, a toujours recours au merveilleux, assure que, dans l'un et l'autre endroit, un évêque a donné la bénédiction aux requins.

La situation de la Guayra est très-extraordinaire; on ne peut la comparer qu'à celle de Sainte-Croix-de Ténériffe. La chaîne de montagnes qui sépare le port de la haute vallée de Caracas, plonge presque immédiatement dans la mer, et les maisons de la ville se trouvent adossées à un mur de rochers escarpés. Il reste à peine, entre ce mur et la mer, un terrain uni de 100 à 140 toises de largeur. La ville a six à huit mille habitans et ne renferme que deux rues, dirigées parallèlement de l'est à l'ouest. Elle est dominée par la batterie du *Cerro colorado*, et ses fortifications le long de la mer sont bien disposées et bien entretenues. L'aspect de cet endroit a quelque chose de solitaire et de lugubre; on croit se trouver non sur un continent couvert de vastes forêts, mais dans une île rocheuse, dépourvue de terreau et de végétation. A l'exception du cap Blanc et des cocotiers de Maiquetia, on n'a d'autre paysage que l'horizon de la mer et la voûte azurée du ciel. La chaleur est étouffante de jour, et le plus souvent aussi pendant la nuit. On regarde, avec raison, le climat de la Guayra comme plus ardent que le climat de Cumana, de Porto-Cabello et de Coro, parce que la brise de mer s'y fait moins sentir, et que les rochers taillés à pic embrasent l'air par le calorique rayonnant qu'ils émettent depuis le coucher du soleil. On jugeroit mal cependant de la constitution atmosphérique de ce lieu et de tout le littoral voisin, si l'on ne comparoit que les températures indiquées par les degrés du thermomètre. Un air stagnant, engouffré dans une gorge de montagnes, en contact avec un massif de rochers arides, agit autrement sur nos organes, qu'un air également chaud dans une campagne ouverte. Je suis loin de chercher la cause physique de ces différences dans les seules modifications de la charge électrique de l'air; je dois ajouter cependant qu'un peu à l'est de la Guayra, du côté de Macuto, loin des maisons, et à plus de cent toises de distance des rochers de gneiss, j'ai pu à peine obtenir, pendant plusieurs jours, quelques foibles signes d'électricité positive, lorsqu'aux mêmes heures de l'après-midi, à Cumana, et avec le même électromètre de Volta, armé d'une mèche fumante, j'avois observé un écartement des boules de sureau de 1-2 lignes. J'exposerai plus bas les variations régulières qu'éprouve chaque jour la tension électrique de l'air dans la zone torride, et qui indiquent un rapport frappant entre les variations de la température et la hauteur du soleil.

L'examen des observations thermométriques faites pendant neuf mois, à la Guayra, par un médecin distingué [1], m'a mis en état de comparer le climat de ce port avec ceux de Cumana, de la Havane et de la Vera-Cruz. Cette comparaison est d'autant plus intéressante, qu'elle est un sujet intarissable de conversations dans les colonies espagnoles et parmi les marins qui fréquentent ces parages. Comme rien n'est plus trompeur, dans cette matière, que le témoignage des sens, on ne peut juger de la différence des climats que par des rapports numériques.

Les quatre endroits que nous venons de nommer sont regardés comme les plus chauds [2]

---

[1] Don Jose Herrera, correspondant de la société de médecine d'Edimbourg. Les observations (du 2 mai 1799 au 17 janvier 1800) étoient faites à l'ombre, loin du reflet des murs, avec un thermomètre que j'ai comparé aux miens, et par les miens aux thermomètres de l'observatoire de Paris.

[2] On pourroit ajouter à ce petit nombre Coro, Carthagène des Indes, Omoa, Campêche, Guayaquil et Acapulco. Mes comparaisons se fondent, pour Cumana, sur mes propres observations et celles de don Faustin Rubio; pour la Vera-Cruz et la Havane, sur les observations de don Bernardo de Orta et de don Joacquin Ferrer.

qu'offre le littoral du Nouveau-Monde : leur comparaison peut servir à confirmer ce que nous avons rappelé plusieurs fois, que généralement c'est la durée d'une haute température, et non l'excès de la chaleur ou sa quantité absolue, qui font souffrir les habitans de la zone torride.

La moyenne des observations de midi, depuis le 27 juin jusqu'au 16 novembre, a été, à la Guayra, 31°,6 du thermomètre centigrade; à Cumana, 29°,3; à Vera-Cruz, 28°,7; à la Havane, 29°,5. Les différences des jours ont à peine excédé, à la même heure, 0°,8 à 1°,4. Pendant tout ce temps il n'a plu que quatre fois, et seulement 7 à 8 minutes : c'est l'époque où règne la fièvre jaune qui disparoît ordinairement à la Guayra comme à Vera-Cruz[1] et à l'île de Saint-Vincent, lorsque la température des jours baisse au-dessous de 23 ou 24 degrés. La température moyenne du mois le plus chaud a été, à la Guayra, à peu près de 29°,3; à Cumana, de 29°,1; à Vera-Cruz, de 27°,7; au Caire, d'après Nouet, de 29°,9; à Rome, de 25°,0. Du 16 novembre au 19 dé-

---

[1] *Nouv. Espagne*, Tom. IV, p. 511.

cembre, la température moyenne n'a été, à la Guayra, à midi, que de 24°,3; la nuit, de 21°,6. C'est l'époque à laquelle on souffre le moins de la chaleur. Je pense cependant qu'on ne voit pas descendre le thermomètre (peu avant le lever du soleil) au-dessous de 21°; il baisse quelquefois, à Cumana, à 21°,2; à Vera-Cruz, à 16°; à la Havane (toujours lorsque le vent du nord souffle), à 8° et même au-dessous. La température moyenne du mois le plus froid[1] est, dans ces quatre endroits, de 23°,2, 26°,8, 21°,1, 21°,0 : au Caire, elle est de 13°,4. La *moyenne de l'année entière* est, d'après de bonnes observations calculées avec soin, à la Guayra, à peu près de 28°,1; à Cumana, 27°,7; à Vera-Cruz, 25°,4; à la Havane, 25°,6; à Rio Janeiro, 23°,5; à Sainte-Croix de Ténériffe, située par les 28°,28′ de latitude, mais adossée, comme la Guayra, à un mur de rochers, 21°,9; au Caire, 22°,4; à Rome, 15°,8.

[1] La moyenne du mois le plus chaud à Paris est de 19° à 20°, par conséquent 3 à 4 degrés de moins que la température moyenne du mois le plus froid à la Guayra.

Il résulte de l'ensemble de ces observations [1] que la Guayra est un des endroits les

[1] Voici les variations horaires du baromètre exprimées en lignes du pied de Paris, jointes aux observations du thermomètre centigrade et de l'hygromètre à baleine de Deluc, comme je les ai observées du 23 au 25 janvier au port de Guayra.

Jours.	Heures.	Barom.	Therm.	Hygrom.	
23 janv.	11 s.	337,2	23°,5	51°,0	étoilé, beau.
	4 m.	336,7	23°,1	52°,4	
24	7½ m.	337,5	23°,9	45°,3	
	9	337,7	24°,3	42°,5	
	10	337,6	25°,6	42°,3	
	12	337,1	26°,2	45°,2	ciel vaporeux.
	2½	336,4	26°,4	45°,8	
	4½	336,3	26°,2	46°,3	
	5¾	336,6	23°,7	47°,0	
	9 s.	337,1	24°,3	53°,2	nuages.
	11¼	336,8	23°,7	52°,4	
25	7 m.	337,0	22°,5	51°,2	serein, ciel azuré.
	8	337,3	23°,5	50°,3	

Les observations de température correspondantes aux miennes donnoient, pour Cumana, le 23 janvier à 11^h du soir, 26°,6; le 24 janvier, à 2^{h}½ après-midi, 28°,2; à 11^{h}¼ du soir, 26°,5; le 25 janvier, à 7^h du matin, 25°,5.

plus chauds de la terre [1]; que la quantité de chaleur que reçoit ce lieu pendant le cours d'une année, est un peu plus grande que celle qu'on éprouve à Cumana; mais que, dans les mois de novembre, décembre et janvier [2], (à égale distance des deux passages du soleil par le zénith de la ville), l'atmosphère se refroidit davantage à la Guayra. Ce refroidissement, bien plus léger que celui qu'on éprouve, presque à la même époque, à la Vera-Cruz et à la Havane, ne seroit-il pas l'effet de la position plus occidentale de la Guayra? L'Océan aérien qui, au premier aspect, ne paroît former qu'une seule masse,

---

[1] En Asie, les températures moyennes d'Abushär, de Madras et de Batavia ne sont pas au-dessus de 25 et 27 degrés; mais le mois le plus chaud s'élève à Madras, d'après Roxburgh, à 32°; à Abushär, sur le golfe persique, d'après M. Jukes, à 33°,9; ce qui est 2 et 4 degrés de plus qu'au Caire. *Voyez Barrow, Voy. to Cochinchina*, p. 180; *Malcolm, Hist. of Persia*, T. II, p. 505, et mon Essai sur la distribution de la chaleur et les lignes isothermes dans les *Mém. de la Société d'Arcueil*, Tom. III.

[2] Depuis la moitié de janvier, la chaleur va déjà en augmentant à la Guayra.

est agité par des courans dont les limites sont fixées d'après des lois immuables. Sa température est diversement modifiée par la configuration des terres et des mers sur lesquelles il repose. On peut le subdiviser en plusieurs bassins qui déversent les uns dans les autres, et dont les plus agités (par exemple celui placé au-dessus du golfe du Mexique ou entre la Sierra de Santa Martha et le golfe de Darien), ont une influence marquante sur le refroidissement et le mouvement des colonnes d'air voisines. Les vents du nord causent quelquefois, dans la partie sud-ouest de la mer des Antilles, des refoulemens et des contre-courans qui semblent, dans de certains mois, diminuer les chaleurs jusque sur la Terre-Ferme.

Lors de mon séjour à la Guayra, on n'y connoissoit encore que depuis deux ans le fléau de la fièvre jaune, ou *calentura amarilla*; encore la mortalité n'avoit-elle pas été très-grande, parce que l'affluence des étrangers sur la côte de Caracas étoit moindre qu'à la Havane et à la Vera-Cruz. On avoit vu de temps en temps des individus, même des créoles et des gens de couleur, être enlevés subitement par de certaines fièvres ataxiques rémittentes, qui, par des complications bilieuses, des hémorragies, et d'autres symptômes également effrayans, paroissoient avoir quelque analogie avec la fièvre jaune. C'étoient généralement des hommes qui s'étoient livrés aux travaux pénibles de la coupe des bois, par exemple dans les forêts qui avoisinent le petit port de Carupano ou le golfe de Santa-Fe, à l'ouest de Cumana. Leur mort alarmoit souvent les Européens non acclimatés, dans des villes qu'on croyoit éminemment saines; mais les germes de la maladie dont ils avoient été attaqués sporadiquement, ne se propageoient pas. Sur les côtes de la Terre-Ferme, le véritable typhus d'Amérique, celui qui est connu sous les noms de *vomito prieto* (vomissement noir) et de fièvre jaune, et qu'on doit regarder comme une affection morbifique *sui generis*, n'étoit connu qu'à Porto-Cabello, à Carthagène des Indes et à Sainte-Marthe, où Gastelbondo l'avoit observé et décrit dès l'année 1729. Les Espagnols récemment débarqués, et les habitans de la vallée de Caracas, ne craignoient point alors le séjour de la Guayra: on se plaignoit seulement des chaleurs accablantes qui règnent pendant une grande partie de l'année. Si l'on s'exposoit à l'action immédiate du soleil, on redoutoit tout au plus ces inflammations de la peau et des yeux que l'on éprouve presque partout sous la zone torride, et qui sont souvent accompagnées d'un mouvement fébrile et de fortes congestions vers la tête. Beaucoup d'individus préféroient au climat frais, mais excessivement variable de Caracas, le climat ardent, mais égal de la Guayra : on ne parloit presque pas de l'insalubrité de l'air de ce port.

Depuis l'année 1797, tout a été changé. Le commerce fut ouvert à d'autres vaisseaux que ceux de la métropole. Des matelots, nés dans des pays plus froids que l'Espagne, et par conséquent plus sensibles aux impressions climatériques de la zone torride, commençoient à fréquenter la Guayra. La fièvre jaune se déclara; des Américains du Nord, atteints du typhus, furent reçus dans les hôpitaux espagnols; on ne manqua pas de dire que c'étoient eux qui avoient *importé* la contagion, et qu'avant d'entrer en rade, la maladie s'étoit déclarée à bord d'un brigantin qui venoit de Philadelphie. Le capitaine de ce brigantin nioit le fait, et prétendoit que, loin d'avoir introduit le mal, ses matelots l'avoient pris dans le port même. On sait, d'après ce qui est arrivé à Cadix en 1800, combien il est difficile d'éclaircir des faits dont l'incertitude semble favoriser des théories diamétralement opposées. Les habitans les plus éclairés de Caracas et de la Guayra, partagés, comme les médecins d'Europe et des Etats-Unis, sur le principe de la contagion de la fièvre jaune, citoient le même navire américain pour prouver, les uns que le typhus venoit de dehors, les autres qu'il avoit pris naissance dans le pays même. Ceux qui embrassoient le dernier système, admettoient une altération extraordinaire de la constitution atmosphérique, causée par le débordement du Rio de la Guayra. Ce torrent, qui n'a généralement pas 10 pouces de fond, eut, après soixante heures de pluie dans les montagnes, une crue si extraordinaire, qu'il charria des troncs d'arbres et des masses de rochers d'un volume considérable. Pendant la crue, l'eau avoit 30 à 40 pieds de large sur 8 à 10 pieds de profondeur. On supposoit qu'elle étoit sortie de quelque bassin souterrain formé par des infiltrations successives dans des terres meubles et nouvellement défrichées. Plusieurs maisons furent emportées par le torrent, et l'inondation devint d'autant plus dangereuse pour les magasins, que la porte de la ville, qui seule pouvoit donner de l'issue aux eaux, s'étoit fermée accidentellement. Il fallut tirer brèche contre le mur du côté de la mer; plus de trente personnes périrent, et le dommage fut évalué à un demi-million de piastres. Les eaux stagnantes qui infectoient les magasins, les caves et les cachots de la prison publique, répandoient sans doute des miasmes dans l'air, qui, comme causes prédisposantes, peuvent avoir accéléré le développement de la fièvre jaune; mais je pense que l'inondation du Rio de la Guayra en a été tout aussi peu la cause première que les débordemens du Guadalquivir, du Xenil et du Gual-Medina, ne l'ont été à Seville, à Ecija et à Malaga, dans les funestes épidémies de 1800 et 1804. J'ai examiné attentivement le lit du torrent de la Guayra; je n'y ai vu qu'un terrain aride, des blocs de schiste micacé et de gneiss, renfermant des pyrites et détachés de la Sierra de Avila, mais rien qui eût pu altérer la pureté de l'air.

CHAPITRE XI.

Depuis les années 1797 et 1798 (les mêmes dans lesquelles il y eut une énorme mortalité à Philadelphie, à Sainte-Lucie [1] et à Saint-Domingue), la fièvre jaune a continué à exercer ses ravages à la Guayra; elle n'a pas seulement été meurtrière pour la troupe nouvellement arrivée d'Espagne, mais aussi pour celle qui avoit été levée loin des côtes dans les Llanos, entre Calabozo et Uritucu, dans une région presque aussi chaude que la Guayra, mais favorable à la santé. Ce dernier phénomène nous surprendroit encore davantage, si nous ne savions pas que même les natifs de la Vera-Cruz, qui ne sont point attaqués du typhus dans leur propre ville, y succombent quelquefois dans les épidémies de la Havane et des Etats-Unis[2]. De même que le vomissement noir trouve, sur la pente des montagnes du Mexique, dans le chemin de Xalapa, une limite insurmontable à l'Encero (à 476 toises de hauteur), où commencent les chênes et un climat frais et délicieux; la fièvre jaune ne

---

[1] *Gillespie, on the disease of his Majesty's squadron in the Antilles*, 1800, p. 17.

[2] *Nouv. Esp.*, Tom. IV, p. 525.

dépasse presque pas l'arête de montagnes qui sépare la Guayra de la vallée de Caracas. Cette vallée en a été exempte pendant long-temps, car il ne faut pas confondre le *vomito* et la fièvre jaune avec les fièvres ataxiques et bilieuses. La Cumbre et le Cerro de Avila sont un rempart bien utile pour la ville de Caracas, dont l'élévation excède un peu celle de l'Encero, mais dont la température moyenne est au-dessus de la température de Xalapa.

J'ai exposé dans un autre ouvrage [1] les observations physiques faites par M. Bonpland et par moi sur la localité des villes, qui sont périodiquement sujettes au fléau de la fièvre jaune, et je ne hasarderai point ici de nouvelles conjectures sur les changemens que l'on observe dans la constitution *pathogénique* de certaines villes. Plus je réfléchis sur ces matières, et plus je trouve mystérieux tout ce qui tient à ces émanations gazeuses que l'on appelle si vaguement des germes de la contagion, et que l'on suppose se développer dans un air corrompu, se détruire par le froid, se transporter avec les vêtemens, et se fixer aux murs des

---

[1] *Nouv. Esp.*, Tom. IV, p. 476-564.

maisons. Comment expliquer que, pendant les dix-huit ans qui précédèrent l'année 1794, il n'y eut pas un seul exemple de *vomito* à la Vera-Cruz, quoique le concours des Européens non acclimatés et des Mexicains de l'intérieur fût extrêmement grand; que les matelots se livrassent aux mêmes excès qu'on leur reproche aujourd'hui, et que la ville fût moins propre qu'elle ne l'est depuis l'année 1800?

Voici la série des faits pathologiques considérés dans leur plus grande simplicité. Lorsque, dans un port de la zone torride dont l'insalubrité n'a pas été particulièrement redoutée par les navigateurs, il arrive à la fois un grand nombre de personnes nées dans un climat froid, le typhus d'Amérique se fait sentir. Ces personnes n'ont pas eu le typhus pendant la traversée; il ne se manifeste parmi eux que sur les lieux mêmes. La constitution atmosphérique a-t-elle changé, ou une nouvelle forme de maladie s'est-elle développée dans des individus dont l'excitabilité est fortement exaltée?

Bientôt le typhus commence à exercer ses ravages parmi d'autres Européens nés dans des pays plus méridionaux. Si c'est par contagion qu'il se propage, on est surpris d'observer que, dans les villes du continent équinoxial, il ne suit pas de certaines rues, et que le contact immédiat[1] n'augmente pas plus le danger du séjour que l'isolement ne le diminue. Les malades, transportés dans l'intérieur des terres, surtout dans des lieux plus frais et plus élevés, par exemple, à Xalapa, ne communiquent pas le typhus aux habitans de ces lieux, soit parce qu'il n'est pas contagieux par sa nature, soit parce que les causes prédisposantes n'y sont pas les mêmes que dans la région du littoral. Avec un abaissement considérable de la température, l'épidémie cesse ordinairement dans l'endroit où elle a pris naissance. Elle recommence à l'entrée de la saison chaude, quelquefois long-temps avant,

[1] Dans la peste de l'Orient (autre typhus caractérisé par le désordre du système lymphatique), le contact immédiat est aussi moins à craindre qu'on ne le pense généralement. M. Larrey assure qu'il n'est pas dangereux de toucher ou de cautériser des bubons, mais il pense qu'on ne doit pas risquer de se couvrir des vêtemens des pestiférés. *Mém. sur les maladies de l'armée françoise en Égypte*, p. 35.

CHAPITRE XI.

lorsque, depuis plusieurs mois, il n'y a eu aucun malade dans le port, et qu'aucun navire n'y est entré.

Le typhus d'Amérique paroît restreint au littoral, soit parce que c'est là que débarquent ceux qui l'importent [1], et qu'on y entasse les marchandises que l'on suppose imprégnées de miasmes délétères, soit parce que, sur les plages de la mer, il se forme des émanations gazeuses d'une nature particulière. L'aspect des lieux où ce typhus exerce ses ravages, paroît souvent exclure tout soupçon d'une origine locale ou endémique. On l'a vu régner aux îles Canaries, aux Bermudes et parmi les Petites Antilles, dans des endroits secs et connus jadis par la grande salubrité de leur climat. Les exemples de la propagation de la fièvre jaune dans l'intérieur des terres paroissent très-douteux sous la zone torride : on peut avoir confondu cette maladie avec des fièvres rémittentes bilieuses. Quant à la zone tempérée, où le caractère contagieux du typhus d'Amérique est plus prononcé, le mal s'y est répandu indubitablement loin du littoral, même dans des lieux

[1] Bally, *de la fièvre jaune*, 1814, p. 421.

très-élevés ou exposés à des vents frais et secs, comme en Espagne, à Medina-Sidonia, à la Carlotta et à la ville de Murcie. Cette variété de phénomènes qu'offre la même épidémie selon la différence des climats, la réunion des causes prédisposantes, sa durée plus ou moins longue, et les degrés de son *exacerbation*, doivent nous rendre très-circonspects en remontant aux causes secrètes du typhus d'Amérique. Un observateur éclairé, qui, dans les cruelles épidémies de 1802 et 1803, a été médecin en chef de la colonie de Saint-Domingue, et qui a étudié la maladie à l'île de Cuba, aux Etats-Unis et en Espagne, M. Bailly, pense comme moi « que le typhus est fort souvent contagieux, mais qu'il ne l'est pas toujours [1]. »

Depuis que l'on a vu la fièvre jaune exercer de si cruels ravages à la Guayra, on s'est plu à exagérer la malpropreté de cette petite ville, comme on exagère celle de la Vera-Cruz, et des quais ou *warfs* de Philadelphie. Dans un lieu dont le sol est extrêmement sec, qui est dépourvu de végétation, et où il tombe

[1] Bailly, *l. c.*, p. XII (*Nouv. Esp.*, Tom. IV, p. 524).

à peine quelques gouttes d'eau en 7 à 8 mois, les causes qui produisent ce que l'on appelle des miasmes délétères ne peuvent pas être bien fréquentes. Les rues de la Guayra m'ont paru en général assez propres, à l'exception du quartier des boucheries. La rade n'offre pas de ces plages sur lesquelles s'amoncellent des débris de fucus et de mollusques; mais la côte voisine, celle qui se prolonge à l'est, vers le cap Codera, et par conséquent au vent de la Guayra, est extrêmement malsaine. Des fièvres intermittentes, putrides et bilieuses, règnent souvent à Macuto et à Caravalleda; et, lorsque de temps en temps la brise est interrompue par un vent de l'ouest, la petite baie de Catia, que nous aurons souvent occasion de nommer dans la suite, envoie, vers la côte de la Guayra, malgré le rempart qu'oppose le cap Blanc, un air chargé d'émanations putrides.

L'irritabilité des organes étant si différente chez les peuples du nord et ceux du midi, on ne sauroit révoquer en doute qu'avec une plus grande liberté du commerce, et une communication plus fréquente et plus intime entre des pays situés sous différens climats, la fièvre jaune étendra ses ravages dans le Nouveau-Monde. Il est même possible que le concours de tant de causes excitantes, et leur action sur des individus si différemment organisés, fassent naître de nouvelles formes de maladies, de nouvelles déviations des forces vitales. C'est un des maux qui accompagnent inévitablement une civilisation croissante : l'indiquer n'est pas regretter la barbarie ; ce n'est pas partager l'opinion de ceux qui voudroient rompre les liens entre les peuples, non pour assainir les ports des colonies, mais pour entraver l'introduction des lumières, et ralentir les progrès de la raison.

Les vents du nord qui amènent l'air froid du Canada vers le golfe du Mexique, font cesser périodiquement la fièvre jaune et le vomissement noir à la Havane et à la Vera-Cruz. Mais l'extrême égalité de température qui caractérise le climat de Porto-Cabello, de la Guayra, de Nueva Barcelona et de Cumana, fait craindre que le typhus n'y devienne un jour permanent, lorsque, par une grande concurrence d'étrangers, il aura pris un haut degré d'exacerbation. Heureusement que le nombre des morts a diminué depuis qu'on a varié les traitemens selon le caractère qu'offre l'épidémie dans les différentes années, depuis qu'on a mieux étudié les diverses périodes de la maladie, qui se reconnoissent par des symptômes d'inflammation et d'ataxie ou de débilité. Je pense qu'il seroit injuste de nier le succès que la nouvelle médecine a obtenu sur un fléau si terrible; cependant la persuasion de ce succès n'est pas très-répandue dans les colonies : on y entend dire assez généralement « que les médecins expliquent aujourd'hui la marche de la maladie d'une manière plus satisfaisante qu'ils ne faisoient autrefois, mais qu'ils ne la guérissent pas mieux; que jadis on se laissoit mourir lentement en ne prenant d'autres remèdes qu'une infusion de tamarins; que de nos jours une médecine plus active conduit à la mort d'une manière plus prompte et plus directe. »

Cette opinion n'est pas fondée sur une connoissance exacte de ce que l'on faisoit autrefois aux Antilles. On peut se convaincre, par le voyage du père Labat, qu'au commencement du 18.ᵉ siècle, les médecins des Antilles ne laissoient pas mourir le malade aussi tranquillement qu'on semble le supposer. On tuoit alors, non par des émétiques, du quinquina et de l'opium, employés en trop grandes doses et à contre-temps, mais par de fréquentes saignées et l'abus des purgatifs. Les médecins sembloient même si bien connoître les effets de leur traitement, qu'ils avoient la bonne foi « de se présenter au lit du malade, accompagnés, dès la première visite, du confesseur et du notaire. » Aujourd'hui, dans des hôpitaux propres et bien entretenus, on parvient souvent à réduire le nombre des morts à 18 ou 15 sur cent et un peu au-dessous; mais partout où les malades sont entassés, la mortalité s'élève à la moitié, et même (comme l'armée françoise en a offert l'exemple à Saint-Domingue, en 1802) à trois quarts des malades.

J'ai trouvé la latitude de la Guayra 10°36′19″, et la longitude 69° 26′ 13″ [1]. L'inclinaison de l'aiguille aimantée étoit, le 24 janvier 1800, de 42°,20; sa déclinaison au nord-est, 4° 20′ 35″. L'intensité des forces magnétiques a été trouvée proportionnelle à 237 oscillations.

---

[1] Espinosa fixe, d'après M. Ferrer, la partie la plus septentrionale de la ville par 10° 36′ 40″. de latitude. *Memorias de los navegantes españoles*, 1809, Tom. II, Part. IV, p. 24.

En suivant la côte granitique de la Guayra, vers l'ouest, on trouve, entre ce port qui n'est qu'une rade peu abritée et celui de Porto-Cabello, plusieurs enfoncemens dans les terres, qui offrent un excellent mouillage aux vaisseaux. Tels sont la petite baie de Catia, Los Arecifes, Puerto-la-Cruz, Choroni, Sienega de Ocumare, Turiamo, Burburata et Patanebo. Tous ces ports, à l'exception de celui de Burburata par lequel on exporte des mulets pour la Jamaïque, ne sont visités aujourd'hui que par de petits bâtimens côtiers qui chargent des provisions et le cacao des plantations circonvoisines. Les habitans de Caracas, ceux du moins qui ont des vues plus étendues, fixent un intérêt bien vif sur le mouillage de Catia, à l'ouest du cap Blanc. C'est un point de la côte que nous avons examiné, M. Bonpland et moi, pendant notre second séjour à la Guayra. Un ravin, dont nous parlerons dans la suite, et qui est connu sous le nom de la *Quebreda de Tipe*, descend du plateau de Caracas vers Catia. On a conçu depuis long-temps le projet de construire, par ce ravin, un chemin propre au charriage, et d'abandonner l'ancienne route de la Guayra, qui ressemble presque au passage du Saint-Gothard. D'après ce projet, le port de Catia, qui est aussi vaste que sûr, pourroit remplacer celui de la Guayra. Malheureusement, toute cette plage sous le vent du cap Blanc est remplie de Paletuviers et excessivement malsaine. Je suis monté sur la cime du promontoire, qui forme le Cabo Blanco, pour y observer à la *vigie* le passage du soleil au méridien. Je voulois comparer, le matin, les hauteurs prises sur un horizon artificiel, à celles prises sur l'horizon de la mer, pour vérifier la dépression apparente du dernier, par la mesure barométrique de la colline [1]. C'est

---

[1] Baromètre au niveau de la mer, 337,3; thermomètre, 28°; baromètre à la vigie, à la cime du cap Blanc, 332,8 (toujours en lignes de l'ancien pied de roi); thermomètre, 27°,2; hauteur, 65 toises. J'ai trouvé, à la vigie, l'angle entre la maison de la compagnie des Philippines à la Guayra et la tour de Maiquitia, 11° 31' 25''; entre cette maison et la pointe de Niguata, 14° 58' 35''. L'axe longitudinal du cap, qui forme un promontoire alongé, se dirige dans toute sa masse N.81°E.; la partie la plus saillante, celle du milieu, se dirige N.47°E. A la Guayra, j'ai vu (l'œil étant élevé de 33 pieds) la vigie du cap sous un angle

une méthode peu employée jusqu'ici, d'après laquelle, en réduisant les hauteurs de l'astre au même temps, on peut se servir d'un instrument à réflexion comme d'un instrument muni d'un niveau. Je trouvai la latitude du cap, qui n'est pas marqué sur les cartes, d'ailleurs si exactes, du *Deposito hydrografico* de Madrid, de 10° 36′ 45″; je ne pus me servir que des angles que donnoit l'image du soleil réfléchi sur un verre plan; l'horizon de la mer étoit fortement embrumé, et les sinuosités de la côte m'empêchoient de prendre les hauteurs du soleil sur cet horizon.

Les environs du cap Blanc ne sont pas sans intérêt pour l'étude des roches. Le gneiss passe ici à l'état de mica-schiste [1], et renferme, le long des côtes de la mer, des couches de Chlorite schisteuse [2]. J'ai reconnu dans cette

---

d'élévation de 1° 12′; ce qui, combiné avec la mesure barométrique, donne pour la distance 3316 toises. (*Obs. astr.*, Tom. I, p. 192.) Jefferys, dans le *West. Pilot* de 1783, place le cap Blanc, 20 minutes (presque 7 lieues) à l'ouest de la Guayra.

[1] *Glimmerschiefer.*

[2] *Chloritschiefer.*

dernière des grenats et du sable magnétique. En prenant le chemin de Catia, on voit le schiste chloritique passer au schiste amphibolique [1]. Toutes ces formations se retrouvent ensemble dans les montagnes primitives de l'ancien monde, surtout dans le nord de l'Europe. Au pied du cap Blanc, la mer jette sur la plage des masses roulées d'une roche grenue, qui est un mélange intime d'amphibole et de feldspath lamellaire. C'est ce qu'on appelle un peu vaguement du *Grünstein primitif*. On y reconnoît des traces de quarz et de pyrites. Il est probable que, près des côtes, il existe quelques rochers sous-marins qui fournissent ces masses excessivement dures. Je les ai comparés dans mon journal au *paterlestein* du Fichtelberg, en Franconie, qui est aussi une diabase, mais tellement fusible, qu'on en fait des boutons de verre, employés pour le commerce des esclaves, sur la côte de Guinée. J'avois cru d'abord, d'après l'analogie [2] des phénomènes qu'offrent ces mêmes montagnes

---

[1] *Hornblendschiefer.*

[2] Près Schauenstein et Steben, où domine le schiste carburé de transition.

de Franconie, que la présence de ces masses amphiboliques à cristaux de feldspath commun (non compacte) indiquoit la proximité des roches de transition; mais dans la haute vallée de Caracas, près d'Antimano, on reconnoît des boules de la même diabase remplissant un filon qui traverse le schiste micacé. Sur la pente occidentale de la colline du cap Blanc, le gneiss est couvert d'une formation de grès ou d'aglomérat extrêmement récent. Ce grès renferme des fragmens anguleux de gneiss, de quarz et de chlorite, du sable magnétique, des madrépores et des coquilles bivalves pétrifiées. Cette formation est-elle du même âge que celle de Punta Araya et Cumana? J'en ai envoyé de nombreux échantillons au cabinet du roi d'Espagne à Madrid.

Peu de parties de la côte ont un climat aussi brûlant que les environs du cap Blanc. Nous souffrîmes beaucoup de la chaleur, augmentée par la réverbération d'un sol aride et poudreux : mais les effets de l'insolation n'eurent pas de suites fâcheuses pour nous. On craint excessivement à la Guayra l'action vive du soleil sur les fonctions cérébrales, surtout à une époque où la fièvre jaune commence à se faire sentir. Me trouvant un jour sur la terrasse de la maison pour observer le midi et la différence des thermomètres au soleil et à l'ombre, je vis paroître derrière moi un homme qui me pressa avec instance d'avaler une potion qu'il tenoit toute préparée à la main. C'étoit un médecin qui, de sa fenêtre, m'avoit vu, depuis une demi-heure, la tête nue, exposé aux rayons du soleil. Il assuroit que, né dans un pays très-septentrional, je devois, d'après l'imprudence que je venois de commettre, éprouver indubitablement, et le soir même, les symptômes de la fièvre jaune, si je m'obstinois à ne pas prendre un préservatif. Cette prédiction, quoique fort sérieuse, ne m'alarma point, car depuis long-temps je me croyois acclimaté; mais comment ne pas céder à des instances motivées par un intérêt si bienveillant? J'avalai la potion, et le médecin me compta peut-être au nombre des malades qu'il avoit sauvés dans le courant de l'année.

Après avoir décrit le site et la constitution atmosphérique de la Guayra, nous quitterons les côtes de la mer des Antilles, pour ne les revoir presque plus avant notre retour des missions de l'Orénoque. Le chemin qui conduit du port à Caracas, capitale d'un gouvernement de près de 900,000 habitans, ressemble, comme nous l'avons fait observer plus haut, aux passages des Alpes, aux chemins du Saint-Gothard et du grand Saint-Bernard. On n'en avoit jamais tenté le nivellement avant mon arrivée dans la province de Venezuela; on n'avoit même aucune idée précise de l'élévation de la vallée de Caracas. On s'étoit aperçu depuis long-temps que l'on descend beaucoup moins de la Cumbre et de *Las Vueltas*, qui est le point culminant de la route, vers la Pastora à l'entrée de la vallée de Caracas, que vers le port de la Guayra; mais comme la montagne d'Avila a une masse très-considérable, on ne découvre pas à la fois les points qu'on voudroit comparer. Il est même impossible de se former une idée exacte de l'élévation de Caracas par le climat de la vallée. L'air y est refroidi par des courans d'air descendant, et, pendant une grande partie de l'année, par les brumes qui enveloppent la haute cime de la *Silla*. J'ai fait plusieurs fois à pied le chemin de la Guayra à Caracas; j'en ai esquissé un profil, fondé sur 12 points, dont la hauteur a été déterminée par des mesures [1] barométriques. J'ai désiré vainement jusqu'ici que mon nivellement fût

---

[1] Voici les observations barométriques et leurs résultats. Maiquetia, 335,0; therm., 25°,6. La Venta, grande auberge à la pente septentrionale de la Cumbre ou du Cerro de Avila; barom., 294,1; therm., 19°,2. El Guayavo ou petite Venta de la Cumbre, 285,3; therm. 18°,7. Fort de la Cuchilla, 281,5; therm., 18°,8. Venta chica de Sanchorquiz, 284,2; therm., 18°,7. Près de la source de Sanchorquiz (la Fuente), 286,4; therm., 18°,6. Dernière petite Venta, avant d'arriver à la croix de la Guayra, 284,1; therm., 18°,8. La Cruz de la Guayra, 292,2; therm., 19°,6. La Douane de Caracas, Aduana de la Pastora, barom., 301,3; therm., 15,1. Caracas à la Trinidad, barom., 303,7; therm., 15°,2. (Voyez mes *Obs. astr.*, Tom. I, p. 296 et 367.) Les résultats calculés péchent probablement un peu par défaut. On a réduit les hauteurs barométriques, à la même heure, par la connoissance précise de l'effet des petites marées barométriques. La hauteur absolue du baromètre au niveau de la mer est indiquée plus petite que ne la donnoit le même instrument bien rectifié dans le point zéro de son l'échelle, mais il ne s'agit ici que des différences.

répété et perfectionné par quelque voyageur instruit qui visitât cette contrée à la fois si pittoresque et si intéressante pour le physicien.

Lorsqu'on respire, dans la saison des grandes chaleurs, l'air embrasé de la Guayra, et que l'on tourne ses regards vers les montagnes, on est vivement frappé de l'idée qu'à la distance directe de cinq à six mille toises, une population de 40,000 âmes, réunie dans une vallée étroite, jouit de la fraîcheur du printemps, d'une température qui, de nuit, s'abaisse à 12° du thermomètre centésimal. Ce rapprochement de différens climats est très-commun dans toute la Cordillère des Andes; mais partout, au Mexique, à Quito, au Pérou et dans la Nouvelle-Grenade, il faut faire de longs voyages dans l'intérieur des terres, soit par les plaines, soit en remontant les rivières, pour parvenir aux grandes villes qui sont les centres de la civilisation. L'élévation de Caracas n'est que le tiers de celle de Mexico, de Quito et de Santa-Fe de Bogota; mais, parmi toutes les capitales de l'Amérique espagnole, qui, au milieu de la zone torride, ont un climat frais et délicieux, c'est Caracas qui est le plus rapproché des côtes. Quel avantage d'avoir un port de mer à trois lieues de distance, et d'être situé entre les montagnes, dans un plateau qui produiroit du froment, si on en préféroit la culture à celle du cafier.

Le chemin de la Guayra à la vallée de Caracas est infiniment plus beau que celui de Honda à Sante-Fe, et de Guayaquil à Quito; il est même mieux entretenu que l'ancienne route qui conduit du port de la Vera-Cruz à Perote, sur la pente orientale des montagnes de la Nouvelle-Espagne. On ne met, avec de bonnes mules, que trois heures pour aller du port de la Guayra à Caracas; il n'en faut que deux pour le retour. Avec des mulets de charge ou à pied, le chemin est de quatre à cinq heures. On monte d'abord, sur une pente de rochers extrêmement rapide et par des stations qui portent les noms de *Torre quemada*, *Curucuti* et du *Salto*, à une grande auberge (*la Venta*) placée à 600 toises de hauteur au-dessus du niveau de la mer. La dénomination de *Tour brûlée* indique la vive sensation que l'on éprouve lorsqu'on descend vers la Guayra. On est comme suffoqué par la chaleur que reflètent les murs de rochers, et surtout les plaines arides sur lesquelles plonge la vue. Dans cette route, comme sur le chemin de Vera-Cruz à Mexico, et partout où, sur une pente rapide, on change de climats, l'accroissement des forces musculaires et le sentiment de bien-être que l'on éprouve, à mesure que l'on entre dans des couches d'air plus froides, m'ont paru moins vifs que le sentiment d'affaissement et de langueur dont on est péniblement saisi en descendant vers les plaines brûlantes du littoral. Telle est l'organisation de l'homme que, même dans le monde moral, nous ne jouissons pas autant de ce qui adoucit notre situation, que nous sommes affectés d'une peine nouvelle.

De Curucuti au Salto, la montée est un peu peu moins pénible. Les sinuosités du chemin contribuent à rendre la pente plus douce, comme dans l'ancienne route du Mont-Cenis. Le *Saut* ou Salto est une crevasse que l'on passe sur un pont-levis. De véritables fortifications couronnent le sommet de la montagne. A la Venta, nous vîmes le thermomètre, à midi, à 19°,3, lorsque, à la Guayra, il se soutenoit, à la même heure, à 26°,2. Comme, depuis l'époque où les neutres ont été admis de temps en temps dans les ports des colonies espagnoles, on a plus facilement permis aux étrangers de monter à Caracas qu'à Mexico, la Venta jouit déjà de quelque célébrité en Europe et aux Etats-Unis, par la beauté de son site. En effet, lorsque les nuages le permettent, ce site offre une vue magnifique sur la mer et les côtes voisines. On découvre un horizon de plus de vingt-deux lieues de rayon; on est ébloui de la masse de lumière que reflète le littoral blanc et aride; on voit à ses pieds le cap Blanc, le village de Maiquetia avec ses cocotiers, la Guayra et les vaisseaux qui entrent dans le port. J'ai trouvé ce spectacle bien plus extraordinaire encore, quand le ciel n'est pas tout-à-fait serein, et que des traînées de nuages, fortement éclairés à leur surface supérieure, paroissent projetés, comme des îlots mobiles, sur l'immense surface de l'Océan. Des couches de vapeurs, se soutenant à différentes élévations, forment des plans intermédiaires entre l'œil de l'observateur et les basses régions. Par une illusion facile à expliquer, elles agrandissent la scène et la rendent plus imposante. Les arbres et les habitations se découvrent de temps en temps à travers les ouvertures que laissent les nuages chassés par le vent et roulés sur eux-mêmes. On croiroit alors les objets placés à une plus grande profondeur qu'ils ne se présentent par un air pur et uniformément serein. Lorsque, sur la pente des montagnes du Mexique, on se trouve à la même élévation (entre Las Trancas et Xalapa)[1], on est encore à douze lieues de distance de la mer; on ne distingue que confusément la côte, tandis que, dans la route de la Guayra à Caracas, on domine les plaines (la *tierra caliente*) comme du haut d'une tour. Qu'on se figure l'impression que doit laisser cet aspect à ceux qui, nés dans l'intérieur des terres, voient, pour la première fois, de ce point, la mer et des vaisseaux.

J'ai déterminé, par des observations directes, la latitude de la Venta, pour pouvoir donner une idée plus précise de sa distance des côtes. Cette latitude est de 10° 33′ 9″. Sa longitude m'a paru[2],

[1] *Voyez* le profil que j'ai publié dans l'*Atlas de la Nouvelle-Espagne*, Pl. 12.

[2] Les hauteurs du soleil que j'ai prises le 20 janvier 1800 étoient très-près du passage de l'astre par le méridien. (*Obs. astr.*, Tom. I, p. 186.)

d'après le chronomètre, à peu près de 2′47″ en arc à l'ouest de la ville de Caracas. J'ai trouvé à cette hauteur l'inclinaison de l'aiguille aimantée de 41°,75, et l'intensité des forces magnétiques égale à 234 oscillations.

Depuis la Venta, que l'on appelle aussi *Venta grande*, pour la distinguer de trois ou quatre autres petites hôtelleries établies (de mon temps[1]) le long de la route, on monte encore plus de 150 toises pour arriver au *Guayavo*. C'est presque le point culminant du chemin; j'ai porté le baromètre encore au-delà, un peu au-dessus de la *Cumbre*[2], au fortin de la Cuchilla. Me trouvant sans passe-port (car pendant cinq ans je n'en ai connu le besoin qu'au moment de débarquer), je manquai de me voir arrêté par un poste d'artilleurs. Pour calmer le courroux de ces vieux militaires, je leur traduisis en *vares* castillanes le nombre de toises qu'a ce poste au-dessus du niveau de la mer. Cela ne parut guère les intéresser, et je ne dus ma liberté qu'à un Andalou, qui devint extrêmement traitable,

---

[1] Elles sont presque toutes détruites aujourd'hui.
[2] La *cime*, le *sommet*.

lorsque je lui dis que les montagnes de son pays, la Sierra Nevada de Grenade, étoient bien plus élevées que toutes les montagnes de la province de Caracas.

On se trouve, au fort de la Cuchilla, à la hauteur de la cime du Puy-de-Dôme ou à peu près 150 toises plus bas que la poste du Mont-Cenis. Comme la ville de Caracas, la Venta del Guayavo et le port de la Guayra sont si rapprochés, nous aurions désiré, M. Bonpland et moi, pouvoir observer simultanément, pendant quelques jours successifs, l'étendue des petites marées barométriques, dans une vallée de peu de largeur, sur un plateau exposé aux vents et près des côtes de la mer; mais l'atmosphère n'étoit pas assez calme pendant le temps que nous séjournâmes dans ces lieux. D'ailleurs, je n'avois pas le triple appareil d'instrumens météorologiques qu'exigeoit ce travail que je recommande aux physiciens qui visiteront ce pays par la suite.

Lorsque, la première fois, je passai ce plateau pour me rendre à la capitale de Venezuela, je trouvai réuni autour de la petite auberge du Guayavo beaucoup de voyageurs qui faisoient reposer leurs mulets. C'étoient des habitans de Caracas. Ils se disputoient sur le mouvement vers l'indépendance qui avoit eu lieu peu de temps auparavant. Joseph España avoit péri sur l'échafaud ; sa femme gémissoit dans une maison de réclusion, parce qu'elle avoit donné asyle à son mari fugitif, et qu'elle ne l'avoit point dénoncé au gouvernement. Je fus frappé de l'agitation qui régnoit dans les esprits, de l'aigreur avec laquelle on débattoit des questions sur lesquelles des hommes d'un même pays ne devroient pas différer d'opinion. Tandis qu'on dissertoit sur la haine des mulâtres contre les nègres libres et les blancs, sur la richesse des moines et la difficulté de tenir les esclaves dans l'obéissance, un vent froid, qui sembloit descendre de la haute cime de la Silla de Caracas, nous enveloppa dans une brume épaisse, et mit fin à une conversation si animée. On chercha de l'abri dans la Venta du Guayavo. Lorsque nous entrâmes dans l'hôtellerie, un homme âgé, celui qui avoit parlé avec le plus de calme, rappela aux autres combien, dans ces temps de délation, sur la montagne comme à la ville, il étoit imprudent de se livrer à des discussions politiques. Ces mots, prononcés dans un lieu d'un aspect si sauvage, me causèrent une vive impression et qui s'est renouvelée souvent, pendant nos courses dans les Andes de la Nouvelle-Grenade et du Pérou. En Europe, où les peuples vident leurs querelles dans les plaines, on gravit les montagnes pour y trouver l'isolement et la liberté. Dans le Nouveau-Monde, les Cordillères sont habitées jusqu'à douze mille pieds de hauteur. Les hommes y portent avec eux, et leurs dissensions civiles, et leurs passions petites et haineuses. Des maisons de jeu sont établies sur le dos des Andes, là où la découverte des mines a fait fonder des villes; et, dans ces vastes solitudes, presque au-dessus de la région des nuages, au milieu d'objets qui devroient agrandir les idées, la nouvelle d'une décoration ou d'un titre refusés par la cour, trouble souvent le bonheur des familles.

Que l'on porte ses regards vers l'horizon lointain de la mer, ou qu'on les dirige au sud-est, vers cette crête dentelée de rochers qui semble réunir la Cumbre à la Silla, quoiqu'elle en soit séparée par le ravin (*quebrada*) de Tocume, partout on admire le grand caractère du paysage. Depuis le Guayavo, on parcourt pendant une demi-heure un plateau assez uni, couvert de plantes alpines. Cette partie du chemin s'appelle *las Vueltas*, à cause de ses sinuosités. Un peu plus haut se trouvent les baraques ou magasins de farine que la compagnie de Guipuzcoa avoit construits dans un lieu d'une température très-fraîche, lorsqu'elle avoit le monopole exclusif du commerce et de l'approvisionnement de Caracas. C'est dans le chemin de las Vueltas que l'on voit pour la première fois la capitale, placée trois cents toises plus bas, dans une vallée richement plantée en cafiers et en arbres fruitiers de l'Europe. Les voyageurs ont l'habitude de s'arrêter près d'une belle source, connue sous le nom de *Fuente de Sanchorquiz*, et qui descend de la *Sierra* sur des couches inclinées de gneiss. J'en ai trouvé la température de 16°,4 ; ce qui, pour une élévation de 726 toises, est une fraîcheur bien considérable. Elle paroîtroit plus grande encore à ceux qui boivent cette eau limpide, si la source, au lieu de jaillir entre la Cumbre et la vallée tempérée de Caracas, se trouvoit sur la descente vers la Guayra.

Mais j'ai observé qu'à cette descente, sur le revers septentrional de la montagne, la roche [1] (par une exception peu commune dans cette contrée) est inclinée, non au nord-ouest, mais au sud-est, ce qui empêche peut-être les eaux souterraines d'y former des sources.

Du petit ravin de Sanchorquiz, on continue de descendre à la Cruz de la Guayra, croix placée dans un lieu découvert à 632 toises de hauteur, et de là (en entrant par la douane et le quartier de la Pastora), à la ville de Caracas. Sur ce revers méridional de la montagne d'Avila, le gneiss offre plusieurs phénomènes géognostiques qui sont dignes de l'attention des voyageurs. Il est traversé par des filons de quarz qui enchâssent des prismes cannelés, souvent articulés de titane ruthile de deux ou trois lignes de diamètre. Dans les fentes du quarz, on trouve, lorsqu'on le brise, des cristaux très-déliés qui forment un réseau en se croisant : quelquefois [2], le titane ne se présente qu'en dendrites d'un rouge vif. Le gneiss de la vallée de Caracas est caractérisé

[1] Hor. 8,3; incl., 40° au sud-est.
[2] Surtout au-dessous de la Cruz de la Guayra, à 594 toises de hauteur absolue.

par les grenats verts et rouges qu'il enchâsse, et qui disparoissent là où la roche passe au schiste micacé. Ce même phénomène a été observé par M. de Buch, en Suède, dans le Helsingland; tandis que, dans l'Europe tempérée, ce sont généralement les schistes micacés et les serpentines, et non le gneiss, qui renferment les grenats. Dans les enclos des jardins de Caracas, construits en partie avec des fragmens de gneiss, on reconnoît des grenats d'un beau rouge, un peu transparens, mais très-difficiles à détacher. Le gneiss, près de la Croix de la Guayra, à une demi-lieue de distance de Caracas, m'a offert aussi des vestiges de cuivre azuré[1], disséminé dans des filons de quarz et de petites couches de graphite ou fer carburé terreux. Ce dernier, qui laisse des traces sur le papier, se trouve en assez grandes masses, et quelquefois mêlé au fer spathique, dans le ravin de Tocume, à l'ouest de la Silla.

Entre la source de Sanchorquiz et la Croix de la Guayra, comme plus haut encore, le gneiss renferme des bancs puissans de calcaire

[1] Cuivre carbonaté bleu.

primitif, gris-bleuâtre, saccaroïde, à gros grain, contenant du mica et traversé par des filons de spath calcaire blanc. Le mica, à larges feuillets est placé dans le sens de l'inclinaison des couches. J'ai trouvé dans ce calcaire primitif beaucoup de pyrites cristallisées et des fragmens rhomboïdaux de fer spathique d'un jaune isabelle. La peine que je me suis donnée pour découvrir de la tremolithe[1] qui, dans le Fichtelberg en Franconie[2], est commune dans le calcaire grenu (sans dolomie), ont été inutiles. En Europe, des bancs de calcaire primitif s'observent généralement dans les schistes micacés; mais on trouve aussi du calcaire saccaroïde dans un gneiss de la plus ancienne formation, en Suède près d'Upsal,

---

[1] Grammatite de M. Hauy. Le calcaire primitif au-dessus de la source de Sanchorquiz est dirigé, comme le gneiss dans ce point, hor. 5,2; et incliné de 45° au nord; mais la direction générale du gneiss est, dans le Cerro de Avila, hor. 3,4 avec 60° d'inclinaison au N. O. Des exceptions locales s'observent sur une petite étendue de terrain près de la Croix de la Guayra (hor. 6,2, inclin. 8°. N.), et plus haut, vis-à-vis la Quebrada de Tipe (hor. 12, inclin. 50° O.)

[2] Près de Wunsiedel.

en Saxe près de Burkersdorf, et dans les Alpes au passage du Simplon. Ces gisemens sont analogues à celui de Caracas. Les phénomènes de la géognosie, particulièrement ceux qui tiennent à la stratification des roches, et à leur agroupement, ne sont jamais isolés; on les retrouve les mêmes dans l'un et l'autre hémisphère. J'ai été d'autant plus frappé de ces rapprochemens et de cette identité de formations, qu'à l'époque de mon voyage, les minéralogistes ne connoissoient pas encore le nom d'une seule roche de Venezuela, de la Nouvelle-Grenade et des Cordillères de Quito.

CHAPITRE XII.

Vue générale sur les provinces de Venezuela. — Diversité de leurs intérêts. — Ville et vallée de Caracas. — Climat.

L'IMPORTANCE d'une capitale ne dépend pas uniquement de sa population, de sa richesse et de son site : pour l'apprécier avec quelque justesse, il faut se rappeler l'étendue du territoire dont elle est le centre, la masse de productions indigènes qui sont l'objet des son commerce, les rapports dans lesquels elle se trouve avec les provinces soumises à son influence politique. Ces circonstances diverses se modifient par les liens plus ou moins relâchés qui unissent les colonies à la métropole; mais tels sont l'empire des habitudes et les combinaisons de l'intérêt commercial, qu'il est à prévoir que cette influence des capitales sur les pays environnans, ces associations de provinces, fondues ensemble sous la dénomination de royaumes, de capitaineries générales, de présidences et de gouvernemens [1], survivront même à la catastrophe de la séparation des colonies. Les démembremens n'auront lieu que là où, en dépit des limites naturelles, on a réuni arbitrairement des parties qui se trouvent entravées dans leurs communications. La civilisation en Amérique, partout où elle n'existoit pas déjà jusqu'à un certain point avant la conquête (comme au Mexique, à Guatimala, à Quito et au Pérou), s'est portée des côtes vers l'intérieur, en suivant tantôt la vallée d'un grand fleuve, tantôt une chaîne de montagnes qui offroient un climat tempéré. Concentrée à la fois sur différens points, elle s'est propagée comme par rayons divergens. La réunion en provinces ou en royaumes s'est effectuée au premier contact immédiat entre les parties civilisées ou du moins sou-

---

[1] *Reinos, Capitanias generales, Presidencias, Goviernos, Provincias*, sont les noms que la cour d'Espagne a donnés de tout temps à ses possessions d'outre-mer, *dominios de ultramar*.

mises à une domination stable et régulière. Des contrées désertes ou habitées par des peuples sauvages, entourent aujourd'hui les pays conquis par la civilisation européenne. Elles divisent ces conquêtes comme par des bras de mer difficiles à franchir; et le plus souvent des états voisins ne se tiennent que par des langues de terres défrichées. Il est plus facile de connoître les configurations des côtes baignées par l'Océan, que les sinuosités de ce littoral intérieur sur lequel la barbarie et la civilisation, des forêts impénétrables et des terrains cultivés, se touchent et se limitent. C'est faute d'avoir réfléchi sur l'état des sociétés naissantes du Nouveau-Monde, que les géographes défigurent si souvent leurs cartes, en traçant les différentes parties des colonies espagnoles et portugaises, comme si elles étoient contiguës sur tous les points de l'intérieur. Les connoissances locales que j'ai pu acquérir par moi-même sur ces limites, me mettent en état de fixer avec quelque certitude l'étendue des grandes divisions territoriales, de comparer les parties sauvages et habitées, et d'apprécier l'influence politique plus ou moins grande qu'exercent certaines villes d'Amérique, comme centres de pouvoir et de commerce.

Caracas est la capitale d'un pays qui est presque deux fois plus grand que le Pérou actuel, et qui le cède peu en étendue au royaume de la Nouvelle-Grenade [1]. Ce pays, que le gouvernement espagnol désigne sous les noms de *Capitania general de Caracas* ou *des provinces (réunies) de Venezuela* [2], a près d'un million d'habitans parmi les-

---

[1] La Capitania général de Caracas a près de 48,000 lieues carées (de 25 au degré); le Pérou (depuis que La Paz, Potosi, Charcas et Santa Cruz de la Sierra ont été séparés et réunis à la vice-royauté de Buenos-Ayres) en a 30,000; la Nouvelle-Grenade, en y comprenant la province de Quito, 65,000. Ces calculs ont été faits par M. Oltmanns, d'après les changemens que mes déterminations astronomiques ont apportés aux cartes de l'Amérique espagnole. Je préfère ici des évaluations en nombres ronds; les discussions particulières sur l'étendue des divers pays, leur population respective et d'autres faits purement statistiques trouveront leur place dans des chapitres particuliers, à mesure que nous quitterons chacune des grandes divisions territoriales.

[2] Le capitaine général de Caracas porte le titre

CHAPITRE XII.

quels 60,000 esclaves. Il renferme, le long des côtes, la Nouvelle-Andalousie ou la province de Cumana (avec l'île de la Marguerite [1]), Barcelona, Venezuela ou Caracas, Coro et Maracaybo; dans l'intérieur, les provinces de Varinas et de la Guiane, la première le long des rivières de Santo-Domingo et de l'Apure, la seconde le long de l'Orénoque, du Casiquiare, de l'Atabapo et du Rio Negro. En jetant un coup d'œil général sur les sept provinces réunies de la Terre-Ferme, on voit qu'elles forment trois zones distinctes, qui s'étendent de l'est à l'ouest.

On trouve d'abord des terrains cultivés le long du littoral, et près de la chaîne des montagnes côtières; puis des savanes ou des pâturages; enfin, au-delà de l'Orénoque, une troisième zone, celle des forêts, dans lesquelles on ne pénètre qu'au moyen des rivières qui les traversent. Si les indigènes, habitans de

---

de *Capitan general de las Provincias de Venezuela y Ciudad de Caracas.*

[1] Cette île, rapprochée des côtes de Cumana, forme un *Govierno* particulier, qui dépend immédiatement du capitaine général de Caracas.

ces forêts, vivoient entièrement des produits de la chasse, comme ceux du Missoury, nous dirions que les trois zones dans lesquelles nous venons de diviser le territoire de Venezuela, offrent l'image des trois états de la société humaine, la vie du sauvage chasseur dans les bois de l'Orénoque, la vie pastorale dans les savanes ou Llanos, celle de l'agriculteur dans les hautes vallées et au pied des montagnes côtières. Les moines missionnaires et quelques soldats occupent ici, comme dans toute l'Amérique, des postes avancés sur les frontières du Brésil. Cette première zone est celle où se fait sentir la prépondérance de la force, et l'abus du pouvoir, qui en est une suite nécessaire. Les indigènes se font une guerre cruelle, et se mangent quelquefois les uns les autres. Les moines tâchent d'augmenter leurs petits villages de missions, en profitant des dissensions des indigènes. Les militaires destinés à protéger les moines, vivent en querelle avec eux. Tous offrent également le triste tableau de la misère et des privations. Nous aurons bientôt occasion de voir de près cet état de l'homme que vantent, comme un état de nature, ceux qui habitent les villes. Dans la seconde région, dans les plaines et les pâturages, la nourriture n'est pas variée, mais elle est très-abondante. Plus avancés dans la civilisation, les hommes, hors de l'enceinte de quelques villes éparses, n'en restent pas moins isolés les uns des autres. A voir leurs habitations, en partie couvertes de peaux et de cuirs, on diroit que, loin d'être fixés, ils sont à peine campés dans ces vastes prairies qui bornent l'horizon. L'agriculture qui seule affermit les bases de la société, et en resserre les liens, occupe la troisième zone, le littoral, et surtout les vallées chaudes et tempérées des montagnes voisines de la mer.

On pourroit objecter que, dans d'autres parties de l'Amérique espagnole et portugaise, partout où l'on peut suivre le développement progressif de la civilisation, on trouve réunis les trois âges de la société [1]; mais on doit remarquer, et cette observation est très-importante pour ceux qui veulent connoître à fond l'état politique des diverses colonies, que la disposition des trois zones, celles des forêts, des pâturages

[1] *Nouv. Esp.*, Tom. II, p. 68.

et des terres labourées, n'est pas partout la même, et que nulle part elle n'est aussi régulière que dans le pays de Venezuela. Il s'en faut de beaucoup que ce soit toujours de la côte vers l'intérieur que diminuent la population, l'industrie commerciale et la culture intellectuelle. Au Mexique, au Pérou et à Quito, ce sont les plateaux et les montagnes centrales qui offrent la réunion la plus nombreuse de cultivateurs, les villes les plus rapprochées, les institutions les plus anciennes. On observe même que, dans le royaume de Buenos-Ayres, la région des pâturages, connue sous le nom des Pampas, se trouve interposée entre le port isolé de Buenos-Ayres et la grande masse d'Indiens cultivateurs qui habitent les Cordillères de Charcas, de la Paz et du Potosi. Cette circonstance fait naître, dans un même pays, une diversité d'intérêts entre les peuples de l'intérieur et ceux qui habitent la côte.

Lorsqu'on veut se former une idée précise de ces vastes provinces qui, depuis des siècles, ont été gouvernées, presque comme des états séparés, par des vice-rois ou des capitaines généraux, il faut fixer son attention sur plusieurs points à la fois. Il faut distinguer les parties de l'Amérique espagnole qui sont opposées à l'Asie de celles qui sont baignées par l'Océan atlantique; il faut discuter, comme nous venons de le faire, où se trouve placée la majeure partie de la population, si elle est rapprochée des côtes, ou si elle est concentrée dans l'intérieur, sur les plateaux froids et tempérés des Cordillères; il faut vérifier les rapports numériques entre les indigènes et les autres castes, rechercher l'origine des familles européennes, examiner à quelle race appartient le plus grand nombre de blancs dans chaque partie des colonies. Les Andaloux-Canariens de Venezuela, les Montagnards[1] et les Biscayens du Mexique, les Catalans de Buenos-Ayres diffèrent essentiellement entre eux dans leur aptitude pour l'agriculture, les arts mécaniques, le commerce et les objets qui tiennent au développement de l'intelligence. Chacune de ces races a conservé, dans le Nouveau-Monde comme dans l'ancien, les nuances qui cons-

---

[1] *Montañeses*. C'est ainsi qu'on appelle en Espagne les habitans des montagnes de Santandèr.

tituent sa physionomie nationale, l'âpreté ou la douceur de son caractère, sa modération ou le désir excessif du gain, son hospitalité affable ou le goût pour l'isolement. Dans des pays dont la population est en grande partie composée d'Indiens de castes mêlées, les différences qui se manifestent parmi les Européens et leurs descendans, ne peuvent pas sans doute être aussi contrastées et aussi marquantes que celles qu'offroient jadis les colonies d'origine ïonienne et dorique. Des Espagnols, transplantés dans la zone torride, devenus, sous un ciel nouveau, presque étrangers aux souvenirs de la mère-patrie, ont dû éprouver des changemens plus sensibles que les Grecs établis sur les côtes de l'Asie-Mineure ou de l'Italie, dont les climats diffèrent si peu de ceux d'Athènes ou de Corinthe. On ne sauroit nier les modifications diverses qu'ont produites à la fois dans le caractère de l'Espagnol-Américain la constitution physique du pays, l'isolement des capitales sur des plateaux, ou leur rapprochement des côtes, la vie agricole, le travail des mines et l'habitude des spéculations commerciales : mais on reconnoît partout dans les habitans de Caracas, de Santa-Fe, de Quito et de Buenos-Ayres, quelque chose qui appartient à la race, à la filiation des peuples.

Si l'on examine l'état de la capitainerie générale de Caracas d'après les principes que nous venons d'exposer, on voit que c'est principalement près du littoral que se trouvent son industrie agricole, la grande masse de sa population, ses villes nombreuses et tout ce qui tient à une civilisation avancée. Le développement des côtes est de plus de 200 lieues. Elles sont baignées par la petite mer des Antilles, sorte de Méditerranée, sur les bords de laquelle presque toutes les nations de l'Europe ont fondé des colonies, qui communique sur beaucoup de points à l'Océan atlantique, et dont l'existence, depuis la conquête, a influé sensiblement sur le progrès des lumières dans la partie de l'est de l'Amérique équinoxiale. Les royaumes de la Nouvelle-Grenade et du Mexique n'ont de rapport avec les colonies étrangères, et par elles avec l'Europe non espagnole, que par les seuls ports de Carthagène des Indes et de Sainte-Marthe, de Vera-Cruz et de Campêche. Ces vastes pays, par la nature de leurs côtes et l'isolement de leur population sur le dos des Cordillères, offrent peu de points de contact avec l'étranger. Le golfe du Mexique est même moins fréquenté, pendant une partie de l'année, à cause du danger des coups de vent du nord. Les côtes de Venezuela au contraire, par leur étendue, leur développement vers l'est, la mutiplicité de leurs ports et la sûreté de leurs atterrages dans les différentes saisons, profitent de tous les avantages qu'offre la mer intérieure des Antilles. Nulle part les communications avec les grandes îles, et même avec celles du vent, ne peuvent être plus fréquentes que par les ports de Cumana, de Barcelone, de la Guayra, de Porto-Cabello, de Coro et de Maracaybo : nulle part le commerce illicite avec les étrangers n'a été plus difficile à restreindre. Peut-on s'étonner que cette facilité de rapports commerciaux avec les habitans de l'Amérique libre et les peuples de l'Europe agitée aient augmenté à la fois, dans les provinces réunies sous la capitainerie générale de Venezuela, l'opulence, les lumières et ce désir inquiet d'un gouvernement local qui se confond avec l'amour de la liberté et des formes républicaines?

Les indigènes cuivrés ou indiens ne constituent une masse très-importante de la population agricole que là où les Espagnols, au moment de la conquête, ont trouvé des gouvernemens réguliers, une société civile, des institutions anciennes et le plus souvent très-compliquées, comme à la Nouvelle-Espagne, au sud de Durango et au Pérou, depuis le Couzco jusqu'au Potosi. Dans la capitainerie générale de Caracas, la population est peu considérable, du moins hors des missions, dans la zone cultivée. Au moment des grandes dissensions politiques, les indigènes n'inspirent pas de craintes aux blancs et aux castes mêlées. En évaluant, en 1800, la population totale des sept provinces réunies à 900,000 ames, j'ai pensé que les Indiens n'en font que $\frac{1}{9}$, tandis qu'au Mexique ils font presque la moitié des habitans.

Parmi les castes dont se compose la population de Venezuela, celle des noirs, qui excite à la fois l'intérêt dû au malheur et la crainte d'une réaction violente, n'est pas considérable par le nombre, mais par son accumulation sur une étendue de terrain peu considérable. Nous verrons bientôt que, dans toute la capitainerie générale, les esclaves n'excèdent pas $\frac{1}{15}$ de la population entière; dans l'île de Cuba, celle des Antilles où les nègres sont en plus petit nombre comparativement aux blancs, ce rapport étoit, en 1811, comme 1 à 3. Les sept provinces réunies de Venezuela ont 60,000 esclaves; Cuba, dont l'étendue est huit fois moindre, en a 212,000. En considérant la mer des Antilles, dont le golfe du Mexique fait partie, comme une mer intérieure à plusieurs issues, il est important de fixer notre attention sur les rapports politiques qui naissent de cette configuration singulière du Nouveau-Continent entre des pays placés autour d'un même bassin. Malgré l'isolement dans lequel la plupart des métropoles tâchent de tenir leurs colonies, les agitations ne s'en communiquent pas moins. Les élémens de division sont partout les mêmes; et, comme par instinct, il s'établit un accord entre des hommes d'une même couleur séparés par la différence du langage, et habitant des côtes opposées. Cette Méditerranée de l'Amérique, formée par le littoral de Venezuela, de la Nouvelle-Grenade, du Mexique, des États-Unis[1] et des îles Antilles, compte sur ses bords près d'un million et demi de noirs libres et esclaves; ils sont si inégalement répartis, qu'il n'y en a que très-peu au sud et presque pas dans la région de l'oüest. Leur grande accumulation se trouve sur les côtes septentrionales et orientales. C'est pour ainsi dire la partie africaine de ce bassin intérieur. Il est naturel que les troubles qui, depuis 1792, se sont manifestés à Saint-Domingue, se soient propagés aux côtes de Venezuela. Aussi long-temps que l'Espagne a possédé tranquillement ces belles colonies, les petites émeutes d'esclaves ont été facilement réprimées; mais, dès qu'une lutte d'un autre genre, celle pour l'indépendance, a commencé, les noirs, par leur attitude menaçante, ont tour à tour inspiré des craintes aux partis opposés, et l'abolition graduelle ou instantanée de l'esclavage

---

[1] Les produits des états *trans-alleghaniens* sont exportés par le Mississipi, et la possession des Florides est vivement désirée par les Anglo-Américains pour occuper un plus grand développement de côtes sur la mer intérieure.

a été proclamée dans différentes régions de l'Amérique espagnole, moins par des motifs de justice et d'humanité que pour s'assurer l'appui d'une race d'hommes intrépides, habitués aux privations, et combattant pour leurs propres intérêts. J'ai trouvé dans la relation du voyage de Girolamo Benzoni un passage curieux qui prouve combien datent de loin les craintes que doit produire l'accroissement de la population noire. Ces craintes ne cesseront que là où les gouvernemens seconderont, par des lois, les améliorations progressives que l'adoucissement des mœurs, l'opinion et le sentiment religieux introduisent dans l'esclavage domestique. « Les nègres, dit Benzoni, se sont tellement multipliés à Saint-Domingue, qu'en 1545, quand j'étois à la Terre-Ferme (à la côte de Caracas), j'ai vu beaucoup d'Espagnols *qui ne doutoient pas que sous peu cette île seroit la propriété des noirs*[1]. » Il étoit

---

[1] Vi sono molti Spagnuoli, che tengono per cosa certa, che quest Isola (San Dominico) in breve tempo sarà posseduta da questi Mori di Guinea. (*Benzoni, Hist. del mondo nuovo,* ed. 2da 1572,

réservé à notre siècle de voir s'accomplir cette prédiction, et une colonie européenne de l'Amérique se transformer en un état africain.

Les 60,000 esclaves[1] que renferment les

p. 65.) L'auteur, qui n'est pas très-scrupuleux sur les données statistiques qu'il adopte, croit que de son temps il y avoit à Saint-Domingue 7000 nègres fugitifs (*Mori cimaroni*) avec lesquels don Luis Colomb fit un traité de paix et d'amitié.

[1] Cette évaluation ne diffère que d'un dixième de celle que j'ai publiée dans mon ouvrage sur le Mexique (Tom. IV, p. 472), qui est terminé par des considérations générales sur l'état de toutes les colonies espagnoles. Vivement intéressé à connoître avec précision la population noire de l'Amérique, je m'étois formé, en 1800, sur les lieux mêmes et en consultant de riches propriétaires (*haciendados*), des listes partielles pour les vallées de Caracas, Caucagua, Guapo, Guatire, Aragua, Ocumare, etc. Ces évaluations donnoient pour la province de Venezuela 32,500 esclaves; pour toute la *Capitania general de Caracas*, 54,000, et non 218,400 noirs, comme M. Depons l'indique en supposant (sans doute par erreur de chiffres), que les noirs sont presque le tiers ($\frac{3}{10}$) de la population entière. (*Voyage à la Terre-Ferme*, Tom. I, p. 178 et 241.) Les données que je me suis procurées pendant mon séjour à Caracas, à Cumana et dans la

sept provinces unies de Venézuela sont si inégalement répartis, que la province de Caracas seule en contient près de quarante mille, dont $\frac{1}{5}$ de mulâtres, Maracaybo dix à douze mille, Cumana et Barcelone à peine six mille. Pour juger de l'influence que les esclaves et les gens de couleur en général exercent sur la tranquillité publique, il ne suffit pas de connoître leur nombre, il faut considérer leur accumulation sur certains points et leur genre de vie comme cultivateurs ou habitans des villes. Dans la province de Venezuela, les esclaves se trouvent presque tous réunis sur un terrain qui n'est pas d'une grande étendue, entre la côte et une ligne qui passe (à 12 lieues de la côte) par Panaquire, Yare, Sabana de Ocumare, Villa de Cura et Nirgua.

Guiane espagnole, ont été soumises récemment à de nouvelles vérifications, par les soins obligeans de M. Manuel Palacio-Faxardo qui a publié une notice très-intéressante sur le carbonate de soude ou *Urao* de la Lagunilla, et dont les trois journaux de route de Santa-Fe à Varinas, de Caracas aux *Llanos* de Pore et de Merida à Truxillo, m'ont fourni des matériaux précieux pour le perfectionnement des cartes géographiques.

Les *Llanos* ou vastes plaines de Calabozo, San Carlos, Guanare et Barquecimeto n'en renferment que quatre à cinq mille, qui se trouvent épars dans les fermes et occupés du soin des bestiaux. Le nombre des affranchis est très-considérable : les lois et les mœurs espagnoles favorisent l'affranchissement. Le maître ne peut refuser la liberté à un esclave qui lui offre la somme de trois cents piastres, l'esclave eût-il coûté le double, à cause de son industrie et d'une aptitude particulière au métier qu'il exerce. Les exemples de personnes qui, par testament, donnent la liberté à un certain nombre d'esclaves, sont plus communs dans la province de Venezuela que partout ailleurs. Peu de temps avant que nous visitassions les vallées fertiles d'Aragua et le lac de Valence, une dame qui habitoit le grand village de La Victoria ordonna, sur son lit de mort, à ses enfans, de donner la liberté à tous ses esclaves, au nombre de trente. J'aime à rapporter des faits qui honorent le caractère des habitans dont nous avons reçu, M. Bonpland et moi, tant de marques d'affection et de bienveillance.

Après les noirs on est surtout intéressé, dans

les colonies, à connoître le nombre des blancs créoles que j'appelle *Espagnols-Américains*[1], et celui des blancs nés en Europe. Il est difficile de se procurer des notions suffisamment exactes sur un point si délicat. Le peuple, dans le Nouveau-Monde comme dans l'ancien, abhorre les dénombremens, parce qu'il soupçonne qu'on les fait pour augmenter la masse des impôts. D'un autre côté, les administrateurs envoyés par la métropole dans les colonies, n'aiment pas plus que le peuple les relevés statistiques, et cela par des raisons d'une politique ombrageuse. Ces relevés fatigans à faire sont difficilement soustraits à la curiosité des colons. Quoique, à Madrid, des ministres, éclairés sur les véritables intérêts de la patrie, aient désiré de temps en temps obtenir des informations précises sur la prospérité croissante des colonies, les autorités locales n'ont généralement pas

[1] A l'imitation du mot *Anglo-Americain* reçu dans toutes les langues de l'Europe. Dans les colonies espagnoles, on nomme les blancs, nés en Amérique, des *Espagnols;* et les véritables Espagnols, ceux qui sont nés dans la métropole, des *Européens, Gachupins* ou *Chapetons.*

secondé des vues si utiles. Il a fallu des ordres directs de la cour d'Espagne pour qu'on délivrât aux éditeurs du *Mercure péruvien* les excellentes notions d'économie politique qu'ils ont publiées. C'est à Mexico, et non à Madrid, que j'ai entendu blâmer le vice-roi comte de Revillagigedo, d'avoir appris à toute la Nouvelle-Espagne que la capitale d'un pays qui a près de six millions d'habitans ne renfermoit, en 1790, que 2300 Européens, tandis qu'on y comptoit plus de 50,000 Espagnols-Américains. Les personnes qui proféroient ces plaintes, considéroient le bel établissement des postes, par lesquelles une lettre voyage de Buenos-Ayres à la Nouvelle-Californie, comme une des plus dangereuses conceptions du comte de Florida-Blanca : elles conseilloient (heureusement sans succès) d'arracher les vignes au Nouveau-Mexique et au Chili pour favoriser le commerce de la métropole. Étrange aveuglement, qui fait croire que, par des dénombremens, on révèlera aux colonies le sentiment de leurs forces. Ce n'est que dans les temps de désunion et de troubles intérieurs, qu'en examinant la prépondérance relative des castes, qui toutes devroient être animées d'un même intérêt, on semble évaluer d'avance le nombre des combattans !

Si l'on compare les sept provinces réunies de Venezuela, au royaume du Mexique et à l'île de Cuba, on parvient à trouver approximativement le nombre des blancs créoles et même celui des Européens. Les premiers, ou Espagnols-Américains, font au Mexique près d'un cinquième, à l'île de Cuba, d'après le dénombrement très-exact de 1811, un tiers de la population totale. Lorsqu'on réfléchit sur les deux millions et demi d'indigènes de race cuivrée qui habitent le Mexique, lorsqu'on considère l'état des côtes baignées par l'Océan pacifique et le petit nombre des blancs que renferment les intendances de Puebla et d'Oaxaca, comparativement aux indigènes, on ne peut douter que, sinon la *Capitania generale*, du moins la province de Venezuela offre une proportion plus forte que celle de 1 à 5. L'île de Cuba, dans laquelle les blancs sont même plus nombreux qu'au Chili[1], peut nous fournir un *nombre*

---

[1] Je ne nomme pas le royaume de Buenos-Ayres où, sur plus d'un million d'habitans, les blancs sont

limite, c'est-à-dire le *maximum*, qu'on peut supposer dans la capitainerie générale de Caracas. Je crois qu'il faut s'arrêter à deux cents ou deux cent dix mille Espagnols-Américains sur une population totale de 900,000 ames. Dans la race blanche, le nombre des Européens (non compris les troupes envoyées par la métropole) ne paroît pas excéder douze à quinze mille. Au Mexique, il ne s'élève certainement pas au-delà de 60,000, et je trouve, par plusieurs rapprochemens, que si l'on évalue toutes les colonies espagnoles à 14 ou 15 millions d'habitans, il y a dans ce nombre au plus 3,000,000 de créoles blancs et 200,000 Européens.

Lorsque le jeune Tupac-Amaru, qui se croyoit héritier légitime de l'empire des Incas, à la tête de 40,000 Indiens montagnards, fit, en 1781, la conquête de plusieurs provinces du Haut-Pérou, tous les blancs furent saisis de la même crainte. Les Espagnols-Américains sentirent, comme les Espagnols nés en Europe, que la lutte étoit celle de la race cuivrée contre

---

extrêmement nombreux dans la partie du littoral, tandis que les plateaux ou provinces de la Sierra sont presque entièrement peuplés d'indigènes.

la race blanche, de la barbarie contre la civilisation. Tupac-Amaru, qui lui-même n'étoit pas sans culture, commença par flatter les créoles et le clergé européen; mais bientôt entraîné par les événemens et l'esprit de vengeance de son neveu Andrès Condorcan qui, il changea de projets. Un mouvement vers l'indépendance devint une guerre cruelle entre les castes; les blancs restèrent vainqueurs, et, excités par le sentiment d'un intérêt commun, ils fixèrent dès-lors une vive attention sur le rapport qui existe, dans les différentes provinces, entre leur nombre et celui des Indiens. Il étoit réservé à nos temps de voir les blancs porter cette attention sur eux-mêmes, et, par des motifs de méfiance, examiner les élémens dont se compose leur caste. Chaque entreprise pour conquérir l'indépendance et la liberté, met en opposition le parti national ou américain et les hommes de la métropole. Lorsque j'arrivai à Caracas, ceux-ci venoient d'échapper au danger dont ils s'étoient crus menacés dans le soulèvement projeté par España. Cette tentative hardie eut des suites d'autant plus graves, qu'au lieu d'approfondir les véritables causes du mécontentement popu-

CHAPITRE XII. 167

laire, on crut sauver la métropole en n'employant que des moyens de rigueur. Aujourd'hui, des mouvemens qui ont éclaté depuis les bords du Rio de la Plata jusqu'au Nouveau-Mexique, sur une étendue de quatorze cents lieues, ont divisé des hommes d'une commune origine.

On paroît étonné en Europe de voir que les Espagnols de la métropole, dont nous avons indiqué le petit nombre, ont fait, pendant des siècles, une si longue et si forte résistance; et l'on oublie que, dans toutes les colonies, le parti européen s'augmente nécessairement d'une grande masse de nationaux. Des intérêts de famille, le désir d'une tranquillité non interrompue, la crainte de se jeter dans une entreprise qui peut échouer, empêchent ceux-ci d'embrasser la cause de l'indépendance, ou d'aspirer à l'établissement d'un gouvernement local et représentatif, quoique dépendant de la mère-patrie. Les uns, craignant tous les moyens violens, se flattent que des réformes lentes pourront rendre moins oppressif le régime colonial; ils ne voient dans les révolutions que la perte de leurs esclaves, la spoliation du clergé et l'introduction d'une tolérance religieuse qu'ils croient incompatible avec la pureté du culte dominant. D'autres appartiennent à ce petit nombre de familles qui, dans chaque commune, soit par une opulence héréditaire, soit par leur établissement très-ancien dans les colonies, exercent une véritable aristocratie municipale. Ils aiment mieux être privés de certains droits que de les partager avec tous; ils préféreroient même une domination étrangère à l'autorité exercée par des Américains d'une caste inférieure; ils abhorrent toute constitution fondée sur l'égalité des droits; ils redoutent surtout la perte de ces décorations et de ces titres qui leur ont coûté tant de peine à acquérir, et qui, comme nous l'avons rappelé plus haut, font une partie essentielle de leur bonheur domestique. D'autres encore, et leur nombre est très-considérable, vivent à la campagne des produits de leurs terres, et jouissent de cette liberté qu'offre, sous les gouvernemens les plus vexatoires, un pays dont la population est éparse. N'aspirant point aux places eux-mêmes, ils les voient avec indifférence occupées par des hommes dont le nom leur est presque inconnu, et dont le pouvoir ne les

CHAPITRE XII. 169

atteint pas. Ils préféreroient, sans doute, à l'ancien état des colonies, un gouvernement national et une pleine liberté de commerce; mais ce désir ne l'emporte pas assez sur l'amour du repos et les habitudes d'une vie indolente, pour les engager à des sacrifices longs et pénibles.

En caractérisant, d'après les rapports multipliés que j'ai eus avec toutes les classes des habitans, cette tendance diverse des opinions politiques dans les colonies, j'ai développé par-là même les causes de cette longue et paisible domination de la métropole sur l'Amérique. Le repos a été le résultat de l'habitude, de la prépondérance de quelques familles puissantes, et surtout de l'équilibre qui s'établit entre des forces ennemies. Une sécurité, fondée sur la désunion, doit être ébranlée dès qu'une grande masse d'hommes, oubliant pour quelque temps leurs haines individuelles, se réunissent par le sentiment d'un intérêt commun; dès que ce sentiment, une fois éveillé, se fortifie par la résistance, et que le progrès des lumières et le changement des mœurs diminuent l'influence de l'habitude et des idées anciennes.

Nous avons vu plus haut que la population indienne, dans les provinces réunies de Venezuela, est peu considérable et récemment civilisée; aussi toutes les villes y ont été fondées par les conquérans espagnols. Ceux-ci n'ont pu suivre, comme au Pérou et au Mexique, les traces de l'ancienne culture des indigènes. Caracas, Maracaybo, Cumana et Coro n'ont d'indien que leurs noms. Parmi les trois capitales [1] de l'Amérique équinoxiale, placées dans les montagnes, et jouissant d'un climat très-tempéré, Caracas est la moins élevée. Comme la grande population de Venezuela se trouve rapprochée des côtes, et que la région la plus cultivée leur est parallèle en se dirigeant de l'est à l'ouest, Caracas n'est point un centre de commerce, comme Mexico, Santa-Fe de Bogota et Quito. Des sept provinces réunies dans une capitainerie générale, chacune a un port particulier par lequel sortent ses produits. Il suffit de considérer la position des provinces, leurs rapports plus ou

[1] Mexico, Santa-Fe de Bogota et Quito. On ignore encore l'élévation du sol de la capitale de Guatimala. D'après les productions végétales qui naissent sur ce sol, on peut croire qu'elle est au-dessous de 500 toises.

moins intimes avec les îles du Vent ou les grandes Antilles, la direction des montagnes et le cours des grands fleuves, pour concevoir que Caracas ne pourra jamais exercer une influence politique très-puissante sur les pays dont elle est la capitale. L'Apure, le Meta et l'Orénoque, qui se dirigent de l'ouest vers l'est, reçoivent tous les affluens des Llanos ou de la région des pâturages. Saint-Thomas de la Guiane sera nécessairement un jour une place de commerce d'une haute importance, surtout quand les farines de la Nouvelle-Grenade, embarquées au-dessus du confluent du Rio Negro et de l'Umadea, descendront par le Meta et l'Orénoque, et qu'à Caracas et à Cumana on les préférera aux farines de la Nouvelle-Angleterre. C'est un grand avantage pour les provinces de Venezuela de ne pas voir toutes leurs richesses territoriales dirigées sur un même point, comme celles du Mexique et de la Nouvelle-Grenade qui refluent à Vera-Cruz et à Carthagène, mais d'offrir un grand nombre de villes presque également bien peuplées, et formant comme autant de centres divers de commerce et de civilisation.

Caracas est le siége d'une *Audiencia* (haute-cour de justice) et d'un des huit archevêchés dans lesquels est divisée toute l'Amérique espagnole [1]. Sa population, en 1800, d'après des

---

[1] Les archevêchés et les Audiencias n'ont pas les mêmes limites que les grandes divisions politiques qui, indépendantes les unes des autres, sont connues sous les noms de vice-royautés et de capitaineries générales. Souvent il y a deux *Audiencias* dans une même vice-royauté, comme celles de Mexico et de Guadalaxara, de Lima et du Couzco; quelquefois les évêques d'une vice-royauté sont dépendans de l'archevêque qui réside dans une autre division politique. Les évêques de Panama, de Mainas, de Quito et de Cuenca sont soumis à l'archevêque de Lima, et non à celui de la Nouvelle-Grenade. Les 8 archevêques de l'Amérique espagnole ont leur siége à Mexico, Guatimala, Saint-Domingue, la Havane, Caracas, Santa-Fe de Bogota, Lima et Chuquisaca ou Charcas. Les 12 *Audiencias* sont celles de Mexico, Guadalaxara, Guatimala, la Havane, Caracas, Santa-Fe de Bogota, Quito, Lima, Couzco, Chuquisaca, Santiago de Chile et Buenos-Ayres. Enfin, les 11 grandes divisions politiques sont : la vice-royauté du Mexique (avec deux commandans généraux dans les *Provincias internas* et le capitaine général de Yucatan); les *Capitanias generales* de Guatimala, des deux Florides, de l'île de Cuba, de Saint-Domingue, de Porto-Rico

CHAPITRE XII.

recherches que j'ai faites sur le nombre des naissances, étoit à peu près de 40,000 : les habitans les plus instruits la croyoient même de 45,000, dont 12,000 blancs et 27,000 libres de couleur. Des évaluations faites en 1778 avoient déjà donné trente à trente-deux mille. Tous les recensemens directs sont restés d'un quart, et plus, au-dessous du nombre effectif. En 1766, la population de Caracas et de la belle vallée dans laquelle cette ville est placée, avoit souffert immensément par une cruelle épidémie de la petite vérole. La mortalité s'éleva dans la ville à six ou huit mille : depuis

et de Venezuela; la vice-royauté de la Nouvelle-Grenade (avec la *Presidencia* de Quito); celles du Pérou et de Buenos-Ayres; la *Capitania generale* du Chili. Il n'y a que quatre vice-royautés; mais le Chili, Quito et Guatimala ont toujours porté en Espagne, en style de chancellerie, le titre de royaumes, *Reinos*. Le président d'une Audiencia peut être soumis à un vice-roi; par exemple, celui de Quito dépend, comme *commandant général,* dans les affaires administratives et militaires, du vice-roi de Santa-Fe. J'ai cru devoir rappeler ici ces triples divisions des hiérarchies politique, ecclésiastique et judiciaire, parce qu'elles se trouvent souvent confondues dans les ouvrages qui traitent des colonies espagnoles.

cette époque mémorable, l'inoculation est devenue générale, et je l'ai vu pratiquer sans le secours des médecins. Dans la province de Cumana, où les communications avec l'Europe sont moins fréquentes, il n'y avoit, de mon temps, pas un exemple de petite vérole depuis quinze ans, tandis qu'à Caracas cette cruelle maladie étoit constamment redoutée, parce qu'elle s'y montroit toujours sporadiquement sur plusieurs points à la fois : je dis sporadiquement, car dans l'Amérique équinoxiale, où les changemens de l'atmosphère et les phénomènes de la vie organique semblent sujets à une *périodicité* remarquable, la petite vérole, avant l'introduction si bienfaisante de la vaccine, n'exerçoit ses ravages (si l'on peut ajouter foi à une croyance très-répandue) que tous les 15 ou 18 ans. Depuis mon retour en Europe, la population de Caracas a continué d'augmenter : elle étoit de 50,000 ames, lorsque le grand tremblement de terre du 26 mars 1812 en fit périr, sous les ruines des maisons, près de douze mille. Les événemens politiques qui ont succédé à cette catastrophe, ont réduit le nombre des habitans à moins de vingt mille ; mais ces pertes ne tarderont pas à être réparées, si le pays extrêmement fertile et commerçant dont Caracas est le centre, a le bonheur de jouir de quelques années de repos et d'une sage administration.

La ville est située à l'entrée de la plaine de Chacao, qui s'étend trois lieues à l'est vers Caurimare et la Cuesta de Auyamas, et qui a jusqu'à deux lieues et demie de large. Traversée par le Rio Guayre, cette plaine a 414 toises d'élévation au-dessus du niveau de la mer. Le terrain qu'occupe la ville de Caracas est inégal et a une pente très-forte du N.N.O. vers le S.S.E. Pour se former une idée exacte de la position de Caracas, il faut se rappeler la disposition générale des montagnes côtières et des grandes vallées longitudinales qui les traversent. La rivière du Guayre naît dans le groupe des montagnes primitives de l'Higuerote, qui sépare la vallée de Caracas de celle d'Aragua. Elle se forme près de las Ajuntas, de la réunion des petites rivières de San Pedro et de Macarao, et se dirige d'abord à l'est jusqu'à la *Cuesta* de Auyamas, et puis au sud, pour réunir, au-dessous de Yare, ses eaux à celles du Rio Tuy. Ce dernier est la seule rivière considérable dans la partie septentrionale et montagneuse de la province. Elle suit régulièrement la direction de l'ouest à l'est, sur une longueur de 30 lieues en ligne droite, dont plus des trois quarts sont navigables. J'ai trouvé sur cette longueur, par des mesures barométriques, la pente du Tuy, depuis la plantation de Manterola[1] jusqu'à son embouchure, à l'est du cap Codera, de 295 toises. Cette rivière forme, dans la chaîne côtière, une espèce de vallée longitudinale, tandis que les eaux des Llanos ou des cinq sixièmes de la province de Caracas, suivent l'inclinaison du terrain vers le sud, et deviennent des affluens de l'Orénoque. Cet aperçu hydrographique peut jeter quelque lumière sur la tendance naturelle qu'ont les habitans d'une même province à exporter leurs productions par des routes diverses.

Si la vallée de Caracas n'est qu'une branche latérale de celle du Tuy, les deux vallées n'en restent pas moins parallèles pendant quelque temps. Elles sont séparées par un terrain montueux, que l'on traverse dans le chemin de

---

[1] Au pied de la haute montagne de Cocuyza; 3' à l'est de la Victoria.

Caracas aux hautes savanes d'Ocumare, en passant par le Vallé et Salamanca. Ces savanes se trouvent déjà au-delà du Tuy; et comme la vallée du Tuy est beaucoup plus basse que celle de Caracas, on descend presque toujours dans la direction du nord au sud. De même que le cap Codera, la Silla, le Cerro de Avila entre Caracas et la Guayra, et les montagnes de Mariara forment la rangée la plus septentrionale et la plus élevée de la chaîne côtière, les montagnes de Panaquire, d'Ocumare, de Guiripa et de la Villa de Cura en forment la rangée la plus australe. Nous avons rappelé plusieurs fois que la direction presque générale des couches qui composent cette vaste chaîne du littoral, est du sud-est au nord-ouest, et que leur inclinaison est ordinairement vers le nord-ouest. Il résulte de là que la direction des couches primitives est indépendante de celle de la chaîne entière; et, ce qui est très-remarquable, en suivant [1] cette chaîne depuis Porto-Cabello jusqu'à Maniquarez et au Macanao, dans l'île de la Margue-

[1] J'ai parlé plus haut, Chap. XI, p. 89, de l'interruption de la chaîne du littoral à l'est du cap Codera.

rite, on trouve, de l'ouest à l'est, d'abord du granite, puis du gneiss, du schiste micacé et du schiste primitif; enfin du calcaire compacte, du gypse et des aglomérats qui renferment des coquilles pelagiques.

On doit regretter que la ville de Caracas n'ait pas été placée plus à l'est, au-dessous de l'embouchure de l'Anauco dans le Guayre, là où, vers Chacao, la vallée s'élargit en une plaine étendue et comme nivelée par le séjour des eaux. Diego de Losada, lorsqu'il fonda[1] la ville, suivit sans doute les traces du premier établissement fait par Faxardo. A cette époque, les Espagnols, attirés par la renommée des mines d'or de los Teques et de Baruta, n'étoient pas encore maîtres de la vallée entière, et préféroient rester près du chemin qui conduit à la côte. La ville de Quito se trouve également située dans la partie la plus étroite et la plus inégale d'une vallée, entre deux

---

[1] La fondation de Santiago de Léon de Caracas est de 1567, et postérieure à celle de Cumana, Coro, Nueva Barcelona et Caravalleda ou El Collado. *Fray Pedro Simon, Not.* 7, Cap. III, p. 575. *Oviedo y Bañes*, p. 262.

belles plaines (Turupamba et Rumipamba), dont on auroit pu profiter, si l'on avoit voulu abandonner les anciennes constructions indiennes.

On descend continuellement, de la douane de la Pastora, par la place de la Trinité et la *Plaza major*, à Sainte-Rosalie et le Rio Guayre. J'ai trouvé, par des mesures barométriques, la douane de 37 toises au-dessus de la place de la Trinité, près de laquelle j'ai fait mes observations astronomiques; celle-ci de 8 toises au-dessus du pavé de la cathédrale de la grande place, et la grande place 32 toises au-dessus du Rio Guayre à la Noria. Cette déclivité du terrain n'empêche pas les voitures de rouler dans la ville, mais les habitans en font rarement usage. Trois petites rivières, qui descendent des montagnes, l'Anauco, le Catuche et le Caraguata, traversent la ville en se dirigeant du nord au sud; elles sont très-encaissées, et rappellent en petit, avec les ravines desséchées qui s'y réunissent en entrecoupant le terrain, les fameux *Guaicos* de Quito[1]. On boit à Caracas l'eau du Rio Catuche; mais les personnes ai-

[1] *Voyez* plus haut, Tom. II, Chap. IV, p. 289.

sées font venir l'eau du Valle, village situé à une lieue au sud. On croit cette eau et celle de Gamboa très-salutaires, parce qu'elles coulent sur les racines de la salsepareille [1]. Je n'y ai pu découvrir aucune trace d'arome ou d'extractif: l'eau du Valle ne contient pas de chaux, mais un peu plus d'acide carbonique que l'eau de l'Anauco. Le pont nouveau sur cette dernière rivière est d'une belle construction, et fréquenté par ceux qui se promènent du côté de la Candelaria, sur la route de Chacao et de Petare. On compte à Caracas 8 églises, 5 couvens et une salle de spectacle qui peut renfermer quinze à dix-huit cents personnes. De mon temps, elle étoit disposée de manière que le parterre, dans lequel les hommes se trouvent séparés des femmes, n'étoit pas couvert. On voyoit à la fois les acteurs et les étoiles. Comme le temps brumeux me faisoit perdre beaucoup d'observations de satellites,

---

[1] Dans toute l'Amérique, on s'imagine que les eaux acquièrent les vertus des plantes à l'ombre desquelles elles coulent. C'est ainsi qu'au détroit de Magellan on vante beaucoup l'eau qui entre en contact avec les racines du Winterana Canella. (*Viaje al Magellanes*, 1788, p. 315.)

je pouvois, d'une loge du théâtre, m'assurer si Jupiter seroit visible pendant la nuit. Les rues de Caracas sont larges, bien alignées, et se coupent en angles droits, comme dans toutes les villes fondées par les Espagnols en Amérique. Les maisons sont spacieuses, et plus élevées qu'elles ne devroient l'être dans un pays sujet aux tremblemens de terre. En 1800, les deux places d'Alta Gracia et de Saint-François offroient un aspect très-agréable; je dis en 1800, car les terribles secousses du 26 mars 1812 ont détruit presque toute la ville. Elle se relève lentement de ses ruines; le quartier de la *Trinidad,* que j'ai habité, a été bouleversé comme si une mine avoit éclaté au-dessous.

Le peu d'étendue de la vallée et la proximité des hautes montagnes d'Avila et de la Silla donnent au site de Caracas un caractère morne et sévère, surtout dans cette partie de l'année où règne la température la plus fraîche, aux mois de novembre et décembre. Les matinées sont alors d'une grande beauté : par un ciel pur et serein, on voit à découvert les deux dômes ou pyramides arrondies de la Silla et la crête dentelée du Cerro de Avila. Mais, vers le soir, l'atmosphère s'épaissit; les montagnes se couvrent; des traînées de vapeurs sont suspendues à leurs flancs toujours verts, et les divisent comme par zones superposées les unes aux autres. Peu à peu ces zones se confondent, l'air froid qui descend de la Silla s'engouffre dans le vallon, et condense les vapeurs légères en gros nuages floconneux. Ces nuages s'abaissent souvent au-dessous de la Croix de la Guayra, et on les voit s'avancer, en rasant la terre, vers la Pastora de Caracas et vers le quartier voisin de la Trinidad. A l'aspect de ce ciel brumeux, je me croyois, non dans une des vallées tempérées de la zone torride, mais au fond de l'Allemagne, sur les montagnes du Harz couvertes de pins et de mélèzes.

Mais cet aspect si sombre et si mélancolique, ce contraste entre la sérénité du matin et le ciel couvert du soir, ne s'observent pas au milieu de l'été. Les nuits de juin et de juillet sont claires et délicieuses: l'atmosphère conserve presque sans interruption cette pureté et cette transparence qui sont propres aux plateaux et à toutes les hautes vallées par un temps calme, aussi long-temps que les vents ne mêlent pas des couches d'air d'inégale température.

CHAPITRE XII. 183

C'est dans cette saison d'été que l'on jouit de toute la beauté d'un paysage que je n'ai vu bien éclairé que pendant quelques jours, à la fin du mois de janvier. Les deux cimes arrondies de la Silla se présentent à Caracas presque sous le même angle de hauteur [1] que le Pic de Ténériffe au port de l'Orotava. La première moitié de la montagne est couverte d'un gazon ras ; puis vient la zone des arbustes toujours verts, qui reflète une lumière pourprée à l'époque de la floraison du Befaria, la *Rose des Alpes* de l'Amérique équinoxiale. Au-dessus de cette zone boisée s'élèvent deux masses rocheuses en forme de dômes. Dépourvues de végétation, elles augmentent, par leur nudité, la hauteur apparente d'une montagne qui, dans l'Europe tempérée, entreroit à peine dans la limite des neiges perpétuelles. C'est avec cet aspect imposant de la Silla et les grands mouvemens du terrain au nord de la ville, que contrastent agréablement la région cultivée du vallon,

---

[1] J'ai trouvé, à la Trinidad, la hauteur apparente de la Silla, de 11° 12′ 49″. Sa distance est à peu près de 4500 toises.

les plaines riantes de Chacao, de Petare et de la Vega.

Le climat de Caracas a été nommé souvent un *printemps perpétuel;* on le retrouve partout à mi-côte sur les Cordillères de l'Amérique équinoxiale, entre 400 et 900 toises d'élévation, à moins que la grande largeur des vallées et des plateaux, jointe à l'aridité du sol, n'augmente [1] outre mesure l'intensité de la chaleur rayonnante. Que peut-on en effet imaginer de plus délicieux qu'une température qui se soutient le jour [2] entre 20° et 26°, la nuit [3] entre 16° et 18°, et qui favorise à la fois la végétation du Bananier (Cambury), de l'Oranger, du Cafier, du pommier, de l'abricotier et du froment! Aussi un écrivain national [4] compare le site de Caracas au Paradis terrestre, et reconnoît,

---

[1] Comme à Carthago et Ibague dans la Nouvelle-Grenade. Voyez mes *Proleg. de distr. geogr. plant.*, p. 98.

[2] Entre 16° et 20°,8 R.

[3] Entre 12°,8 et 14°,4 R.

[4] L'historiographe de Venezuela, Jose de Oviedo y Baños.

CHAPITRE XII.

dans l'Anauco et les torrens qui l'avoisinent, les quatre fleuves du Paradis.

Il est à regretter qu'un climat si tempéré soit généralement inconstant et variable. Les habitans de Caracas se plaignent de ce que, dans le même jour, ils ont différentes saisons, et que les passages d'une saison à l'autre sont extrêmement brusques. Souvent, au mois de janvier par exemple, une nuit dont la température moyenne est de 16° est suivie d'un jour pendant lequel le thermomètre se soutient à l'ombre, huit heures consécutives au-dessus de 22°. Dans la même journée, on trouve des températures de 24° et de 18°. Ces oscillations sont extrêmement communes dans nos régions tempérées de l'Europe; mais, sous la zone torride, les Européens mêmes sont si habitués à l'action uniforme des stimulus extérieurs, qu'ils souffrent d'un changement de température de 6°. A Cumana, et partout dans les plaines, la température ne change ordinairement, depuis 11 heures du matin jusqu'à 11 heures du soir, que de 2° à 3°. D'ailleurs ces variations atmosphériques influent plus à Caracas sur l'organisation de l'homme qu'on ne pourroit le supposer en consultant seulement le thermomètre. Dans cette vallée étroite, l'atmosphère est pour ainsi dire balancée entre deux vents, dont l'un vient de l'ouest ou du côté de la mer, et l'autre de l'est ou de l'intérieur des terres. Le premier est connu sous le nom de *vent de Catia*, parce qu'il remonte de Catia à l'ouest du cap Blanc, par le ravin de Tipe, que nous avons déjà nommé plus haut, en parlant d'une nouvelle route et d'un nouveau port que l'on a projetés pour remplacer le port et la route de la Guayra. Le vent de Catia n'a que l'apparence d'un vent d'ouest; le plus souvent c'est la brise de l'est et du nord-est qui, soufflant avec une grande impétuosité, s'engouffre dans la *Quebreda de Tipe*. Réfléchi par les montagnes élevées d'*Aguas Negras*, ce vent remonte vers Caracas, du côté de l'hospice des Capucins et du Rio Caraguata. Il est chargé d'humidité, et il l'a déposée à mesure qu'il diminue de température : aussi la cime de la Silla se couvre de nuages lorsque le Catia s'introduit dans la vallée. Les habitans de Caracas le craignent singulièrement; il cause des maux de tête à ceux qui ont le système nerveux très-irritable. J'ai connu des individus qui, pour éviter les effets de ce vent, se renfermoient dans leurs maisons, comme on fait en Italie lorsque le Sirocco souffle. J'avois cru reconnoître, pendant mon séjour à Caracas, que le vent de Catia étoit plus pur (un peu plus riche en oxigène) que le *vent de Petare*. Je pensois même que sa pureté pouvoit être la cause de sa propriété excitante. Mais les moyens que j'avois employés méritent peu de confiance. Le vent de Petare, venant de l'est et du sud-est, par l'extrémité orientale de la vallée du Guayre, amène l'air plus sec des montagnes et de l'intérieur du pays : il dissipe les nuages et fait paroître le sommet de la Silla dans toute sa beauté.

Nous savons que les modifications apportées par les vents à la composition de l'air, dans tel ou tel lieu, échappent entièrement à nos procédés eudiométriques dont les plus exacts n'évaluent que 0,003 d'oxigène. La chimie ne connoît encore aucun moyen pour distinguer deux flacons d'air dont l'un auroit été rempli pendant le Sirocco ou le Catia, et l'autre avant que ces vents eussent commencé à souffler. Il me paroît probable aujourd'hui que l'effet singulier du Catia et de tous ces courans d'air auxquels une croyance populaire attache tant d'importance, doit être attribué à des changemens d'humidité et de température, plus qu'à des modifications chimiques. On n'a pas besoin d'avoir recours à des miasmes amenés à Caracas des plages malsaines de la côte : on conçoit que des hommes habitués à l'air plus sec des montagnes et de l'intérieur doivent être désagréablement affectés lorsque l'air de mer très-humide, poussé par la brèche de Tipe, arrive, comme un courant ascendant, dans la haute vallée de Caracas, et qu'en se refroidissant, par la dilatation et par le contact des couches voisines, il y dépose une grande partie de l'eau qu'il renferme. Cette inconstance du climat, ces passages un peu brusques, d'un air sec et transparent à un air humide et brumeux, sont des inconvéniens que partage Caracas avec toute la région tempérée des tropiques, avec tous les lieux placés entre quatre et huit cents toises de hauteur absolue, soit sur des plateaux d'une très-petite étendue, soit sur la pente des Cordillères, comme Xalapa au Mexique, et Guaduas dans la Nouvelle-Grenade. Une sérénité non interrompue pendant une grande partie de l'année, ne règne que dans les basses régions au niveau de la mer, et à de très-grandes hauteurs sur ces vastes plateaux où le rayonnement uniforme du sol semble contribuer à la dissolution des vapeurs vésiculaires. La zone intermédiaire se trouve au niveau des premières couches de nuages qui entourent la surface de la terre. Le climat de cette zone, dont la température est si douce, est essentiellement inconstant et brumeux.

Malgré la hauteur du lieu, le ciel est généralement moins bleu à Caracas qu'à Cumana. La vapeur aqueuse y est moins parfaitement dissoute, et ici, comme dans nos climats, une plus grande diffusion de la lumière diminue l'intensité de la couleur aérienne, en mêlant du blanc au bleu de l'air [1]. Cette intensité, mesurée par le cyanomètre de Saussure, a été trouvée, de novembre à janvier, généralement de 18°, jamais au-dessus de 20°; sur les côtes, elle étoit de 22° à 25°. J'ai observé, dans la vallée de Caracas, que le vent de Petare contribue quelquefois singulièrement à donner

---

[1] *Voyez* plus haut, T. II, Chap. III, p. 126.

une teinte pâle à la voûte céleste. Le 22 janvier, le bleu du ciel étoit, à midi [1], au zénith, plus foible que je ne l'ai jamais vu sous la zone torride. Il correspondoit à 12° du cyanomètre : l'atmosphère étoit alors de la plus grande transparence, sans nuages, et d'une sécheresse remarquable. Dès que le vent impétueux de Petare eut cessé, le bleu augmenta au zénith jusqu'à 16°. J'ai souvent observé, à la mer, quoique dans un moindre degré, un effet semblable du vent sur la couleur du ciel le plus serein.

Quelle est la température moyenne de Caracas? Nous la connoissons moins bien que celle de Santa-Fe de Bogota et de Mexico. Je pense cependant pouvoir démontrer qu'elle ne s'éloigne pas beaucoup de 21 à 22 degrés. J'ai trouvé, par mes propres observations, pour les trois mois très-frais de novembre, décembre et janvier, en prenant pour chaque

---

[1] A midi, thermomètre à l'ombre 23°,7 (au soleil, à l'abri du vent 30°,4); hygromètre de Deluc 36°,2; Cyan. au zénith 12°; à l'horizon 9°. A 3 heures de l'après-midi, le vent cessa. Therm. 21°; hygr. 39°,3; cyan. 16°. A 6 heures du soir, therm. 20°,2; hygr. 39°.

jour le maximum et le minimum de la température, les moyennes de 20°,2; 20°,1; 20°,2. Or, par les connoissances que nous avons acquises sur la distribution de la chaleur dans les différentes saisons, et à différentes hauteurs au-dessus du niveau de la mer, je suis en état de déduire approximativement, des moyennes de quelques mois, la température moyenne de l'année, à peu près comme on conclut la hauteur méridienne d'un astre, des hauteurs prises hors du méridien. Voici les considérations sur lesquelles se fonde le résultat auquel je m'arrête. A Santa-Fe de Bogota, le mois de janvier ne diffère, d'après M. Caldas, de la température moyenne de l'année entière que de 0°,2; à Mexico, déjà très-rapproché de la zone tempérée, la différence atteint un maximum de 3°. A la Guayra, près de Caracas, le mois le plus froid diffère de la moyenne annuelle, de 4°,9; mais si l'air de la Guayra (et celui de Catia) monte quelquefois en hiver, par la *Quebrada* de Tipe, à la haute vallée de Caracas, cette vallée n'en reçoit pas moins, pendant une plus grande partie de l'année, les vents de l'est et du sud-est venant de Caurimare et de l'intérieur des terres. Nous avons appris, par des observations directes, qu'à la Guayra et à Caracas les mois les plus froids sont de 23°,2 et 20°,1. Ces différences expriment un décroissement de température qui, dans la vallée de Caracas, est l'effet simultané de la hauteur du site (ou de la dilatation de l'air dans le courant ascendant) et du conflit entre les vents de Catia et de Petare.

D'après un petit nombre d'observations, faites, pendant trois ans, en partie à Caracas, en partie à Chacao, tout près de la capitale, j'ai vu que le thermomètre centigrade se soutient, dans la saison froide, en novembre et décembre, le plus souvent [1], le jour, entre 21° et 22°; la nuit, entre 16° et 17°. Dans la saison chaude, en juillet et août, cet instrument montre [2], de jour, 25° à 26°; de nuit, 22° à 23°. C'est l'état habituel de l'atmosphère, et ces mêmes observations, faites avec un instrument que j'ai vérifié, donnent, *pour la température moyenne de l'année à Caracas*, un peu plus [3]

---

[1] D'après l'échelle de Réaumur, le jour de 16°,8 à 18°,0; de nuit, de 12°,8 à 13°,6.

[2] De jour, 20° à 20°,8; de nuit, 17°,6 à 18°,4 du therm. de Réaumur.

[3] De 17°,2 R. Je m'étois arrêté, dans les *Prolego-*

CHAPITRE XII. 193

de 21°,5. C'est celle que, dans le système des climats cisatlantiques, on trouve dans les plaines par les 36° ou 37° de latitude. Il est presque inutile de rappeler ici que cette comparaison ne porte que sur la quantité de chaleur qui se développe à chaque endroit pendant le courant d'une année entière, et qu'elle ne s'étend aucunément au *climat*, c'est-à-dire à la distribution de la chaleur entre les différentes saisons.

On voit très-rarement à Caracas, pendant quelques heures, s'élever la température, en été [1], à 29°. On assure l'avoir vu descendre, en hiver, immédiatement avant le lever du soleil [2], à 11°. Pendant mon séjour à Caracas, le maximum et le minimum observés n'ont été que 25° et 12°,5. Le froid nocturne est d'autant plus sensible, qu'il est ordinairement accompagné d'un temps brumeux. J'ai été des semaines entières sans avoir pu prendre des hauteurs du soleil et des étoiles. J'ai trouvé si

---

mena, p. 98, à 16°,8 R. Pour les observations partielles, *voyez* la note E à la fin du Livre.

[1] A 23°,2 R.
[2] A 8°,8 R.

brusques les passages de la plus belle transparence de l'air à une obscurité parfaite, que souvent, l'œil déjà fixé à la lunette, une minute avant l'immersion d'un satellite, je perdois dans la brume, et la planète, et les objets qui m'entouroient de plus près. En Europe, sous la zone tempérée, la température est un peu plus uniforme sur les hautes montagnes que dans les plaines. A l'hospice du Saint-Gothard, par exemple, la différence entre les températures moyennes des mois les plus chauds et les plus froids est de 17°,3 lorsque, sous le même parallèle, presque au niveau de la mer, elle est de 20° à 21°. Le froid n'augmente pas sur nos montagnes aussi rapidement que la chaleur y diminue. Nous verrons, à mesure que nous avancerons vers les Cordillères, que, sous la zone torride, le climat est plus uniforme dans les plaines que sur les plateaux. A Cumana et à la Guayra (car il ne faut pas citer des endroits où les vents du nord troublent pendant quelques mois l'équilibre de l'atmosphère), le thermomètre se soutient, pendant l'année entière, entre 21° et 35°; à Santa-Fe et à Quito, on trouve des oscillations de 5° à 22°, si l'on compare, je ne dis pas les jours, mais les heures de l'année les plus froides et les plus chaudes. Dans les basses régions, à Cumana, par exemple, les nuits ne diffèrent généralement des jours que de 3 à 4°. A Quito, j'ai trouvé cette différence (en prenant avec soin, chaque jour et chaque nuit, les moyennes de 4 ou 5 observations) de 7°. A Caracas, situé à une élévation presque trois fois moindre, et sur un plateau de peu d'étendue, les jours sont encore, dans les mois de novembre et décembre, de 5° à 5°,5 plus chauds que les nuits. Ces phénomènes du refroidissement nocturne peuvent étonner au premier abord: ils sont modifiés par l'échauffement des plateaux et des montagnes pendant le jour, par le jeu des courans descendans et surtout le rayonnement nocturne du calorique dans l'air pur et sec des Cordillères. Voici les différences de climat entre Caracas et son port:

	CARACAS. (Haut. 454 t.)	LA GUAYRA. (Niv. de la mer).
Temp. moy. de l'année....	21° à 22°	28°
T. m. de la saison chaude.	24°	29°
T. m. de la saison froide.	19°	23°,5
Maximum.............	29°	35°
Minimum.............	11°	21°

Les pluies sont extrêmement abondantes à Caracas dans les trois mois d'avril, mai et juin. Les orages viennent toujours de l'est et du sud-est, du côté de Petare et du Valle. Il ne tombe pas de grêle dans les basses régions des tropiques; mais on en a observé à Caracas, presque tous les quatre ou cinq ans. On a même vu de la grêle dans des vallées plus basses encore; et ce phénomène, lorsqu'il s'y présente, fait une vive impression sur le peuple. La chute des aérolithes est moins rare chez nous que ne l'est la grêle, sous la zone torride, malgré la fréquence des orages, à 500 toises d'élévation au-dessus du niveau de la mer.

Le climat frais et délicieux que nous venons de décrire, convient encore à la culture des productions équinoxiales. La canne à sucre se cultive avec succès, même à des hauteurs qui excèdent celle de Caracas; mais on préfère dans la vallée, à cause de la sécheresse du site et du terrain pierreux, la culture du cafier dont le fruit peu abondant est de la plus belle qualité. Lorsque cet arbrisseau est en fleur, la plaine qui s'étend au-delà de Chacao offre l'aspect le plus riant. Le bananier que l'on voit dans les plantations autour de la ville, n'est pas le grand *Platano harton*, ce sont les variétés *Camburi* et *Dominico*, qui exigent moins de chaleur [1]. Les grandes bananes viennent au marché de Caracas, des *haciendas* de Turiamo, situées sur la côte, entre Burburata et Porto-Cabello. Les ananas les plus savoureux sont ceux de Baruta, de l'Empedrado, et des hauteurs de Buenavista, dans le chemin de la Victoria. Lorsqu'un voyageur monte pour la première fois à la vallée de Caracas, il est agréablement surpris de trouver, à côté du cafier et du bananier, les plantes potagères de nos climats, des fraisiers, des ceps de vigne, et presque tous les arbres fruitiers de la zone tempérée. Les pêches et les pommes les plus recherchées viennent de Macarao ou de l'extrémité occidentale de la vallée. C'est là que le coignassier, dont le tronc n'atteint que quatre à cinq pieds, est si commun, qu'il est presque devenu sauvage. Les confitures de pommes et surtout de coings [2] sont très-recherchées dans un pays où l'on croit que, pour boire de l'eau, il faut commencer par exciter la soif

[1] *Voyez* plus haut, Tom. I, Chap. II, p. 289.
[2] *Dulce de manzana y de membrillo.*

en mangeant des matières sucrées. A mesure que les environs de la ville ont été cultivés en caféier, et que l'établissement des plantations, qui ne date que de l'année 1795, a augmenté le nombre des nègres cultivateurs [1], on a remplacé, dans la vallée de Caracas, les pommiers et les coignassiers épars dans les savanes, par du maïs et des légumes. Le riz, arrosé par des rigoles, étoit autrefois plus commun dans la plaine de Chacao qu'il ne l'est aujourd'hui. J'ai observé dans cette province, comme au Mexique, et dans tous les terrains élevés de la zone torride, que là où le pommier est le plus abondant, la culture du poirier offre de grandes difficultés. On m'a assuré que, près de Caracas, les pommes excellentes que l'on vend au marché viennent d'arbres non greffés. On manque de cerisiers : les oliviers que j'ai vus dans la cour du couvent

---

[1] La consommation des villes de l'Amérique espagnole, en comestibles, et surtout en viande, est si énorme, qu'en 1800, on tuoit, à Caracas, 40,000 bœufs par an, tandis que Paris, avec une population 14 fois plus grande, n'en consommoit, du temps de M. Necker, que 70,000.

de San Felipe de Neri sont grands et beaux; mais le luxe même de leur végétation les empêche de porter des fruits.

Si la constitution atmosphérique de la vallée est si favorable aux différens genres de culture qui font la base de l'industrie coloniale, elle ne l'est pas également à la santé des habitans et des étrangers établis dans la capitale de Venezuela. La grande inconstance du climat et la suppression fréquente de la transpiration cutanée, font naître des affections catharrales qui prennent les formes les plus différentes. Un Européen, une fois habitué aux fortes chaleurs, jouit plus constamment d'une bonne santé à Cumana, aux vallées d'Aragua, et partout où la basse région des tropiques n'est pas très-humide, qu'à Caracas et dans tous ces climats de montagnes que l'on vante comme le séjour d'un printemps perpétuel.

En parlant de la fièvre jaune de la Guayra, j'ai énoncé l'opinion la plus généralement répandue, d'après laquelle on suppose que cette cruelle maladie se propage presque aussi peu, de la côte de Venezuela à la capitale, que des côtes du Mexique à Xalapa. Cette opinion est fondée sur l'expérience des derniers vingt ans. Les épidémies qui ont exercé leurs ravages dans le port de la Guayra, se sont à peine fait sentir à Caracas. Je ne voudrois pas troubler, par des craintes chimériques, la sécurité des habitans de la capitale; mais je ne suis pas persuadé que le typhus d'Amérique, devenu plus endémique sur la côte par une plus grande fréquentation du port, ne puisse un jour, s'il est favorisé par des circonstances climatériques particulières, devenir très-fréquent dans la vallée; car sa température moyenne est encore assez élevée pour que, dans les mois les plus chauds, le thermomètre se soutienne [1] entre 22° et 26°. Si l'on ne peut douter que ce typhus, sous la zone tempérée, se communique par contact, peut-on être sûr que, dans un haut degré d'exacerbation, il ne se montre également contagieux par contact sous la zone torride, là où, à quatre lieues des côtes, la température de l'été seconde la prédisposition des organes? La situation de Xalapa, sur la pente des montagnes mexicaines, offre plus de sécurité,

---

[1] Entre 17° et 20°,8 R.

parce que cette ville, moins populeuse, est cinq fois plus éloignée de la mer que Caracas, parce que son élévation est de 230 toises plus grande, et que sa température moyenne est de 3° plus fraîche. En 1696, un évêque de Venezuela, Diego de Baños, dédia une église (*ermita*) à Sainte-Rosalie de Palerme, pour avoir délivré la capitale, après seize mois de ravages, du fléau du vomissement noir, *vomito negro* [1]. Une messe, célébrée tous les ans à la cathédrale, au commencement de septembre, a perpétué la mémoire de cette épidémie, comme les processions ont fixé, dans les colonies espagnoles, la date des grands tremblemens de terre. L'année 1696 fut en effet très-remarquable par la fièvre jaune qui sévissoit dans toutes les Antilles, où elle n'avoit commencé [2] à bien établir son empire que depuis 1688; mais comment croire à une épidémie de vomissement noir qui dura 16 mois sans interruption, et qui traversa, pour ainsi dire, cette saison extrêmement fraîche, dans laquelle le

---

[1] *Oviedo y Baños*, p. 269.
[2] Bally, p. 34.

thermomètre baisse à Caracas jusqu'à 12° ou 13°? Le typhus seroit-il plus ancien dans la haute-vallée de Caracas que dans les ports les plus fréquentés de la Terre-Ferme? D'après Ulloa, on ne le connoissoit pas dans ceux-ci avant 1729. Je doute que l'épidémie de 1696 ait été la fièvre jaune ou le véritable typhus d'Amérique. Les déjections noires accompagnent souvent les fièvres bilieuses rémittentes, et ne caractérisent, à elles seules, pas plus que les *hématemèses*, la cruelle maladie qu'aujourd'hui on connoît à la Havane et à la Vera-Cruz sous le nom de *vomito*. Mais si aucune description exacte ne démontre que le typhus d'Amérique ait régné à Caracas, dès la fin du dix-septième siècle, il est malheureusement trop certain que cette maladie, dans la même capitale, a enlevé un grand nombre de jeunes militaires européens en 1802. On est effrayé de voir qu'au centre de la zone torride, un plateau, élevé de 450 toises, mais très-rapproché de la mer, ne garantit point encore les habitans d'un fléau que l'on croit propre aux basses régions du littoral.

CHAPITRE XIII.

Séjour à Caracas.—Montagnes qui avoisinent la ville.—Excursion à la cime de la Silla. —Indices de mines.

J'ai séjourné deux mois à Caracas. Nous habitions, M. Bonpland et moi, une grande maison presque isolée, dans la partie la plus élevée de la ville. Du haut d'une galerie, nous pouvions découvrir à la fois le sommet de la Silla, la crête dentelée du Galipano et la vallée riante du Guayre, dont la riche culture contraste avec le sombre rideau des montagnes d'alentour. C'étoit la saison des sécheresses. Pour améliorer les pâturages, on met le feu aux savanes et au gazon qui couvre les rochers les plus escarpés. Ces vastes embrasemens, vus de loin, produisent des effets de lumière surprenans. Partout où les savanes, en suivant les ondulations des pentes rocheuses, ont rempli les sillons creusés par les eaux, les terrains enflammés se présentent, par une nuit obscure, comme des courans de laves suspendues sur le vallon. Leur lumière, vive, mais tranquille, prend une teinte rougeâtre lorsque le vent qui descend de la Silla accumule des traînées de vapeurs dans les basses régions. D'autres fois, et ce spectacle est le plus imposant, ces bandes lumineuses, enveloppées de nuages épais, ne paroissent que par intervalles à travers des éclaircies. A mesure que les nuages montent, une vive clarté se répand sur leurs bords. Ces phénomènes divers, si communs sous les tropiques, gagnent d'intérêt par la forme des montagnes, la disposition des pentes et la hauteur des savanes couvertes de graminées alpines. Pendant le jour, le vent de Petare qui souffle de l'est, chasse la fumée vers la ville, et diminue la transparence de l'air.

Si nous avions lieu d'être satisfaits de l'exposition de notre maison, nous l'étions encore plus de l'accueil que nous faisoient toutes les classes des habitans. C'est un devoir pour moi de citer la noble hospitalité qu'a exercée envers nous le chef du gouvernement, M. de Guevara-Vasconzelos, alors capitaine général des provinces de Venezuela. Quoique j'aie eu l'avantage que peu d'Espagnols ont partagé avec moi, d'avoir visité successivement Caracas, la Havane, Santa-Fe de Bogota, Quito, Lima et Mexico, et que, dans ces six capitales de l'Amérique espagnole, ma position m'ait mis en relation avec des hommes de tous les rangs, je ne me permettrai pas de prononcer sur les différens degrés de civilisation auxquels la société s'est déjà élevée dans chaque colonie. Il est plus facile d'indiquer les nuances diverses de la culture nationale, et le but vers lequel se dirige de préférence le développement intellectuel, que de comparer et de classer ce qui ne peut être envisagé sous un même point de vue. Il m'a paru qu'il y a une tendance marquée pour l'étude approfondie des sciences à Mexico et à Santa-Fe de Bogota; plus de goût pour les lettres et tout ce qui peut flatter une imagination ardente et mobile, à Quito et à Lima; plus de lumières sur les rapports politiques des nations, des vues plus étendues sur l'état des colonies et des métropoles, à la Havane et à Caracas. Les communications multipliées avec l'Europe commerçante, et cette mer des Antilles que nous avons avons décrite plus haut comme une Méditerranée à plusieurs issues, ont influé puissamment sur le progrès de la société à l'île de Cuba et dans les belles provinces de Venezuela. Nulle part ailleurs, dans l'Amérique espagnole, la civilisation n'a pris une physionomie plus européenne. Le grand nombre d'Indiens cultivateurs qui habitent le Mexique et l'intérieur de la Nouvelle-Grenade, donnent à ces vastes pays un caractère particulier, j'aurois presque dit plus exotique. Malgré l'accroissement de la population noire, on se croit, à la Havane et à Caracas, plus près de Cadiz et des Etats-Unis que dans aucune autre partie du Nouveau-Monde.

Comme Caracas est placé sur le continent, et que sa population est moins mobile que la population des îles, les habitudes nationales s'y sont plus conservées qu'à la Havane. La société n'offre pas des plaisirs très-vifs et très-variés; mais on éprouve, dans l'intérieur des familles, ce sentiment de bien-être qu'inspirent une gaieté franche et la cordialité unie à la politesse des manières. Il existe à Caracas, comme partout où il se prépare un grand changement dans les idées, deux races d'hommes, on pourroit dire deux générations très-distinctes. L'une, qui est restée peu nombreuse, conserve un vif attachement aux anciennes coutumes, de la simplicité dans les mœurs, de la modération dans les désirs. Elle ne vit que dans les images du passé. L'Amérique lui paroît la propriété de ses ancêtres qui l'ont conquise. Abhorrant ce que l'on appelle les lumières du siècle, elle conserve avec soin, comme une partie de son patrimoine, ses préjugés héréditaires. L'autre, moins occupée même du présent que de l'avenir, a un penchant souvent irréfléchi pour les habitudes et les idées nouvelles. Lorsque ce penchant se trouve réuni à l'amour d'une instruction solide, lorsqu'il est contenu et dirigé par une raison forte et éclairée, ses effets deviennent utiles pour la société. J'ai connu à Caracas, dans cette seconde génération, plusieurs hommes également distingués par leur goût pour l'étude, la douceur de leurs mœurs et l'élévation de leurs sentimens; j'en ai connu aussi qui, dédaigneux pour tout ce que le caractère, la littérature et les arts espagnols présentent d'estimable et de beau, ont perdu leur individualité nationale, sans avoir puisé, dans leurs rapports avec les étrangers, des notions précises sur les véritables bases du bonheur et de l'ordre social.

Comme depuis le règne de Charles-Quint, l'esprit de corporation et les haines municipales ont passé de la métropole aux colonies, on se plaît, à Cumana et dans d'autres villes commerçantes de la Terre-Ferme, à exagérer les prétentions nobiliaires des familles les plus illustres de Caracas, connues sous le nom de *los Mantuanos*. J'ignore comment ces prétentions se sont manifestées jadis, mais il m'a paru que le progrès des lumières et la révolution qui s'est opérée dans les mœurs ont fait disparoître peu à peu, et assez généralement, ce que les distinctions ont d'offensant parmi les blancs. Dans toutes les colonies, il existe deux genres de noblesse. L'une se compose des créoles dont les ancêtres ont occupé très-récemment de grandes places en Amérique: elle fonde en partie ses prérogatives sur l'illustration qu'elle a dans la métropole; elle croit pouvoir les conserver au-delà des mers, quelle que soit l'époque de son établissement dans les colonies. L'autre noblesse tient plus au sol américain; elle se compose des descendans des *conquistadores*, c'est-à-dire des Espagnols qui ont servi dans l'armée dès la première conquête. Parmi ces guerriers, compagnons d'armes de Cortez, de Losada et de Pizarro, plusieurs appartenoient aux familles les plus distinguées de la péninsule; d'autres, issus des classes inférieures du peuple, ont illustré leurs noms par cette valeur chevaleresque qui caractérise le commencement du seizième siècle. J'ai rappelé ailleurs [1] qu'en étudiant ces temps d'enthousiasme religieux et militaire, on trouve à la suite des grands capitaines plusieurs hommes probes, simples et généreux. Ils blâmoient les cruautés qui souilloient la gloire du nom espagnol; mais, confondus dans la masse, ils n'ont pu échapper à la proscription générale. Le nom de *conquistadores* est resté d'autant plus odieux, que la plupart d'entre eux, après avoir outragé des peuples pacifiques, et vécu au sein de l'opulence, n'ont pas éprouvé, à la fin de leur car-

---

[1] *Voyez* plus haut, T. II, Chap. v, p. 381.

rière, de ces longues adversités qui calment la haine des hommes et adoucissent quelquefois le jugement sévère de l'histoire.

Mais ce n'est pas seulement le progrès des lumières et le conflit entre deux noblesses d'une origine différente, qui engagent les castes privilégiées à renoncer à leurs prétentions, ou du moins à les déguiser habilement. L'aristocratie, dans les colonies espagnoles, trouve un contre-poids d'une autre espèce, et dont l'action devient de jour en jour plus puissante. Parmi les blancs, un sentiment d'égalité a pénétré dans toutes les ames. Partout où les hommes de couleur sont regardés ou comme esclaves ou comme affranchis, c'est la liberté héréditaire, c'est la persuasion intime de ne compter parmi ses ancêtres que des hommes libres, qui constituent la noblesse. Dans les colonies, la véritable marque extérieure de cette noblesse est la couleur de la peau. Au Mexique comme au Pérou, à Caracas comme à l'île de Cuba, on entend dire journellement à un homme qui marche pieds nus : « Ce blanc si riche se croiroit-il plus blanc que moi ? » La population que l'Europe peut faire écouler vers l'Amérique étant très-considérable, on conçoit que l'axiome : tout homme blanc est noble, *todo blanco es caballero*, contrarie singulièrement les prétentions des familles européennes, dont l'illustration date de très-loin. Il y a plus encore : la vérité de cet axiome est depuis long-temps reconnue en Espagne, chez un peuple justement célèbre par sa loyauté, son industrie et son esprit national. Tout Biscayen se dit noble; et, comme il existe plus de Biscayens en Amérique et aux Philippines que dans la Péninsule, les blancs de cette race n'ont pas peu contribué à propager dans les colonies le système de l'égalité de tous les hommes dont le sang n'est pas mêlé avec le sang africain.

D'ailleurs, les pays dont les habitans, même sans un gouvernement représentatif et sans institution de pairie, mettent une si haute importance aux généalogies et aux avantages de la naissance, ne sont pas toujours ceux dans lesquels l'aristocratie des familles est la plus offensante. On chercheroit en vain chez les peuples d'origine espagnole ces airs froids et prétentieux que le caractère de la civilisation moderne semble rendre plus

communs dans le reste de l'Europe. Aux
colonies comme dans la métropole, la cordialité, l'abandon et une grande simplicité
dans les manières rapprochent les différentes
classes de la société. On peut même dire que
l'expression de la vanité et de l'amour propre
blesse d'autant moins, qu'elle a quelque chose
de franc et de naïf.

J'ai trouvé dans plusieurs familles de Caracas le goût de l'instruction, la connoissance
des chefs-d'œuvre de la littérature françoise
et italienne, une prédilection marquée pour
la musique, qui est cultivée avec succès, et
qui sert, comme fait toujours la culture des
beaux-arts, à rapprocher les diverses classes
de la société. Les sciences exactes, le dessin
et la peinture n'ont point ici de ces grands
établissemens que Mexico et Santa-Fe doivent
à la munificence du gouvernement espagnol
et au zèle patriotique des nationaux. Au milieu
d'une nature si merveilleuse et si riche en
productions, personne sur ces côtes ne s'occupoit de l'étude des plantes et des minéraux.
C'est seulement dans un couvent de Saint-
François que j'ai trouvé un vieillard [1] respec-

---

[1] Le père Puerto.

table qui calculoit l'almanach pour toutes les provinces de Venezuela, et qui avoit quelques notions précises sur l'état de l'astronomie moderne. Nos instrumens l'intéressoient vivement, et un jour notre maison se trouva remplie de tous les moines de Saint-François, qui, à notre grande surprise, demandoient à voir une boussole d'inclinaison. La curiosité qui se porte sur les phénonomènes physiques augmente dans des pays minés par les feux volcaniques, sous un climat où la nature est à la fois si imposante et si mystérieusement agitée.

Lorsqu'on se rappelle qu'aux Etats-Unis de l'Amérique du nord, on publie des journaux dans de petites villes de 3000 habitans, on est surpris d'apprendre que Caracas, avec une population de quarante à cinquante mille ames, n'avoit pas d'imprimerie avant 1806 ; car on ne peut donner ce nom à des presses avec lesquelles on a tenté, d'année en année, d'imprimer quelques pages d'un calendrier ou un mandement de l'évêque. Le nombre des personnes qui connoissent le besoin de lire n'est pas très-grand, même dans celles des colonies espagnoles, qui sont les plus avancées dans la civilisation; mais il seroit injuste d'attribuer aux colons ce qui a été l'effet d'une politique ombrageuse. Un François, M. Delpeche, allié à une des familles [1] les plus respectables du pays, a le mérite d'avoir établi le premier une belle imprimerie à Caracas. C'est, dans les temps modernes, un spectacle assez extraordinaire de voir un établissement de ce genre, qui offre le plus grand des moyens de communications entre les hommes, suivre et non précéder une révolution politique.

Dans une contrée qui offre des aspects si ravissans, à une époque où, malgré les tentatives d'un mouvement populaire, la plupart des habitans ne dirigeoient leurs pensées que sur des objets d'un intérêt physique, la fertilité de l'année, les longues sécheresses, le conflit des vents de Petare et de Catia, je croyois devoir trouver beaucoup de personnes qui connussent à fond les hautes montagnes d'alentour. Mon attente ne fut point remplie; nous ne pûmes découvrir à Caracas un seul homme qui fût allé au sommet de la Silla. Les chasseurs ne s'élèvent pas si haut sur la croupe

[1] La famille des *Montilla*.

des montagnes, et on ne voyage guère, dans ces pays, pour chercher des plantes alpines, pour examiner des roches ou pour porter un baromètre sur des lieux élevés. Accoutumé à une vie uniforme et casanière, on redoute la fatigue et les changemens brusques de climat; on diroit que l'on ne vit pas pour jouir de la vie, mais uniquement pour la prolonger.

Nos promenades nous conduisoient souvent à deux plantations de cafier, dont les propriétaires [1] étoient des hommes d'une société aimable. Ces plantations sont placées vis-à-vis de la Silla de Caracas. En examinant, par une lunette, les pentes rapides de la montagne et la forme des deux pics qui la terminent, nous avions pu apprécier les difficultés que nous aurions à vaincre pour parvenir au sommet. Des angles de hauteur pris avec le sextant, à la Trinidad, m'avoient fait juger que ce sommet devoit être moins élevé au-dessus du niveau de la mer que la grande place de la ville de Quito. Cette évaluation ne s'accordoit guère avec les idées des habitans de la vallée. Les montagnes qui dominent

---

[1] Don Andres de Ibarra et M. Blandin.

de grandes villes acquièrent, par cela même, dans les deux continens, une célébrité extraordinaire. Long-temps avant qu'on les ait mesurées d'une manière précise, les savans du pays leur assignent une hauteur en toises ou en *vares* castillanes, dont il n'est pas permis de douter sans blesser un préjugé national.

Le capitaine général, M. de Guevara, nous fit donner des guides par le *teniente* de Chacao. C'étoient des noirs; ils connoissoient un peu le sentier qui conduit vers les côtes[1], par la crête des montagnes, près du pic occidental de la Silla. Ce sentier est fréquenté par les contrebandiers; mais ni ces guides, ni les hommes les plus expérimentés de la milice, employés à poursuivre les contrebandiers dans des lieux si sauvages, n'avoient été sur le pic oriental qui forme le sommet le plus élevé de la Silla. Pendant tout le mois de décembre, la montagne, dont les angles de hauteur me faisoient connoître le jeu des réfractions terrestres, n'avoit paru que cinq fois sans nuages. Comme dans cette saison deux jours sereins se succèdent rarement, on nous

[1] A Caravalleda.

avoit conseillé de choisir, pour notre excursion, moins un temps clair qu'une époque où les nuages se soutiennent à peu de hauteur, et où l'on peut espérer qu'après avoir traversé la première couche de vapeurs uniformément répandues, on entrera dans un air sec et transparent. Nous passâmes la nuit du 2 janvier dans l'*Estancia* de Gallegos, plantation de cafiers, près de laquelle, dans un ravin richement ombragé, la petite rivière de Chacaito forme de belles cascades en descendant des montagnes. La nuit étoit assez claire; et quoique, la veille d'un voyage pénible, nous eussions désiré jouir de quelque repos, nous passâmes toute la nuit, M. Bonpland et moi, à attendre trois occultations des satellites de Jupiter. J'avois déterminé d'avance les instans de l'observation, et nous les manquâmes toutes, à cause des erreurs de calcul qui s'étoient glissées dans la *Connoissance des temps*. Un mauvais sort avoit été jeté sur les pronostics des occultations pour les mois de décembre et de janvier. Le temps moyen avoit été confondu avec le temps vrai [1].

---

[1] Voyez mes *Obs. astr.*, Tom. I, p. 180.

Je fus singulièrement impatienté de cet accident; et, après avoir observé, avant le lever du soleil, l'intensité des forces magnétiques au pied de la montagne, nous nous mîmes en marche à 5 heures du matin, accompagnés d'esclaves qui portoient nos instrumens. Nous étions dix-huit personnes qui marchions à la suite les unes des autres par un sentier étroit. Ce sentier est tracé sur une pente rapide, couverte de gazon. On tâche d'abord de gagner le sommet d'une colline qui, vers le sud-ouest, forme comme un promontoire de la Silla. Elle tient au corps même de la montagne par une digue étroite, que les pâtres désignent par un nom très-caractéristique, celui de la Porte, ou *Puerta de la Silla*. Nous y arrivâmes vers les 7 heures. La matinée étoit belle et fraîche : le ciel, jusque-là, paroissoit favoriser notre excursion. Je vis le thermomètre se soutenir un peu au-dessous [1] de 14°. Le baromètre m'indiquoit que nous étions déjà à 685 toises d'élévation au-dessus du niveau de la mer, c'est-à-dire près de 80 toises plus haut qu'à

---

[1] De 11°,2 R.

la *Venta*, où l'on jouit d'une vue si magnifique sur les côtes. Nos guides pensoient qu'il faudroit encore 6 heures pour parvenir au sommet de la Silla.

Nous traversâmes une digue étroite de rochers couverts de gazon : elle nous conduisit du promontoire de la Puerta à la croupe de la grande montagne. La vue plonge sur deux vallons qui sont plutôt des crevasses remplies d'une végétation épaisse. A droite, on aperçoit le ravin qui descend entre les deux pics vers la *ferme de Muñoz :* à gauche, on domine la crevasse de Chacaito, dont les eaux abondantes jaillissent près de la *ferme de Gallego*. On entend le bruit des cascades sans voir le torrent, qui reste caché sous l'ombrage touffu des Erythrina, des Clusia et des Figuiers de l'Inde [1]. Rien n'est plus pittoresque, sous une zone où tant de végétaux ont des feuilles grandes, luisantes et coriaces, que l'aspect du sommet des arbres placés à une grande profondeur, et éclairés par les rayons presque perpendiculaires du soleil.

[1] Ficus nymphæifolia, Erythrina *mitis*. On trouve, dans le même vallon, deux belles espèces de Mimoses, Inga *fastuosa* et I. cinerea.

Depuis la Puerta, la montée devient toujours plus rapide. Il falloit jeter le corps fortement en avant pour pouvoir avancer. Les pentes sont [1] souvent de 30° à 32°. Le gazon est serré, et une longue sécheresse l'avoit rendu singulièrement glissant. Nous aurions désiré avoir des crampons ou des bâtons ferrés. Des herbes courtes couvrent les rochers de gneiss, et l'on ne peut ni se saisir de ces herbes, ni former des gradins, comme on fait sur des terrains moins durs. Cette montée, plus fatigante que périlleuse, découragea les personnes qui nous avoient accompagnés depuis la ville, et qui n'étoient pas accoutumées à gravir les montagnes. Nous perdîmes beaucoup de temps à les attendre, et nous ne résolûmes de continuer seuls notre route que lorsque nous les vîmes tous descendre la montagne au lieu de la gravir. Le temps

---

[1] Depuis que j'ai fait les expériences sur les pentes (Chap. II, T. I, p. 332), j'ai trouvé dans la *Figure de la Terre* de Bouguer (p. CIX), un passage qui prouve que cet astronome, dont les opinions sont d'un si grand poids, regardoit aussi 36° comme l'inclinaison d'une pente inaccessible, si le sol ne permet pas qu'on y fasse des marches avec le pied.

commençoit à se couvrir. Déjà, du bocage humide qui, au-dessus de nous, bordoit la région des savanes alpines, la brume sortoit comme de la fumée, en filets minces et droits. On auroit dit d'un incendie qui se manifestoit à la fois sur plusieurs points de la forêt. Peu à peu ces traînées de vapeurs s'accumuloient; et, détachées du sol, poussées par la brise du matin, elles rasoient, comme un nuage léger, la croupe arrondie des montagnes.

A ces signes infaillibles, nous reconnûmes, M. Bonpland et moi, que nous serions bientôt enveloppés dans une brume épaisse. De crainte que nos guides ne profitassent de cette circonstance pour nous abandonner, nous nous fîmes précéder par ceux qui portoient les instrumens les plus nécessaires. Nous continuâmes à gravir les pentes qui s'inclinent vers la crevasse de Chacaito. La loquacité familière des noirs créoles contrastoit avec cette gravité taciturne des Indiens qui nous avoient constamment accompagnés dans les missions de Caripe. Ils s'égayoient sur ceux qui avoient renoncé si vite à un projet longuement préparé ; surtout ils ne ménageoient pas un jeune moine capucin, professeur de mathématiques, qui n'avoit cessé de vanter les avantages de force physique et de hardiesse qu'avoient, selon lui, les Espagnols européens de toutes les classes sur les Espagnols américains. Il s'étoit muni de bandelettes de papier blanc, qui devoient être découpées et jetées dans la savane, pour indiquer aux traîneurs la direction qu'il falloit prendre. Le professeur avoit même promis aux religieux de son ordre de lancer la nuit quelques fusées pour annoncer à toute la ville de Caracas que nous avions réussi dans une entreprise qui lui paroissoit, je dois ajouter à lui seul, une entreprise bien importante. Il avoit oublié que ses vêtemens, si longs et si lourds, devoient l'embarrasser dans la montée. Comme il avoit perdu courage long-temps avant les créoles, il passa le reste de la journée, dans une plantation voisine, à nous voir gravir la montagne par une lunette dirigée sur la Silla. Malheureusement pour nous, ce religieux, qui ne manquoit pas d'instruction en physique, et qui a été assassiné peu d'années après par les Indiens sauvages de l'Apure, s'étoit chargé du transport de l'eau et des provisions si nécessaires dans une excursion de montagnes. Les esclaves qui devoient nous rejoindre furent si long-temps retenus par lui, qu'ils ne purent arriver que très-tard, et que nous restâmes pendant dix heures sans eau et sans pain.

Des deux pics arrondis qui forment le sommet de la montagne, l'oriental est le plus élevé. C'étoit celui auquel nous devions parvenir avec nos instrumens. L'enfoncement entre ces deux pics a donné à la montagne entière le nom espagnol de *Selle*, Silla. Une crevasse que nous avons déjà nommée, descend de cet enfoncement vers la vallée de Caracas : à son origine ou extrémité supérieure, elle se rapproche du dôme occidental. On ne peut attaquer le sommet oriental qu'en prenant d'abord à l'ouest de la crevasse par le promontoire de la Puerta, en se dirigeant droit sur le sommet le moins élevé, et en ne tournant vers l'est que lorsqu'on est presque parvenu à la crète ou à *l'enfoncement de la Silla*, entre les deux pics. L'aspect général de la montagne semble prescrire cette route; car l'escarpement des rochers à l'est de la crevasse est tel, que l'on auroit beaucoup de peine à s'élever au sommet de la Silla en montant, non par la Puerta, mais tout droit vers le dôme oriental.

Depuis le pied de la cascade de Chacaito jusqu'à mille toises d'élévation, nous ne trouvâmes que des savanes. Deux petites liliacées à fleurs jaunes [1] s'élèvent seules au milieu des graminées dont la surface des rochers est couverte. Quelques pieds de ronces [2] nous rappeloient la forme de nos végétaux d'Europe. Nous nous attendîmes en vain à trouver sur ces montagnes de Caracas, et plus tard sur le dos des Andes, un églantier à côté des ronces. Nous n'avons pas observé de rosier indigène dans toute l'Amérique méridionale, malgré l'analogie qui règne entre le climat des hautes montagnes de la zone torride et le climat de notre zone tempérée. Il paroît même que ce charmant arbuste manque à tout l'hémisphère austral, en deçà et au-delà du tropique. Ce n'est que sur les montagnes

---

[1] Cypura martinicensis et Sisyrinchium *iridifolium*. On trouve aussi cette dernière Iridée près de la Venta de la Guayra, à 600 toises de hauteur.

[2] Rubus jamaicensis.

CHAPITRE XIII.

mexicaines que nous avons été assez heureux pour découvrir, par les 19° de latitude, des églantiers américains [1].

La brume nous enveloppa de temps en temps; nous avions de la peine à trouver la direction de notre route. A cette hauteur, il n'y a plus de chemin tracé. On s'aide des mains lorsque les pieds manquent sur une pente si rapide et si glissante. Un filon [2], rempli de terre à porcelaine, attira notre attention. Cette terre, d'un blanc de neige, est sans doute le résidu d'un feldspath décomposé. J'en ai remis des portions considérables à l'intendant de la province. Dans un pays où le combustible n'est pas rare, le mélange de terres refrac-

---

[1] M. Redouté a publié, dans sa belle Monographie des Rosiers, notre églantinier mexicain sous le nom de *Rosier de Montézuma*.

[2] La puissance du filon est de 3 pieds : sa direction est hor. 1,2 de la boussole de Freiberg, tandis que celle du gneiss est partout hor. 3,4 avec 50°-60° d'inclinaison au nord-ouest. Cette terre à porcelaine humectée absorbe avidement l'oxigène de l'air; j'ai trouvé (à Caracas) le résidu d'azote très-foiblement mêlé d'acide carbonique, quoique j'eusse opéré dans des flacons bouchés à l'émeril et non remplis d'eau.

taires peut devenir utile pour améliorer la faïence et même les briques. Chaque fois que les nuages nous entouroient, le thermomètre baissoit [1] jusqu'à 12°; par un ciel serein, il s'éleva à 21°. Ces observations se firent à l'ombre; mais il est difficile, sur des pentes si inclinées, couvertes d'un gazon desséché, luisant et jaune, de se garantir de l'effet du calorique rayonnant. Nous étions à 940 toises; et cependant à la même hauteur, vers l'est, nous vîmes, dans un ravin, non quelques palmiers isolés, mais tout un bocage de palmiers. C'étoit la *Palma real*, peut-être une espèce du genre Oreodoxa. Ce groupe de palmiers, occupant une région si élevée, contrastoit singulièrement avec les saules [2] épars dans le fond plus tempéré de la vallée de Caracas. On voit des formes européennes placées au-dessous des formes de la zone torride.

Après quatre heures de marche par les savanes, nous entrâmes dans un bocage formé d'arbustes et d'arbres peu élevés. Ce bocage

[1] Jusqu'à 9°,6 R.
[2] Salix Humboldtiana de M. Willdenow, sur les palmiers alpins. *Voyez* mes *Prolegomena de distr. plant.*, p. 235.

s'appelle *el Pejual*, sans doute à cause de la grande abondance du *Pejoa* (Gaultheria odorata), plante à feuilles très-odoriférantes [1]. La pente de la montagne devient plus douce, et nous éprouvâmes un plaisir indicible à examiner les végétaux de cette région. Nulle part peut-être, on ne trouve réuni, sur un petit espace de terrain, des productions si belles et si remarquables sous le rapport de la géographie des plantes. A mille toises d'élévation, les hautes savanes de la Silla aboutissent à une zone d'arbustes qui, par leur port, leurs branches tortueuses, la dureté de leurs feuilles, la grandeur et la beauté de leurs fleurs pourprées, rappellent ce que, dans la Cordillère des Andes, on désigne par le nom de

---

[1] *Voyez* plus haut, Chap. vi (Tom. III, p. 110). C'est un grand avantage de la langue espagnole que de pouvoir dériver, comme en latin, du nom de la plupart des arbres, un mot qui désigne *l'association* ou *l'agroupement* des arbres de la même espèce. C'est ainsi que sont formés les mots *olivar*, *robledar* et *pinal*, de *olivo*, *roble* et *pino*. Les Espagnols-Américains ont ajouté *Tunal*, *Pejual*, *Guayaval*, etc., lieux où croissent ensemble beaucoup de Cactus, de Gaultheria odorata et de Psidium.

végétation des *Paramos* et des *Punas*[1]. C'est là que se montrent la famille des Rosages alpins, les Thibaudia, les Andromèdes, les Vaccinium, et ces Befaria à feuilles résineuses que nous avons comparés plusieurs fois au Rhododendrum des Alpes de l'Europe.

Lors même que la nature ne produit pas les mêmes espèces sous des climats analogues, soit dans les plaines sur des parallèles isothermes[2], soit sur des plateaux dont la température approche de celle des lieux plus voisins des pôles[3], on observe cependant une ressemblance frappante de port et de phy-

[1] L'explication de ces mots a été donnée plus haut, Chap. v, T. II, p. 319.

[2] On peut ou comparer entre elles des latitudes qui, dans le même hémisphère, offrent la même température moyenne (p. e., la Pensylvanie et la France centrale, le Chili et la partie australe de la Nouvelle-Hollande), ou considérer les rapports qui existent entre la végétation des deux hémisphères, sous des parallèles isothermes (d'égale chaleur).

[3] La géographie des plantes n'examine pas seulement les analogies que l'on observe dans un même hémisphère entre la végétation des Pyrénées et des plaines Scandinaves; entre celle des Cordillères du Pérou et des côtes du Chili; elle discute aussi les

sionomie dans la végétation des régions les plus éloignées. Ce phénomène est un des plus curieux que présente l'histoire des formes organiques. Je dis l'histoire, car la raison a beau interdire à l'homme les hypothèses sur l'origine des choses, nous n'en sommes pas moins tourmentés de ces problèmes insolubles de la distribution des êtres. Une graminée de la Suisse [1]

rapports entre les plantes alpines des deux hémisphères. Elle compare la végétation des Alleghanys et des Cordillères du Mexique avec celle des montagnes du Chili et du Brésil. En se rappelant que chaque ligne isotherme a une *branche alpine* (celle qui réunit, p. e., Upsal à un pont situé dans les Alpes de la Suisse), on peut réduire le grand problème de l'*analogie des formes végétales* à l'expression suivante : 1.° examiner, dans chaque hémisphère et au niveau des côtes, la végétation sur une même ligne isotherme, surtout près des sommets concaves ou convexes ; 2.° comparer, sous le rapport de la forme des plantes, sur une même ligne isotherme, au nord et au sud de l'équateur, la branche alpine à la partie tracée dans les plaines ; 3.° comparer la végétation sur des lignes isothermes homonymes dans les deux hémisphères, soit dans les basses régions, soit dans les branches alpines.

[1] Phleum alpinum, examiné par M. Brown. D'après les recherches de ce grand botaniste, il n'est pas dou-

végète sur les rochers granitiques du détroit de Magellan. La Nouvelle-Hollande nourrit plus de quarante plantes phanérogames de l'Europe, et le plus grand nombre des végétaux qui sont identiques dans les zones tempérées des deux hémisphères, manquent entièrement dans la région intermédiaire, qui est la région équinoxiale, tant dans les plaines que sur le dos des montagnes. Une violette à feuilles velues, qui termine pour ainsi dire la zone des phanérogames sur le volcan de Ténériffe, et que long-temps on a cru propre à cette île [1], se montre trois cents lieues plus au nord près du sommet neigé des Pyrénées. Des graminées et des cypéracées de l'Allemagne, de

teux qu'un certain nombre de plantes est à la fois commun aux deux continens et aux zones tempérées des deux hémisphères. Potentilla anserina, Prunella vulgaris, Scirpus mucronatus et Panicum Crus galli croissent en Allemagne, dans la Nouvelle-Hollande, et en Pensylvanie.

[1] Le Viola cheiranthifolia que nous avons décrit, M. Bonpland et moi (Chap. II, Tom. I, p. 299), a été reconnu, par MM. Kunth et Léopold de Buch, parmi les plantes alpines que Joseph de Jussieu a recueillies dans les Pyrénées.

l'Arabie et du Sénégal, ont été reconnues parmi les plantes que M. Bonpland et moi avons recueillies sur les plateaux froids du Mexique, le long des rives brûlantes de l'Orénoque, et dans l'hémisphère austral sur le dos des Andes de Quito[1]. Comment concevoir les migrations des plantes à travers des régions d'un climat si différent, et qui sont aujourd'hui couvertes par l'Océan? Comment les germes des êtres organiques, qui se ressemblent par leur port et même par leur structure interne, se sont-ils développés à d'inégales distances des pôles et de la surface des mers, partout où des lieux si distans offrent quelque analogie de température? Malgré l'influence que la pression de l'air et l'extinction plus ou moins grande de la lumière exercent sur les fonctions vitales des plantes, c'est pourtant la chaleur inégalement distribuée entre les différentes parties de l'année, que l'on doit considérer comme le stimulus le plus puissant de la végétation.

---

[1] Cyperus mucronatus, Poa Eragrostis, Festuca Myurus, Andropogon avenaceus, Lapago racemosa. (Voyez nos *Nova Genera et Spec.*, Tom. I, p. xxv, 158, 155, 189, 119.)

Le nombre des espèces qui se trouvent identiques dans les deux continens et dans les deux hémisphères, est beaucoup moins grand qu'on ne l'avoit cru d'après les assertions des premiers voyageurs. Les hautes montagnes de l'Amérique équinoxiale ont sans doute des plantains, des valérianes, des arénaires, des renoncules, des néfliers, des chênes et des pins, qu'à leur physionomie on pourroit confondre avec ceux de l'Europe; mais ils en sont tous spécifiquement différens. Quand la nature n'offre pas les mêmes espèces, elle se plaît à répéter les mêmes genres. Des espèces voisines sont souvent placées à d'énormes distances les unes des autres, dans les basses régions de la zone tempérée et les régions alpines de l'équateur. D'autres fois encore (et la Silla de Caracas offre un exemple frappant de ce phénomène) ce ne sont pas les genres européens qui ont envoyé des espèces, comme des colons, pour peupler les montagnes de la zone torride, ce sont des genres d'une même tribu, difficiles à distinguer par leur port, qui se remplacent à différentes latitudes.

Il y a plus de deux cents lieues de distance des montagnes de la Nouvelle-Grenade, qui entourent le plateau de Bogota, à celles de Caracas; et cependant la Silla, seul pic élevé dans une chaîne assez basse, offre ces agroupemens singuliers de Befaria à fleurs pourprées, d'Andromèdes, de Gaultheria, de Myrtilles, d'*Uvas camaronas* [1], de Nertera et d'Aralies à feuilles velues [2], qui caractérisent la *végétation des Paramos* sur les hautes Cordillères de Santa-Fe. Nous avons trouvé le même Thibaudia glandulosa à l'entrée du plateau de Bogota et dans le *Pejual* de la Silla. La chaîne côtière de Caracas se lie, à n'en pas douter (par le Torito, la Palomera, Tocuyo, les Paramos de las Rosas, de Bocono et de Niquitao), aux hautes Cordillères de Merida, de Pamplona et de Santa-Fe; mais de la Silla au Tocuyo, sur une distance de

---

[1] Le nom de *vigne* en arbre et d'*Uvas camaronas* est donné, dans les Andes, aux plantes du genre Thibaudia, à cause de leurs grands fruits succulens. C'est ainsi que les botanistes anciens appellent *vigne d'ourse* (uva ursi), et *vignes du Mont-Ida* (vitis Idæa) les Arbousiers et les Myrtilles qui appartiennent comme le Thibaudia à la famille des Ericinées.

[2] Nertera depressa. Aralia *reticulata*, Hedyotis *blærioides*.

soixante-dix lieues, les montagnes de Caracas sont si basses, que les arbustes de la famille des Ericinées que nous venons de citer, n'y trouvent pas le climat froid qui est nécessaire à leur développement. En supposant même, comme il est probable, que le Thibaudia et le Rosage des Andes ou Befaria, existent dans le Paramo de Niquitao et dans la Sierra de Merida, couverte de neiges éternelles, ces végétaux n'en manqueroient pas moins d'une arête assez élevée et assez prolongée pour faire leur migration vers la Silla de Caracas.

Plus on étudie la répartition des êtres organisés sur le globe, et plus on est porté, sinon à renoncer à ces idées de migration, du moins à ne pas les considérer comme des hypothèses satisfaisantes. La chaîne des Andes partage longitudinalement toute l'Amérique méridionale en deux parties inégales. Au pied de cette chaîne, à l'est et à l'ouest, nous avons trouvé un grand nombre de plantes spécifiquement les mêmes. Les différens passages des Cordillères ne permettent nulle part aux productions végétales des régions chaudes de passer des côtes de la mer du Sud aux rives de l'Amazone. Lorsque, soit au milieu des plaines et de montagnes très-basses, soit au centre d'un archipel d'îles soulevées par les feux souterrains, un pic atteint une grande hauteur, sa cime est couronnée d'herbes alpines, dont plusieurs se retrouvent, à d'immenses distances, sur d'autres montagnes qui ont un climat analogue. Tels sont les phénomènes généraux de la distribution des végétaux, et l'on ne sauroit assez engager les physiciens à les étudier. En combattant des hypothèses trop légèrement adoptées, je ne m'engage pas à leur en substituer d'autres plus satisfaisantes. Je pense plutôt que les problèmes dont il s'agit ici sont insolubles, et que le physicien a rempli sa tâche, s'il indique les lois d'après lesquelles la nature a distribué les formes végétales.

On dit qu'une montagne est assez élevée pour entrer dans les limites des Rhododendrum et des Befaria, comme on dit depuis long-temps qu'une montagne atteint la limite des neiges perpétuelles. En se servant de cette expression, on suppose tacitement que, sous l'influence de certaines températures, certaines formes végétales doivent nécessairement se développer. Une telle supposition n'est pas rigoureuse dans toute sa généralité. Les pins du Mexique manquent sur les Cordillères du Pérou. La Silla de Caracas n'est pas couverte de ces chênes qui, dans la Nouvelle-Grenade, végètent à la même hauteur. L'identité des formes indique une analogie de climats; mais, sous des climats analogues, les espèces peuvent être singulièrement diversifiées.

Le charmant rosage des Andes, le Befaria, a été décrit le premier par M. Mutis, qui l'avoit observé près de Pamplona et de Santa-Fe de Bogota, par les 4° et 7° de latitude boréale. Il étoit si peu connu, avant notre excursion à la Silla, qu'il n'existoit presque dans aucun herbier de l'Europe. Les savans éditeurs de la *Flore du Pérou* l'avoient même décrit sous un nouveau nom, celui d'Acunna. De même que les rosages de la Laponie, du Caucase et des Alpes [1] diffèrent entre eux, les deux espèces de Befaria que nous avons rapportées de la Silla [2] sont aussi spécifiquement différentes de

[1] Rhododendrum laponicum, R. caucasicum, R. ferrugineum et R. hirsutum.
[2] Befaria *glauca*, B. *ledifolia*. Voyez nos *Plantes équinoxiales*, Tom. II, p. 118-126 (Tab. 117-121),

celles de Santa-Fe de Bogota[1]. Près de l'équateur, les Rosages des Andes[2] couvrent les montagnes jusque dans les Paramos les plus élevés, à seize et dix-sept cents toises de hauteur. En avançant vers le nord, dans la Silla de Caracas, on les trouve beaucoup plus bas, un peu au-dessous de mille toises : le Befaria, récemment découvert dans la Floride, par les 30° de latitude, végète même sur des collines de peu de hauteur. C'est ainsi que, sur une distance de 600 lieues en latitude, ces arbustes descendent vers les plaines à mesure qu'ils s'éloignent de l'équateur. Le Rosage de Laponie végète de même huit à neuf cents toises plus bas que le rosage des Alpes et des Pyrénées. Nous avons été surpris de n'avoir découvert aucune espèce de Befaria dans les montagnes du Mexique, entre les rosages de Santa-Fe et de Caracas et ceux de la Floride.

Dans le petit bocage qui couronne la Silla,

qui renferment presque une Monographie complète du genre Befaria qui devroit porter le nom de *Bejaria*.

[1] Befaria æstuans et B. resinosa.

[2] Surtout B. æstuans de Mutis et deux nouvelles espèces de l'hémisphère austral que nous avons décrites sous les noms de B. *coarctata* et B. *grandiflora*.

le Befaria ledifolia n'a que trois à quatre pieds de haut. Le tronc est divisé, dès sa base, en un grand nombre de rameaux fragiles et presque verticillés. Les feuilles sont ovales, lancéolées, glauques en dessous, et roulées vers les bords. Toute la plante est couverte de poils longs et visqueux; elle a une odeur résineuse très-agréable. Les abeilles visitent ses belles fleurs pourprées, qui sont très-abondantes comme dans toutes les plantes alpines, et qui, bien épanouies, ont souvent près d'un pouce de largeur.

Le Rhododendrum de la Suisse, là où il végète entre 800 et 1100 toises de hauteur, appartient à un climat dont la température moyenne est de $+2°$ et $-1°$, semblable à celle des plaines de la Laponie. Dans cette zone, les mois les plus froids sont de $-4°$ et $-10°$; les mois les plus chauds, de $12°$ et de $7°$. Des observations thermométriques, faites aux mêmes hauteurs et sous les mêmes parallèles, rendent très-probable qu'au *Pejual* de la Silla, mille toises au-dessus du niveau de la mer des Antilles, la température moyenne de l'air est encore de $17°$ à $18°$, et que le thermomètre s'y soutient, dans la saison la moins chaude, de jour, entre 15° et 20°; de nuit, entre 10° et 12°. A l'hospice du Saint-Gothard, qui est près de la limite supérieure du Rosage des Alpes, le maximum de chaleur est, au mois d'août, à midi (à l'ombre), ordinairement de 12° à 15°; de nuit, dans la même saison, l'air s'y refroidit par l'effet du rayonnement du sol, jusqu'à + 1 ou — 1°,5. Sous la même pression barométrique, et par conséquent à la même élévation, mais 30° en latitude plus près de l'équateur, le Befaria de la Silla est souvent exposé, à midi, à une température de 23° à 24°. Le plus grand abaissement nocturne n'excède probablement jamais 8°. Nous avons comparé avec soin le climat sous lequel végètent, à différentes latitudes, deux groupes de plantes d'une même famille à égale distance du niveau de la mer; les résultats auroient été très-différens, si nous avions comparé des zones également distantes, soit des neiges perpétuelles, soit de la ligne isotherme [1].

---

[1] La couche d'air dont la température annuelle est *zéro*, et qui ne coïncide guère avec la limite inférieure des neiges perpétuelles, se trouve sur le parallèle des

Dans le bocage du *Pejual* végètent, près des *Befaria* à fleurs pourprées, un Hedyotis à feuilles de bruyère, de huit pieds de haut; le *Caparosa*[1], qui est un grand Hypericum arborescent, un Lepidium qui paroît identique avec celui de Virginie; enfin des Lycopodiacées et des mousses qui tapissent les rochers et les racines des arbres. Ce qui donne, dans le pays, le plus de célébrité à ce bocage, est un arbuste de 10 à à 15 pieds de haut, de la famille des Corymbiferes. Les créoles l'appellent *Encens*, *Inciensoz*. Ses feuilles coriaces et crénelées, de même que l'extrémité des rameaux, sont couvertes d'une laine blanche. C'est une nou-

---

Rhododendrum de la Suisse à 900 toises; sur le parallèle des Befaria de Caracas à 2700 toises de hauteur.

[1] Vismia *Caporosa* (servant d'appui à un Loranthus qui s'approprie le suc jaune du Vismia); Davallia *meifolia*, Hieracium *Avilæ*, Aralia arborea Jacq. et Lipidium *virginicum*. Deux nouvelles espèces de Lycopodium, le *thyoides* et l'*aristatum*, se montrent déjà plus bas vers la Puerta de la Silla. (Voyez nos *Nova Gen. et Spec.*, Tom. I, p. 38.)

[2] Trixis *nereifolia* de M. Bonpland.

velle espèce de Trixis, extrêmement résineuse, et dont les fleurs ont l'odeur agréable du storax. Cette odeur est très-différente de celle qu'exhalent les fleurs du Trixis therebintinacea des montagnes de la Jamaïque opposées à celles de Caracas. On mêle quelquefois l'*Incienso* de la Silla aux fleurs du *Pevetera*, autre composée dont l'arome ressemble à celui de l'Héliotrope du Pérou. Le *Pevetera* ne s'élève cependant pas sur les montagnes jusqu'à la zone du Befaria : il vient dans la vallée de Chacao, et les dames de Caracas l'emploient pour préparer une eau de senteur extrêmement agréable.

Nous nous arrêtâmes long-temps à examiner les belles plantes résineuses et odoriférantes du *Pejual*. Le ciel devint toujours plus sombre. Le thermomètre baissa jusqu'au-dessous de 11°. C'est une température à laquelle, sous cette zone, on commence à souffrir du froid. En quittant le bocage d'arbustes alpins, on se trouve de nouveau dans une savane. Nous gravîmes une partie du dôme occidental pour descendre dans l'enfoncement de la *Selle*, vallée qui sépare les deux sommets de la Silla. C'est là que nous eûmes de grandes difficultés à vaincre, à cause de la force de la végétation. Un botaniste ne devineroit pas aisément que le bois épais qui couvre ce vallon est formé par l'agroupement d'une plante de la famille des Musacées [1]. C'est probablement un Maranta ou un Heliconia; ses feuilles sont larges et lustrées; il s'élève à 14 ou 15 pieds de hauteur, et ses tiges succulentes sont rapprochées comme le chaume des Cannes [2], que l'on trouve dans les régions humides de l'Europe australe. Il fallut se frayer un chemin à travers cette forêt de Musacées. Les nègres nous devançoient avec leurs coutelas ou *machettes*. Le peuple confond cette Scitaminée alpine avec les graminées arborescentes, sous le nom de *Carice*: nous n'en vîmes ni les fleurs ni le fruit. On est surpris de trouver une famille de Monocotylédones, que l'on croit exclusivement propre aux régions basses et chaudes des tropiques, à 1100 toises de hauteur, bien au-dessus des Andromèdes, des Thibaudia et du Rosage des Cordillères [3]. Dans une chaîne de mon-

[1] *Scitaminées* ou famille des *Bananiers*.
[2] Arundo donax.
[3] Befaria.

tagnes également élevée et plus septentrionale encore, dans les montagnes bleues de la Jamaïque, le *Heliconia des perroquets* et le *Bihai* croissent aussi de préférence, dans des lieux alpins ombragés [1].

En errant dans ce bois épais de Musacées, ou herbes arborescentes, nous nous dirigeâmes toujours du côté du pic oriental que nous devions atteindre. Il étoit de temps en temps visible par une clairière. Soudain nous nous trouvâmes enveloppés dans une brume épaisse : la boussole seule pouvoit nous guider ; mais, en avançant vers le nord, nous risquâmes à chaque pas de nous trouver au bord de l'énorme mur de rochers qui descend presque perpendiculairement à 6000 pieds de profondeur vers la mer. Il fallut s'arrêter ; entourés de nuages qui rasoient la terre, nous commençâmes à douter si nous pourrions atteindre le pic oriental avant l'entrée de la nuit. Heureusement les nègres qui portoient

---

[1] Heliconia psittacorum et H. Bihai. (Salisbury, dans les *Trans. of the Hort. Soc.*, Tom. 1, p. 273.) Ces deux Heliconia sont, à la Terre-Ferme, très-communs dans les plaines.

l'eau et nos provisions nous avoient rejoints, et nous résolûmes de prendre quelque nourriture. Notre repas ne fut pas long. Soit que le père capucin n'eût pas pensé au grand nombre de personnes qui nous accompagnoient, soit que les esclaves eussent touché aux provisions pendant la route, nous ne trouvâmes que des olives et presque pas de pain. Horace, dans sa retraite de Tibur, n'a pas vanté de repas plus frugal et plus léger [1]; mais les olives qui pouvoient nourrir un poète livré à l'étude et à la vie sédentaire, paroissent un aliment bien peu substantiel à des hommes qui gravissent les montagnes. Nous avions veillé la majeure partie de la nuit, et nous marchâmes pendant neuf heures sans avoir trouvé de sources. Nos guides étoient découragés, ils voulurent absolument redescendre, et nous eûmes, M. Bonpland et moi, beaucoup de peine à les retenir.

Je fis, au milieu de la brume, l'expérience de l'électromètre de Volta armé d'une mèche. Quoique très-rapproché des Heliconia réunis en un bois épais, j'obtins des signes d'électri-

[1] Carm. I, 31.

cité atmosphérique très-sensibles. Elle passa souvent du positif au négatif, en changeant d'intensité à chaque instant. Ces variations et le conflit de plusieurs petits courans d'air qui divisoient la brume et la transformoient en nuages à contours déterminés, me parurent des pronostics infaillibles d'un changement de temps. Il n'étoit que deux heures après midi. Nous conçûmes quelque espoir de pouvoir atteindre le sommet oriental de la Silla avant le coucher du soleil, et de redescendre dans le vallon qui sépare les deux pics. C'est là que nous comptions passer la nuit, en allumant un grand feu, et en faisant construire par les nègres une cabane avec les feuilles larges et minces de l'Heliconia. Nous renvoyâmes la moitié de nos gens, en leur enjoignant de venir le lendemain matin à notre rencontre, non avec des olives, mais avec des provisions de viandes salées.

A peine avions-nous pris ces dispositions, que le vent d'est commença à souffler avec impétuosité du côté de la mer. Le thermomètre s'éleva jusqu'à 12°,5. C'étoit sans doute un vent ascendant qui, en faisant hausser la température, dissolvoit les vapeurs. En moins de deux minutes, les nuages disparoissoient. Les deux dômes de la Silla se montrèrent à nos yeux dans une proximité extraordinaire. Nous ouvrîmes le baromètre dans la partie la plus basse de l'enfoncement qui sépare les sommets, près d'une petite marre d'eau très-bourbeuse. Ici, comme dans les îles Antilles [1], on trouve des terrains fangeux à de grandes hauteurs, non parce que les montagnes boisées attirent les nuages, mais parce qu'elles condensent des vapeurs par l'effet du refroidissement nocturne que causent le rayonnement du sol et celui du parenchyme des feuilles. Le mercure se soutenoit à 21 pouces 5,7 lignes. Nous nous dirigeâmes droit vers le sommet oriental. La végétation nous opposa peu à peu moins d'obstacles : il fallut cependant encore abattre des Heliconia; mais ces herbes arborescentes étoient moins élevées et moins rapprochées. Les pics mêmes de la Silla, comme nous l'avons rappelé plusieurs fois, ne sont couverts que de graminées et de petits arbustes de Befaria. Ce n'est pas leur hauteur qui est la cause de leur nudité. La limite des

---

[1] Leblond, *Voyage aux Antilles*, Tom. I, p. 420.

arbres, dans cette zone, est encore de 400 toises plus élevée; car, à en juger d'après l'analogie d'autres montagnes, cette limite ne se trouveroit ici qu'à 1800 toises de hauteur. Le manque de grands arbres sur les deux sommets rocheux de la Silla paroît dû à l'aridité du sol, à l'impétuosité des vents de mer, et aux incendies si fréquens dans toutes les montagnes de la région équinoxiale.

Pour atteindre le pic le plus élevé, celui de l'est, il faut se rapprocher, autant que possible, de l'énorme escarpement qui descend vers Caravalleda et les côtes. Le gneiss avoit conservé jusqu'ici sa texture lamelleuse et sa direction primitive; mais là où nous gravîmes le sommet de la Silla, il passe au granite. Sa texture devient grenue; le mica, plus rare, est plus inégalement réparti. On ne trouve plus de grenats, mais quelques cristaux isolés d'amphibole. Ce n'est cependant pas une syénite, c'est plutôt un granite de nouvelle formation. Nous mîmes trois quarts d'heure pour parvenir à la cime de la pyramide. Cette partie du chemin n'est aucunement périlleuse, pourvu qu'on examine bien la solidité des blocs de rochers sur lesquels on pose le pied. Le granite superposé au gneiss n'offre pas une séparation régulière en bancs; il est divisé par des fentes qui se coupent souvent en angles droits. Des blocs prismatiques, d'un pied de large et de douze pieds de longueur, sortent obliquement de la terre, et se présentent au bord du précipice comme d'énormes poutres suspendues au-dessus de l'abîme.

Arrivés au sommet, nous jouîmes, mais pendant peu de minutes seulement, de toute la sérénité du ciel. Nos regards embrassoient une vaste étendue de pays; ils plongeoient à la fois, vers le nord sur la mer, vers le midi sur la vallée fertile de Caracas. Le baromètre se soutint à 20 pouces 7,6 lignes; la température de l'air étoit de 13°,7. Nous nous trouvâmes à 1350 toises de hauteur. La vue embrasse une étendue de mer de 36 lieues de rayon. Ceux dont les sens se troublent à la vue des profondeurs doivent se tenir au centre du petit plateau qui surmonte le dôme oriental de la Silla. La montagne n'est pas très-remarquable par sa hauteur, qui est presque de cent toises moindre que la hauteur du Canigou; mais elle se distingue de toutes les montagnes que j'ai parcourues par l'énorme précipice qu'elle offre du côté de la mer. La côte ne forme qu'une lisière étroite; et, en regardant du haut de la pyramide sur les maisons de Caravalleda, on s'imagine, par une illusion d'optique dont nous avons souvent parlé, que le mur de rochers est presque perpendiculaire. La véritable inclinaison de la pente m'a paru, par un calcul exact [1], de 53° 28'. L'inclinaison moyenne du pic de Ténériffe est à peine de 12° 30'. Un précipice de six à sept mille pieds, comme celui de la Silla de Caracas, est un phénomène beaucoup plus rare que ne l'imaginent ceux qui parcourent les montagnes sans mesurer leur hauteur, leur masse et leurs pentes. Depuis qu'on s'est occupé de nouveau, dans plusieurs parties de l'Europe, d'expériences sur la chute des corps et sur leur déviation vers le sud-est, on a cherché inutilement [2], dans

[1] Les observations de latitude donnent, pour la distance horizontale du pied de la montagne près de Caravalleda à la verticale qui passe par le sommet, à peine 1000 toises.

[2] *Voyez* le témoignage du géognoste qui a le plus parcouru les Alpes, M. Escher, de Zurich, dans l'*Alpina*, Tom. IV, p. 291.

toutes les Alpes de la Suisse, un mur de rocher qui ait 250 toises de hauteur perpendiculaire. La déclivité du Mont-Blanc vers l'allée Blanche n'atteint pas même un angle de 45°, quoique, dans la plupart des ouvrages géologiques, le Mont-Blanc soit décrit comme coupé à pic du côté du sud.

A la Silla de Carácas, l'énorme falaise septentrionale est en partie couverte de végétation, malgré l'extrême rapidité de sa pente. Des touffes de Befaria et d'Andromèdes se présentent comme suspendues au roc. La petite vallée qui sépare les dômes vers le sud, se prolonge du côté de la mer. Les plantes alpines remplissent cet enfoncement; débordant la crête de la montagne, elles suivent les sinuosités du ravin. On croiroit que des torrens sont cachés sous des ombrages si frais, et la disposition des végétaux, l'agroupement de tant d'objets immobiles, donnent au paysage le charme du mouvement et de la vie.

Il y avoit sept mois que nous nous étions trouvés au sommet du volcan de Ténériffe, d'où l'on embrasse une surface du globe égale au quart de la France. L'horizon apparent de la mer y est de 6 lieues plus éloigné[1] qu'à la cîme de la Silla, et cependant nous vîmes cet horizon, du moins pendant quelque temps, très-distinctement. Il étoit bien tranché, et ne se confondoit pas avec les couches d'air circonvoisines. A la Silla, qui est de 550 toises moins élevée que le pic de Ténériffe, l'horizon plus rapproché nous demeuroit invisible vers le nord et le nord-nord-est. En suivant de l'œil la surface de la mer, qui ressembloit à celle d'une glace, nous fûmes frappés de la diminution progressive de la lumière réfléchie. Là où le rayon visuel touche la dernière limite de cette surface, l'eau se confondoit avec les couches d'air superposées. Cet aspect a quelque chose de très-extraordinaire. On s'attend à voir l'horizon au niveau de l'œil; et, au lieu de distinguer à cette hauteur une limite tranchée entre les deux élémens, les couches d'eau les plus éloignées paroissoient comme converties en vapeurs, et mêlées à l'Océan aerien. J'ai eu ce même aspect, non dans une seule partie de l'horizon, mais sur plus de 160° d'étendue, au bord

[1] *Voyez* plus haut, Tom. I, Chap. 1, p. 201, et Chap. 11, p. 304.

de la mer du Sud, lorsque je me trouvai, pour la première fois, sur le rocher pointu qui domine le cratère de Pichincha, volcan dont la hauteur excède celle du Mont-Blanc. La visibilité d'un horizon très-éloigné dépend, lorsqu'il n'y a pas *mirage*, de deux choses distinctes, de la quantité de lumière que reçoit la partie de l'Océan à laquelle aboutit le rayon visuel, et de l'extinction qu'éprouve la lumière réfléchie, pendant son passage à travers les couches d'air interposées. Il peut arriver que, malgré la sérénité du ciel et la transparence de l'atmosphère, l'Océan, à 35 ou 40 lieues de distance, soit foiblement éclairé, ou que les couches d'air les plus rapprochées de la terre éteignent considérablement la lumière en absorbant les rayons qui les traversent.

Même en supposant nuls les effets de la réfraction [1], on devroit voir, du haut de la Silla, par un beau temps, les îles Tortuga, Orchila, Roques et Aves, dont les plus rapprochées sont à 25 lieues de distance. Nous n'aperçûmes aucune de ces îles, soit que l'état de l'atmos-

[1] Le rayon visuel est sans réfraction de 1° 39′ en arc; avec une réfraction d'un dixième, il est de 1° 50′.

phère nous en empêchât, soit que le temps que nous pûmes employer par un ciel serein à chercher les îles ne fût pas assez long. Un pilote instruit, qui avoit tenté de gravir avec nous à la cime de la montagne, don Miguel Areche, nous assura avoir relevé la Silla près les Cayes de Sel, à la *Rocca de Fuera*, par les 12° 1′ de latitude[1]. Si les cimes environnantes n'interceptoient pas la vue, on devroit, du sommet de la Silla, voir la côte, à l'est jusqu'au Morro de Piritù, à l'ouest jusqu'à la Punta del Soldado, 10 lieues au-dessous du vent de Porto-Cabello. Au sud, dans l'intérieur des terres, la rangée de montagnes qui séparent Yare et la *savane d'Ocumare* de la vallée de Caracas, bornent l'horizon, comme un rempart qui se prolonge dans la direction d'un parallèle. Si ce rempart avoit une ouverture, une brèche, comme on en trouve si souvent dans les hautes montagnes du Salzbourg[2] et de la Suisse, on jouiroit ici du spectacle le plus étonnant. On découvriroit à travers la brèche les Llanos ou

[1] La latitude de la Silla est 10° 31′ 5″ d'après M. Ferrer.

[2] Par exemple, au *Pass Lueg*.

vastes steppes de Calabozo; et comme ces steppes s'élèveroient à la hauteur de l'œil de l'observateur, on verroit du même point les horizons semblables de l'eau et de la terre.

Le pic arrondi ou dôme occidental de la Silla nous déroba la vue de la ville de Caracas; mais nous distinguâmes les maisons les plus voisines, les villages de Chacao et de Petare, les plantations de cafier et le cours du Rio Guayre, filet d'eau qui reflétoit une lumière argentée. La bande étroite de terrain cultivé contrastoit agréablement avec l'aspect morne et sauvage des montagnes d'alentour.

En embrassant d'un coup d'œil ce vaste paysage, on regrette à peine de ne pas voir les solitudes du Nouveau-Monde embellies de l'image des temps passés. Partout où, sous la zone torride, la terre, hérissée de montagnes et jonchée de végétaux, a conservé ces traits primitifs, l'homme ne se présente plus comme le centre de la création. Loin de dompter les élémens, il ne tend qu'à se soustraire à leur empire. Les changemens que les sauvages ont faits depuis des siècles à la surface du globe, disparoissent auprès de ceux que produisent, en quelques heures, l'action des feux souterrains, les débordemens des grands fleuves, l'impétuosité des tempêtes. C'est la lutte des élémens entre eux qui caractérise dans le Nouveau-Continent le spectacle de la nature. Un pays sans population se présente à l'habitant de l'Europe cultivée comme une cité délaissée par ses habitans. En Amérique, lorsqu'on a vécu pendant plusieurs années dans les forêts des basses régions, ou sur le dos des Cordillères; lorsqu'on a vu des pays étendus comme la France ne renfermer qu'un petit nombre de cabanes éparses, une vaste solitude n'effraie plus notre imagination. On s'habitue à l'idée d'un monde qui ne nourrit que des plantes et des animaux, où l'homme sauvage n'a jamais fait entendre le cri de l'allégresse ou les accens plaintifs de la douleur.

Nous ne pûmes profiter long-temps des avantages qu'offre la position de la Silla, qui domine sur toutes les cimes d'alentour. Tandis que nous examinions avec une lunette la partie de la mer dont l'horizon étoit bien terminé, et la chaîne des montagnes d'Ocumare, derrière laquelle commence le monde inconnu de l'Orénoque et de l'Amazone, une brume épaisse s'éleva des plaines vers les hautes régions. Elle remplissoit d'abord le fond de la vallée de Caracas. Les vapeurs, éclairées d'en haut, offroient une teinte uniforme, d'un blanc laiteux. La vallée paroissoit couverte d'eau; on eût dit d'un bras de mer, dont les montagnes voisines formoient le rivage escarpé. Nous attendîmes long-temps en vain l'esclave qui portoit le grand sextant de Ramsden : il fallut profiter de l'état du ciel, et me résoudre à prendre quelques hauteurs du soleil avec un sextant de Troughton, de deux pouces de rayon. Le disque du soleil étoit à demi-voilé par la brume. La différence de longitude entre le quartier de la Trinidad et le pic oriental de la Silla paroît à peine excéder[1] 0° 3′ 22″.

Tandis que, assis sur le rocher, j'étois occupé à déterminer l'inclinaison de l'aiguille aimantée, je trouvai mes mains couvertes d'une espèce d'abeilles velues, un peu plus petites que l'abeille mellifique du nord de l'Europe. Ces insectes font leurs nids dans la terre. Ils volent rarement; et, d'après la lenteur de leurs mouvemens, je les aurois crus engourdis par

---

[1] La différence de longitude de la Silla et de la Guayra est, d'après M. Fidalgo, 0° 6′ 40″.

le froid des montagnes. Le peuple, dans ces régions, les appelle de *petits anges, angelitos*, parce qu'ils ne piquent que très-rarement. Ce sont sans doute des apiaires du groupe des Melipones. Quoi qu'en aient dit plusieurs voyageurs [1], il n'est pas vrai que ces abeilles, propres au Nouveau-Continent, soient dépourvues de toute arme offensive. Elles ont l'aiguillon plus foible, et elles s'en servent plus rarement. Lorsqu'on n'est pas encore bien rassuré sur la douceur de ces *angelitos*, on ne peut se défendre de quelque crainte. J'avoue que souvent pendant les observations astronomiques, j'ai été sur le point de laisser tomber les instrumens, quand je me sentois les mains et le visage couverts de ces abeilles velues. Nos guides assuroient que ces insectes ne se mettoient en défense que lorsqu'on les irritoit en les prenant par les pattes. Je n'ai pas été tenté de faire cet essai sur moi-même.

L'inclinaison de l'aiguille aimantée étoit, à la Silla, d'un degré centésimal plus petite qu'à la ville de Caracas. En réunissant les obser-

---

[1] *Voyez* le Mémoire de M. Latreille inséré dans mes *Observ. de Zoologie*, Tom. I, p. 263 et 269.

vations que j'ai faites, par un temps calme et dans des circonstances très-favorables, soit sur les montagnes, soit le long des côtes voisines, on croiroit, au premier abord, reconnoître, *dans cette partie du globe*, une certaine influence des hauteurs sur l'inclinaison de l'aiguille et sur l'intensité des forces magnétiques; mais il faut remarquer que l'inclinaison de Caracas est singulièrement plus grande qu'on ne devroit le supposer d'après la position de la ville, et que les phénomènes magnétiques sont modifiés par la proximité de certaines roches [1] qui forment autant de centres particuliers, ou petits systèmes d'attraction.

[1] J'ai vu des fragmens de quarz que traversent des bandes parallèles de fer magnétique, portés dans la vallée de Caracas, par les eaux qui descendent du Galipano et du Cerro de Avila. Cette mine de fer magnétique rubannée se rencontre aussi dans la *Sierra Nevada* de Merida. Entre les deux pics de la Silla, on trouve des fragmens anguleux de quarz celluleux et couvert d'oxide rouge de fer qui n'agissent pas sur l'aimant. La couleur de cet oxide est d'un rouge de cinabre.

LIEUX (1800).	HAUTEUR en toises.	LATITUDE septentrionale.	LONGITUDE occidentale.	INCLINAISON magnétique, nouvelle division.	OSCILLATIONS mesurant l'int. des forces.
La Guayra.......	3	10°36′19″	69°27′	42°,20	237
Caracas (Trinidad).	454	10°30′50″	69°25′	42°,90	232
La Venta (de Avila).	606	10° 33′ 9″	69°28′	41°,75	234
La Silla.........	1350	10°31′15″	69°21′	41°,90	230

La température de l'atmosphère varioit, sur le pic de la Silla, de 11 à 14 degrés, selon que le temps étoit calme ou que le vent souffloit. On sait combien il est difficile, sur la cime des montagnes, de vérifier la température que l'on doit employer dans le calcul barométrique. Le vent étoit Est, ce qui semble prouver que la brise ou les vents alisés s'étendent, par cette latitude, bien au-delà de 1500 toises de hauteur. M. de Buch a observé qu'au pic de

17*

Ténériffe, placé près de la limite septentrionale des vents alisés, on trouve, à 1900 toises d'élévation, le plus souvent, un *vent de remou*, celui de l'ouest. L'académie des sciences avoit engagé les physiciens qui accompagnoient l'infortuné La Peyrouse à se servir de petits ballons aérostatiques, pour examiner, sur mer, entre les tropiques, l'étendue des vents alisés. Ces recherches sont très-difficiles à faire, si l'observateur ne quitte pas la surface du globe. Les petits ballons n'atteignent généralement pas la hauteur de la Silla, et les nuages légers que l'on découvre quelquefois à des élévations de trois ou quatre mille toises, par exemple, les *moutons*, restent immobiles, ou ont le mouvement si lent, qu'on ne peut juger de sa direction.

Pendant le court espace de temps que nous vîmes le ciel serein au zénith, je trouvai le bleu de l'atmosphère sensiblement plus foncé que sur les côtes. Il étoit de 26°,5 du cyanomètre de Saussure. A Caracas, le même instrument n'indiquoit généralement, par un temps beau et sec, que 18°. Il est probable qu'aux mois de juillet et d'août, la différence de la couleur du ciel, sur les côtes et au sommet de la Silla, est bien plus considérable encore [1]. Mais le phénomène météorologique dont nous avons été le plus frappés, M. Bonpland et moi, pendant le séjour d'une heure que nous fîmes sur la montagne, ce fut celui de la sécheresse apparente de l'air, qui sembloit augmenter à mesure que la brume se formoit. Lorsque je tirai de sa caisse l'hygromètre à baleine pour le mettre en expérience, il montra 52° (87° Sauss.). Le ciel étoit clair; cependant des traînées de vapeurs à contours distincts passoient de temps en temps au milieu de nous, en rasant la terre. L'hygromètre de Deluc rétrogradoit à 49° (85° S.). Une demi-heure plus tard, un gros nuage vint nous envelopper; nous ne distinguâmes plus les objets qui nous entouroient de plus près, et nous vîmes avec surprise que l'instrument continuoit à marcher au sec, jusqu'à 47°,7 (84° S.). La température de l'air étoit, pendant ce temps, de 12° à 13°. Quoique, pour l'hygromètre à baleine, le point de satura-

---

[1] *Voyez* plus haut, Chap. II, p. 142, et Chap. III, p. 248.

tion dans l'air ne soit pas à 100°, mais à 84°,5 (99° S.), cet effet d'un nuage sur la marche de l'instrument me parut des plus extraordinaires. La brume dura assez long-temps pour que la bandelette de baleine, par son attraction pour les molécules d'eau, eût pu s'alonger. Nos vêtemens ne furent pas humectés. Un voyageur exercé aux observations de ce genre, m'a assuré récemment avoir vu, à la Montagne Pelée de la Martinique, un effet semblable des nuages sur l'hygromètre à cheveu. Il est du devoir du physicien de rapporter les phénomènes que la nature présente, surtout lorsqu'il n'a rien négligé pour éviter les erreurs d'observation. M. de Saussure a vu une énorme ondée pendant laquelle son hygromètre, qui n'étoit pas mouillé par la pluie, se soutint [1] (presque comme à la Silla, pendant le nuage) à 84°,7 (48°,6 Deluc); mais on conçoit plus facilement comment l'air interposé entre les gouttes de pluie n'est pas parfaitement saturé, que l'on ne peut expliquer comment des vapeurs vésiculaires qui touchent immédiatement le corps hygrosco-

---

[1] *Voyez* plus haut, Chap. III, p. 247.

CHAPITRE XIII. 263

pique, ne font pas marcher ce corps vers l'humidité. Qu'est-ce que cet état d'une vapeur qui ne mouille pas et qui est visible à l'œil? Il faut supposer, je pense, qu'un air plus sec s'est mêlé à celui dans lequel le nuage s'est formé, et que les vésicules de vapeur, dont le volume est de beaucoup moindre que celui de l'air interposé, ne mouilloient pas la surface lisse de la bandelette de baleine. L'air transparent qui précède un nuage peut être plus humide quelquefois que le courant d'air qui nous arrive avec le nuage.

Il auroit été imprudent de rester plus longtemps dans cette brume épaisse, au bord d'un précipice de sept à huit mille pieds de profondeur [1]. Nous descendîmes le dôme oriental de la Silla, et nous recueillîmes en descendant une graminée qui forme non-seulement un nouveau genre très-remarquable, mais que, à notre plus grand étonnement, nous avons

[1] Vers le nord-ouest, les pentes paroissent plus accessibles. On m'a même parlé d'un sentier de contrebandier qui conduit à Caravalleda entre les deux pics de la Silla. Du pic oriental, j'ai relevé le pic occidental S.64°40′O., et des maisons qu'on m'a dit appartenir à Caravalleda N.55°20′O.

retrouvée dans la suite sur le sommet du volcan de Pichincha, dans l'hémisphère austral, à 400 lieues de distance de la Silla[1]. Le Lichen floridus, si commun dans le nord de l'Europe, couvroit les branches du Befaria et de la Gaultheria odorata; il descendoit jusqu'à la racine de ces arbustes. En examinant les mousses qui tapissent le rocher de gneiss dans le vallon, entre les deux pics, je fus surpris de trouver de véritables galets, des fragmens de quarz arrondis[2]. On conçoit que la vallée de Caracas a pu être anciennement un lac intérieur, avant que le Rio Guayre se fût frayé un chemin à l'est, près de Caurimare, au pied de la colline d'Auyamas, et avant que le ravin de Tipe s'ouvrît à l'ouest vers Catia et le cap Blanc; mais comment imaginer que les eaux aient pu monter jusqu'au pied du pic de la Silla, lorsque les montagnes opposées à ce pic, celles d'Ocumare, sont beaucoup trop basses pour em-

---

[1] *Aegopogon cenchroides.* Voyez nos *Nov. genera et Spec.*, Tom. 1, p. 132; Tab. XLII.

[2] A ces galets se trouvent mêlés, à 1170 toises de hauteur, des fragmens de mine brune de cuivre.

pêcher un déversement dans les Llanos? Les galets n'ont pu être amenés par des torrens de quelques points plus élevés, puisqu'aucune hauteur ne domine la Silla. Faut-il admettre qu'ils ont été soulevés comme toute la chaîne de montagnes qui borde le littoral?

Il étoit quatre heures et demie du soir lorsque nous eûmes fini nos observations. Satisfaits de l'heureux succès de notre voyage, nous oubliâmes qu'il pouvoit être dangereux de descendre dans l'obscurité sur des pentes escarpées, couvertes d'un gazon ras et glissant. La brume nous déroboit la vue de la vallée; mais nous distinguâmes la double colline de la Puerta, qui paroissoit, comme font toujours les objets placés presque perpendiculairement au-dessous de nous, dans une proximité extraordinaire. Nous abandonnâmes le projet de passer la nuit entre les deux pitons de la Silla; et, après avoir retrouvé le sentier que nous nous étions frayé en montant à travers le bois touffu d'Heliconia, nous parvînmes au *Pejual*, qui est la région des arbustes odoriférans et résineux. La beauté des Befaria, leurs branches couvertes de grandes fleurs pourprées, attiroient de nouveau toute notre attention. Lorsque dans ces climats on recueille des plantes pour faire des herbiers, on est d'autant plus difficile sur le choix, que le luxe de la végétation est plus grand. On rejette les branches qu'on vient de couper, parce qu'elles paroissent moins belles que les branches qu'on n'a pu atteindre. Surchargé de plantes en quittant le bocage, on semble regretter encore de ne pas avoir fait une plus riche moisson. Nous nous arrêtâmes si long-temps dans le *Pejual*, que la nuit nous surprit à notre entrée dans la savane, à plus de 900 toises de hauteur.

Comme, entre les tropiques, le crépuscule est presque nul, on passe subitement de la plus grande clarté du jour dans les ténèbres. La lune étoit sur l'horizon; son disque étoit couvert de temps en temps par de gros nuages que chassoit un vent froid et impétueux. Les pentes rapides, revêtues d'herbes jaunes et sèches, tantôt paroissoient dans l'ombre; tantôt, subitement éclairées, elles ressembloient à des précipices dont l'œil mesuroit la profondeur. Nous marchâmes en longue file; on tâchoit de s'aider des mains pour ne pas rouler en tombant. Les guides qui portoient nos instrumens nous abandonnoient peu à peu pour coucher dans la montagne. Parmi ceux qui étoient restés, j'admirois l'adresse d'un nègre congo, qui portoit sur sa tête une grande boussole d'inclinaison; il la tenoit constamment en équilibre, malgré l'extrême déclivité des rochers. La brume avoit disparu peu à peu dans le fond de la vallée. Les lumières éparses que nous vîmes au-dessous de nous causèrent une double illusion. Les escarpemens sembloient encore plus dangereux qu'ils ne sont; et, pendant 6 heures de descente continuelle, nous nous crûmes également près des fermes placées au pied de la Silla. Nous entendîmes très-distinctement la voix des hommes et les sons aigus des guitares. En général, le son se propage si bien de bas en haut que, dans un ballon aérostatique, à 3000 toises de hauteur, on entend[1] quelquefois l'aboiement des chiens.

Nous n'arrivâmes qu'à 10 heures du soir au fond de la vallée, harassés de fatigue et de soif. Nous avions marché presque sans interruption, pendant 15 heures; la plante de nos

---

[1] M. Gay-Lussac, dans son ascension du 16 septembre 1805.

pieds étoit déchirée par les aspérités d'un sol pierreux et par le chaume dur et sec des graminées. Il avoit fallu quitter nos bottes, dont les semelles étoient devenues trop glissantes. Sur des pentes qui, dépourvues de broussailles ou d'herbes ligneuses, ne peuvent offrir aucun appui aux mains, on diminue le danger de la descente en marchant pieds nus. Pour raccourcir le chemin, on nous conduisit de la Puerta de la Silla à la ferme de Gallegos, par un sentier qui mène à un réservoir d'eau, *el tanque*. On manqua le sentier, et cette dernière descente, la plus rapide de toutes, nous rapprocha du ravin de Chacaito. Le bruit des cascades donna à cette scène nocturne un caractère grand et sauvage.

Nous passâmes la nuit au pied de la Silla; nos amis de Caracas avoient pu nous distinguer, par des lunettes, sur le sommet du pic oriental. On s'intéressoit au récit de nos fatigues, mais on étoit peu content d'une mesure qui ne donne pas même à la Silla l'élévation de la plus haute cime des Pyrénées [1]. Comment blâmer

---

[1] On croyoit anciennement que la hauteur de la Silla de Caracas différoit à peine de celle du pic de Ténériffe. *Laet. Americæ descr.* 1633, p. 682.

cet intérêt national qui s'attache aux monumens de la nature, là où les monumens de l'art ne sont rien ? Comment s'étonner que les habitans de Quito et de Riobamba, qui s'enorgueillissent depuis des siècles de la hauteur du Chimborazo, se défient de ces mesures qui élèvent les montagnes de l'Himalaya, dans l'Inde, au-dessus de tous les colosses des Cordillères.

Pendant le voyage à la Silla, que je viens de décrire, et pendant toutes nos excursions dans la vallée de Caracas, nous fûmes très-attentifs aux filons et aux indices de mines qu'offrent les montagnes de gneiss. Comme aucun travail régulier n'a été suivi, il faut se contenter d'examiner les crevasses, les ravins et les éboulemens causés par les torrens dans la saison des pluies. La roche de gneiss faisant passage quelquefois [1] à un granite de nouvelle formation, quelquefois au schiste micacé, appartient, en Allemagne, aux roches les plus métallifères ; mais dans le Nouveau-Continent, le gneiss ne s'est pas montré jusqu'ici comme très-riche en minerais dignes

---

[1] Surtout à de grandes hauteurs.

d'exploitation. Les mines les plus célèbres du Mexique et du Pérou se trouvent dans les schistes primitifs et de transition, dans les porphyres trapéens, le grauwakke et la pierre calcaire alpine [1]. Sur plusieurs points de la vallée de Caracas, le gneiss présente un peu d'or disséminé dans de petits filons de quarz, de l'argent sulfuré, du cuivre azuré et de la galène; mais il reste douteux si ces différens gîtes métallifères ne sont pas trop pauvres pour mériter des essais d'exploitation. Ces essais ont été faits dès la conquête de cette province vers le milieu du 16.ᵉ siècle.

Depuis le promontoire de Paria jusqu'au-delà du cap la Vela, les navigateurs avoient trouvé parmi les habitans du littoral, des ornemens d'or, et de l'or en poudre. On pénétra dans l'intérieur des terres pour découvrir les lieux d'où venoit ce métal précieux; et, quoique les renseignemens que l'on avoit pris dans la province de Coro, aux marchés de Curiana et de Cauchieto [2], indiquassent assez

---

[1] *Nouv. Esp.*, Tom. III, p. 326.
[2] *Petr. Martyr, Ocean. Dec. I, Lib. VIII*, p. 90-91. *Grynœus*, p. 83-84. *Fray Pedro Simon, Not. II,*

clairement qu'une véritable richesse en minerais ne se trouvoit qu'à l'ouest et au sud-ouest de Coro, c'est-à-dire dans les montagnes qui avoisinent celle de la Nouvelle-Grenade, toute la province de Caracas n'en fut pas explorée avec moins de zèle. Un gouverneur, récemment arrivé sur ces côtes, ne pouvoit se faire valoir à la cour qu'en vantant les mines de sa province; et, pour ôter à la cupidité ce qu'elle a d'ignoble et de repoussant, on justifioit la soif de l'or par l'emploi qu'on feignoit de donner à des richesses acquises par la fraude et la violence. « L'or, dit Christophe Colomb [1], dans sa dernière

---

Cap. 1, n.º 3, p. 55. Herrera, Dec. I, Lib. IV, Cap. V (Tom. I, p. 106). Les Espagnols trouvèrent, en 1500, dans le pays de Curiana (aujourd'hui Coro), de petits oiseaux, des grenouilles et d'autres ornemens d'or massif. Ceux qui savoient fondre ces figures vivoient à Cauchieto, lieu plus rapproché du Rio la Hacha. J'ai vu des ornemens semblables à ceux que décrit Pierre Martyr d'Anghiera, et qui annoncent des orfévres assez habiles, parmi les ouvrages des anciens habitans de Cundinamarca. La même industrie paroît avoir régné sur les côtes et plus au sud, dans les montagnes de la Nouvelle-Grenade.

[1] *Lettera rarissima data nelle Indie nella isola di*

lettre au roi Ferdinand, l'or est une chose d'autant plus nécessaire à Votre Majesté, que, pour accomplir une ancienne prédiction, Jérusalem doit être reconstruit par un prince de la monarchie espagnole. L'or est le plus excellent des métaux. Que deviennent ces pierres précieuses qu'on cherche aux extrémités de la terre? On les vend, et l'on finit par les convertir en or. Avec de l'or non-seulement on fait tout ce que l'on veut dans ce monde, on peut encore l'employer à tirer des ames du purgatoire et à peupler le paradis. » Ces mots, d'une candeur si naïve, portent l'empreinte du siècle où vivoit Colomb; mais on est surpris de voir l'éloge le plus pompeux des richesses sortir de la plume d'un homme dont toute la vie a été marquée par un noble désintéressement.

Comme la conquête de la province de Venezuela a commencé par son extrémité occidentale, ce sont les montagnes voisines de

Jamaica a 7 Julio del 1503. (*Bassano*, 1810), p. 29-31. « Lo oro è metallo sopra gli altri excellentissimo, e dell' oro si fanno li tesori e chi lo tiene fa e opera quanto vuole nel mondo, e finalmente aggionge a mandare le anime al Paradiso. »

Coro, de Tocuyo et de Barquisimeto, qui ont attiré les premières l'attention des *Conquistadores.* Ces montagnes réunissent les Cordillères de la Nouvelle-Grenade (celles de Santa-Fe, de Pamplona, de la Grita et de Merida) à la chaîne côtière de Caracas. C'est un terrain d'autant plus intéressant pour le géognoste, qu'aucune carte n'a fait connoître jusqu'ici les ramifications des montagnes qu'envoient vers le nord-est les *Paramos* de Niquitao et de las Rosas, les derniers de ceux dont la hauteur atteint 1600 toises. Entre Tocuyo, Araure et Barquisimeto, s'élève le groupe des montagnes de l'Altar. Il se lie, vers le sud-ouest, au Paramo de las Rosas. Un rameau de l'Altar se prolonge au nord-est par San Felipe el Fuerte, en se réunissant aux montagnes granitiques du littoral, près de Porto-Cabello. L'autre rameau se porte, vers l'est, à Nirgua et le Tinaco, pour se joindre à la *chaîne de l'intérieur*, à celle de Yusma, Villa de Cura et Sabana d'Ocumare. Tout ce terrain que nous venons de décrire sépare les eaux qui vont à l'Orénoque de celles qui coulent dans l'immense lac de Maracaybo et dans la mer des

Antilles. Il offre des climats plus tempérés que chauds, et on le regarde dans le pays, malgré l'éloignement de plus de cent lieues, comme un prolongement des terrains métallifères de Pamplona. C'est dans ce groupe de montagnes occidentales de Venezuela que les Espagnols, dès l'année 1551, travaillèrent la mine d'or de Buria [1], qui donna lieu à la fondation de la ville de Barquisimeto [2]; mais ces travaux, comme plusieurs autres mines ouvertes successivement, furent bientôt abandonnés. Ici, comme dans toutes les montagnes de Venezuela, les gites de minerais ont été trouvés très-inconstans dans leur rapport. Les filons se divisent et s'étranglent souvent: les métaux ne paroissent que par rognons, et offrent les apparences les plus trompeuses. Cependant ce n'est que dans ce même groupe de montagnes de San Felipe et de Barquisimeto qu'on a continué jusqu'à nos temps le travail des mines. Celles d'Aroa, près de San Felipe el Fuerte, situées au centre d'un pays extrêmement fiévreux, sont les seules que l'on exploite

---

[1] *Real de Minas de San Felipe de Buria.*
[2] *Nueva Segovia.*

CHAPITRE XIII. 275

dans toute la capitainerie générale de Caracas. Elles donnent une petite quantité de cuivre, et nous en parlerons plus tard après avoir parcouru les belles vallées d'Aragua et les bords du lac de Valence.

Après les exploitations de Buria, près de Barquisimeto, ce sont celles de la vallée de Caracas et des montagnes voisines de la capitale qui sont les plus anciennes. Francisco Faxardo et sa femme Isabelle, de la nation des Guaiqueries, tous deux fondateurs de la ville du Collado [1], visitoient souvent le plateau où se trouve située aujourd'hui la capitale de Venezuela. Ils avoient donné à ce plateau le nom de *Valle de San Francisco;* et, ayant vu des pépites d'or entre les mains des indigènes, Faxardo parvint, dès l'année 1560, à découvrir les mines de *los Teques* [2], au sud-

---

[1] Caravalleda.
[2] Treize années plus tard, en 1573, Gabriel de Avila, un des alcades de la nouvelle ville de Caracas, reprit le travail de ces mines qu'on appela dès-lors le *Real de Minas de Nuestra Señora*. Peut-être ce même Avila, à cause de quelques fermes qu'il possédoit dans les montagnes voisines de la Guayra et de Caracas, a-t-il

18*

ouest de Caracas, près du groupe des montagnes de la Cocuiza, qui sépare les vallées de Caracas et d'Aragua. On croit que, dans la première de ces vallées, près de Baruta (au sud du village du *Valle*), les indigènes avoient même fait quelques excavations sur des filons de quarz aurifères, et que, lors du premier établissement des Espagnols et lors de la fondation de la ville de Caracas, ils avoient rempli d'eau les puits déjà creusés. Il est impossible aujourd'hui de vérifier ce fait; mais il est certain que, long-temps avant la conquête, des grains d'or étoient, je ne dis pas généralement, mais entre de certains peuples de la Terre-Ferme, un moyen d'échange [1]. On donnoit de l'or pour se procurer des perles, et il ne paroit guère surprenant qu'après avoir ramassé long-temps des grains d'or dans les ruisseaux, des

---

fait donner à la Cumbre le nom de *Montaña de Avila*. Ce nom, dans la suite, a été faussement appliqué à la Silla et à toute la chaîne qui s'étend vers le cap Codera. *Oviedo*, p. 298 et 324.

[1] *Petrus Martyr*, p. 91.

peuples qui avoient des demeures stables, et qui s'adonnoient à l'agriculture, eussent tenté de suivre des filons aurifères dans leurs affleuremens. Les mines de *los Teques* ne purent être paisiblement travaillées qu'après la défaite du Cacique Guaycaypuro, fameux chef des Indiens Teques, qui disputa si long-temps aux Espagnols la possession de la province de Venezuela.

Il nous reste à nommer un troisième point sur lequel l'attention des *Conquistadores* fut appelée, par des indices de mines, dès la fin du 16.ᵉ siècle. En suivant la vallée de Caracas vers l'est, au-delà de Caurimare, dans le chemin de Caucagua, on parvient à un terrain montagneux et boisé, où l'on fait aujourd'hui beaucoup de charbon, et qui portoit jadis le nom de la *province de los Mariches*. Dans ces montagnes orientales de Venezuela, le gneiss passe à l'état d'un schiste talqueux. Il renferme, comme dans le Salzbourg, des filons de quarz aurifères. Les travaux qu'on a commencés très-anciennement sur ces filons ont été souvent abandonnés et repris.

Pendant plus de cent ans, les mines de Caracas restèrent dans l'oubli : mais dans les temps les plus rapprochés de nous, vers la fin du dernier siècle, un intendant de Venezuela, don Jose Avalo, se livra de nouveau à toutes les illusions qui avoient flatté la cupidité des *Conquistadores*. Il s'imagina que les montagnes voisines de la capitale renfermoient de grandes richesses métalliques. Comme à cette époque un jeune vice-roi de la Nouvelle-Espagne, le comte de Galvez, visita les côtes de la Terre-Ferme pour en examiner les fortifications et l'état de défense, l'intendant pria le vice-roi de lui envoyer quelques mineurs mexicains. Le choix ne fut pas heureux. Ceux qu'on employa ne connoissoient aucune roche; tout, jusqu'au mica, leur parut de l'or et de l'argent. Les deux chefs [1] de ces mineurs mexicains avoient chacun 15,000 francs de traitement. Il n'étoit pas de leur intérêt de décourager un gouvernement qui ne s'effrayoit d'aucune dépense propre à accélérer

---

[1] Pedro Mendana et Antonio Henriquez.

l'exploitation. Les travaux furent dirigés sur le ravin de Tipe, et sur les anciennes mines de Baruta au sud de Caracas, où les Indiens recueilloient, encore de mon temps, un peu d'or de lavage. Le zèle de l'administration se ralentit bientôt; et, après avoir fait beaucoup de dépenses inutiles, on abandonna entièrement l'entreprise des mines de Caracas. On avoit trouvé des pyrites aurifères, de l'argent sulfuré, et un peu d'or natif, mais ce n'étoient que de foibles indices; et, dans un pays où la main d'œuvre est extrêmement chère, il n'y avoit pas d'intérêt à suivre des exploitations de si peu de rapport.

Nous avons visité le ravin de Tipe, situé dans la partie de la vallée qui s'ouvre vers le cap Blanc. On passe, en sortant de Caracas, près de la grande caserne de San Carlos, par un terrain aride et rocailleux. A peine y trouve-t-on quelques pieds d'Argemone mexicana. Le gneiss vient partout au jour : on se croiroit sur le plateau de Freiberg. On traverse d'abord le petit ruisseau de *Agua Salud*, eau limpide qui n'a aucun goût minéral, et puis le Rio Caraguata [1]. On est dominé

[1] Gneiss, hor. 12, incl. 70° à l'ouest.

à droite par le Cerro de Avila et la Cumbre, à gauche par la montagne de *Aguas Negras*. Ce défilé offre beacoup d'intérêt sous le rapport géologique ; c'est le point où la vallée de Caracas communique par les vallées de Tacagua et de Tipe avec le littoral, près de Catia. Une arête de rocher, dont le sommet est élevé de 40 toises au-dessus du fond de la vallée de Caracas, et de plus de 300 toises au-dessus de la vallée de Tacagua, divise les eaux qui coulent vers le Rio Guayre et vers le cap Blanc. Sur ce point de partage, à l'entrée de la brèche, la vue est très-agréable. On change de climat à mesure qu'on descend vers l'ouest. Dans la vallée de Tacagua, nous trouvâmes de nouvelles habitations, des *conucos* de maïs et de bananiers. Une plantation très-étendue de Tuna ou Cactus donne à ce pays aride un caractère particulier. Les cierges ont jusqu'à 15 pieds de hauteur et s'élèvent en candélabres, comme les euphorbes d'Afrique. On les cultive pour en vendre les fruits rafraîchissans au marché de Caracas. C'est la variété dépourvue d'épines qu'on appelle assez bizarrement, dans les colonies, *Tuna de*

España. Nous mesurâmes, dans le même endroit, des Magueys ou *Agave*, dont la hampe chargée de fleurs avoit jusqu'à 44 pieds d'élévation. Quelque commune que soit aujourd'hui cette plante partout dans le midi de l'Europe, un homme, né sous un climat septentrional, ne se lasse pas d'admirer le luxe de la végétation, le développement rapide d'une liliacée qui renferme à la fois une sève sucrée et des sucs astringens et caustiques employés dans la guérison des plaies pour brûler les chairs.

Nous trouvâmes, dans la vallée de Tipe, l'affleurement de plusieurs filons de quarz. Ils présentent des pyrites, du fer spathique, des traces d'argent sulfuré (*glasserz*), et du cuivre gris ou fahlerz. Les travaux commencés, soit pour extraire le minérai, soit pour reconnoître la nature de son gîte, paroissoient très-superficiels. Des éboulemens avoient comblé les excavations, et nous ne pûmes juger par nous-mêmes de la richesse de ces filons. Malgré les dépenses faites sous l'intendance de don Jose Avalo, la grande question si la province de Venezuela possède des mines dignes d'être exploitées, paroît encore indécise. Quoique, dans des pays où l'on manque de bras, la culture du sol demande indubitablement la première sollicitude du gouvernement, l'exemple de la Nouvelle-Espagne prouve cependant assez que l'exploitation des métaux ne nuit pas toujours aux progrès de l'industrie agricole. Les champs mexicains les mieux cultivés, ceux qui rappellent aux voyageurs les plus belles campagnes de la France et de l'Allemagne méridionale, s'étendent de Silao vers la Villa de Leon : ils avoisinent les mines de Guanaxuato, qui, à elles seules, produisent la sixième partie de tout l'argent du Nouveau-Monde.

NOTES DU LIVRE IV.

Note A.

La fin de l'éclipse de soleil du 28 octobre 1799 (Chap. x, p. 11) m'a offert un phénomène très-remarquable. Je vais le décrire tel que je le trouve marqué sur mon journal astronomique. « En regardant avec la grande lunette de Dollond bien fixement (à $4^h 58'$ du chronomètre) la partie obscurcie du disque du soleil, je vis paroître et disparoître alternativement trois à quatre points lumineux semblables à des étoiles de la cinquième grandeur. J'attribuai pendant quelques instans ce phénomène à l'explosion des volcans de la lune dont Herschel admet l'existence, et que Don Antonio Ulloa regardoit comme des trous qui traversent la planète. Quel fut mon étonnement, lorsque, vers la fin de l'éclipse, à $5^h 37'$ du chronomètre, j'aperçus deux points lumineux semblables hors du disque, éloignés du bord de 12 ou 15 minutes en arc, du côté qui n'avoit point été éclipsé. La fin de l'éclipse étoit à $5^h 48' 37''$ du chronomètre. Les deux points lumineux ne parurent qu'une seule fois. Ils avoient l'intensité de lumière d'une étoile de la troisième grandeur. Je ne pus pas me rendre raison de ce phénomène. Ma vue n'étoit pas du tout fatiguée. »

Louville rapporte (*Mém. de l'Acad.*, 1715, p. 96) avoir vu, à Londres, pendant l'éclipse totale de soleil du 3 mai 1715, « des fulminations ou vibrations instantanées de rayons lumineux. Ils paroissoient, pendant l'obscurité totale, sur la superficie de la lune; en sorte que l'on auroit cru voir des traînées de poudre enflammées. Comme la lune est très-montagneuse, il n'est pas extraordinaire que les orages y soient très-fréquens. » Dans le phénomène que j'ai observé, il n'y eut aucune fulguration, aucune apparence de traînées de lumière. C'étoient des points lumineux d'une lumière tranquille, et qui disparoissoient après avoir brillés 6 ou 8 secondes. Ils n'étoient pas rougeâtres comme celui qu'Ulloa a cru être l'effet d'une excavation dans la lune. (*Phil. Trans.*, 1779, p. 116. *Mém. de Berlin*, 1788, p. 204.) A quoi attribuer ces apparences lumineuses observées à différentes époques sur le disque lunaire pendant une éclipse de soleil? Les points que j'ai vus en dehors du disque solaire ne pouvoient être dus à la même illusion d'optique qui a fait voir le satellite de Vénus. Dans ce dernier on a cru voir des phases.

Note B.

Je rapporterai ici l'explication ingénieuse et satisfaisante que M. Arago a donnée du phénomène de la scintillation, et qui n'a point encore été publiée. Voici la note que ce savant a bien voulu rédiger à ma prière :

« Les physiciens et les astronomes qui se sont occupés de la scintillation des étoiles, ont fait, pour la plupart, abstraction de la circonstance peut-être la plus remarquable de ce phénomène, je veux parler de ces changemens brusques et fréquens de couleur dont il est toujours accompagné. Les progrès que la théorie physique de la lumière a faits depuis quelques années, nous permettront, ce me semble, de rattacher l'explication de ce fait curieux à la loi des *interférences* dont on doit la découverte au docteur Young. »

« D'après les expériences de ce célèbre physicien, deux rayons de lumière homogène, et qui parviennent en un même point de l'espace par deux routes légèrement inégales, s'ajoutent ou se détruisent suivant que la différence des chemins parcourus a telle ou telle autre valeur. Les différences qui conviennent à la neutralisation des rayons de diverses nuances sont assez sensiblement inégales, pour que le résultat de l'*interférence* ou du mélange de deux faisceaux *blancs* soit toujours accompagné d'une coloration sensible ; l'expérience a prouvé de plus (*Voyez* Annales de chimie et de physique, Tom. I, p. 199) qu'il ne suffit pas, en recherchant la place où deux faisceaux peuvent s'influencer, de tenir compte de la différence des chemins parcourus, mais qu'il est de plus nécessaire d'avoir égard à l'inégale *réfringence* des milieux qu'ils ont traversés. Cela posé, il est facile de démontrer que les rayons qui, en partant d'un même point, viennent se réunir au foyer d'une lentille peu étendue, vibrent d'accord ou s'ajoutent s'ils ont tous traversé des milieux de même densité ou d'une égale réfringence; le même raisonnement montrera, au contraire, qu'une inégalité de réfringence pourra, suivant qu'on la supposera plus ou moins grande, donner naissance, dans le même foyer, à la neutralisation de telle ou telle autre classe de rayons colorés. En appliquant ces considérations à la scintillation des étoiles, on trouvera que si tous les rayons qui parviennent aux différentes parties de la pupille, traversent constamment des couches atmosphériques de même densité, l'image de l'astre aura toujours la même intensité et la même teinte; tandis que, dans le cas contraire, elle pourra changer de nuance et d'éclat à chaque instant. Pour un astre au zénith, les chances de scintillation seront beaucoup moindres, sous les mêmes circonstances, que pour un astre peu élevé au-dessus de l'horizon. Dans nos climats, elles seront moindres que sous les tropiques [1] où la chaleur est plus uniformément distribuée dans les couches at-

---

[1] Voyez plus haut, Chap. x, p. 15.

mosphériques. Les changemens d'intensité se verront plus facilement dans les étoiles de première grandeur, où ils seront accompagnés d'un changement de couleur plus prononcé, que dans les étoiles foibles; dans les astres blancs, que dans ceux qui sont naturellement colorés. Toutes ces circonstances, si je ne me trompe, sont conformes aux observations. »

Note C.

Il ne faut pas craindre qu'en employant le moyen que j'ai indiqué (Chap. x, p. 32) pour évaluer l'intensité de la lumière des étoiles, le changement d'inclinaison des miroirs ait une influence sensible sur la quantité de lumière réfléchie. Cette influence est sans doute très-considérable lorsque la lumière est réfléchie par un verre diaphane; elle est presque nulle, quand les rayons sont renvoyés par un miroir étamé sur sa face intérieure. Il en résulte que, pour comparer deux étoiles et pour égaliser leur lumière, on peut ramener dans le champ de la lunette des étoiles dont les distances angulaires sont très-grandes. Voici les résultats de mon travail, en plaçant sur l'*astromètre*, les étoiles de la première grandeur entre 80°—100°, ceux de la deuxième grandeur entre 60°—80°, ceux de la troisième grandeur entre 45°—60°, ceux de la quatrième grandeur entre 30°—45°, ceux de la cinquième grandeur entre 20°—30° :

	Sirius	100°.
	Canopus	98°.
α	Centaure	96°.
	Achernar	94°.
β	Centaure	93°.
	Fomahault	92°.
	Rigel	90°.
	Procyon	88°.
	Beteigeuze	86°.
ε	Grand Chien	83°.
δ		81°.
α	Grue	81°.
α	Paon	78°.
β	Grue	75°.
β	Grand Chien	73°.
α	Lièvre	71°.
α	Toucan	70°.
β	Lièvre	70°.
α	Colombe	68°.
β		67°.
η	Grand Chien	66°.
α	Phœnix	65°.
γ	Grue	58°.
ζ	Grand Chien	51°.
α	Indien	50°.
ε	Grand Chien.	47°.

Il est plus difficile de déterminer si α Indien a la moitié de la lumière de Sirius, que de reconnoître si α Grue est plus près de l'éclat de Sirius que de celui de α Indien. En comparant Beteigeuze et α Paon à α Grue, on trouve que Beteigeuze doit être placé entre α Grue et Sirius, et α Paon entre α Grue et α Indien. Plus les limites deviennent étroites, et plus il est aisé d'éviter les erreurs, surtout si l'on essaie de parvenir au même résultat numérique par des voies très-différentes. On peut comparer, par exemple, α Grue et Procyon, soit immédiatement, soit en égalisant, dans un instrument de réflexion, les lumières de Procyon et de Canopus, de Canopus et de α Grue, soit enfin en comparant α Grue et Procyon par l'intermède de Rigel et de Sirius. Herschel fait suivre dans le Grand Chien, α, ε, β, δ, η. Dans la Grue, il y a aujourd'hui beaucoup moins de différence entre α et β qu'entre β et γ; quant à l'intensité relative de la lumière de Sirius et de Canopus, les opinions des astronomes qui ont visité la zone équinoxiale, ont été singulièrement partagées jusqu'à ce jour. J'ai cru avoir reconnu, par beaucoup de combinaisons, que Sirius est plus brillant que Canopus, autant que α Centaure est plus brillant qu'Achernar. J'espère reprendre ce travail.

Note D.

Voici l'extrait des observations sur le mirage, faites en 1799 et 1800, pendant mon séjour à Cumana, telles que je les ai consignées dans mon *Journal astronomique*. Je ne pouvois avoir alors aucune connoissance de la théorie de M. Monge et des expériences de MM. Brandes, Wollaston et Tralles. Celles du célèbre physicien anglois ont été faites à la même époque que les miennes. M. Vince s'étoit contenté de suivre avec le télescope les phénomènes de suspension, sans déterminer la grandeur des images et la dépression de l'horizon de la mer. Ces déterminations manquoient aussi dans les travaux de M. Büsch, à Hambourg (*Tractatus duo optici argumenti*), et de l'abbé Gruber (*Ueber Stralenbrechung und Abprallung des Lichts*, 1793.) Quoique, en 1800, je n'eusse qu'une idée vague des diverses circonstances qui modifient le mirage, je ne négligeai pas de mesurer les angles de dépression de l'horizon, la largeur de l'interstice entre l'horizon et l'objet suspendu, la température du sable au-dessus duquel passoient les rayons lumineux, celles de l'air et de l'eau. J'examinai l'influence de la forme des îlots sur leur suspension plus ou moins complète, les cas où il y a suspension sans double image, enfin les changemens que le lever ou le coucher du soleil produisent dans le jeu de ces réfractions extraordinaires. (*Voyez* plus haut, Tom. II, Chap. IV, p. 248, et Tom. IV, Chap. II, p. 67.)

NOTES. 291

« Cumana, lat. 10° 27′ 52″. Terrasse de la maison de don Pasquel Martinez, que j'habite depuis mon retour du Rio Negro. J'y découvre les mêmes objets que j'ai mesurés dans mon ancienne demeure, plus rapprochée du Rio Manzanares; je vois au sud les montagnes du Brigantin, le Tataraqual et toute la chaîne de montagnes de la Nouvelle-Andalousie; au nord-ouest, le groupe d'îles situées entre les ports de Cumana et de Nueva Barcelona, les îles Caracas, Picuita et Boracha. Distance de ces îles 10-15 milles. Quart de cercle de Bird, à double division, soigneusement vérifié par un niveau à bulle d'air et le fil à plomb. L'instrument est placé sur un mur massif. Je me suis constamment servi de la division en 96°, dont chaque degré est égal à 56′ 15″. Le vernier subdivise les degrés en 120 parties. L'erreur de collimation a été déterminée par la latitude du lieu et par la comparaison avec un sextant de Ramsden. Elle est 8′ 40″ (div. sex.) additive aux distances zénithales. L'objectif de la lunette du quart de cercle est élevé de 124 pieds 11 pouces au-dessus du niveau de la mer. Pour être plus sûr qu'aucun accident n'influe sur les angles de dépression et de suspension, je prends chaque fois l'angle de hauteur d'une tour (A) qui, par son élévation et sa proximité, n'est pas susceptible d'être affecté sensiblement par les changemens de réfractions horizontales. »

Le 1.er septembre 1800, à 23^h 10′, les pointes des îles et des caps du continent voisin paroissent toutes relevées, suspendues. Lunette de Dollond, grossissement de 65 fois. Therm. à l'air et à l'ombre 22,°6 R. Hygromètre 45,2 Deluc. Cyanomètre 20°. *A* (ou tour servant pour la rectification de l'instrument) 94° 31′ 3″. *B*, ou cap Est de l'île Caracas 95° 52′ 25″. *C*, ou le sommet de la petite île Picuita 95 $\frac{115}{120}$ ou 95° 56′ 30″. *D*, ou base de l'île Picuita 95° 58′ 23″. *E*, ou la hauteur de l'île Boracha 95° $\frac{92}{120}$. *F*, ou dépression de l'horizon de la mer 95° $\frac{117}{120}$. L'eau de la mer 21°,4. Le sable des plages entre la ville et la mer 30°,8 R.

« Le 3 septembre, à 19ʰ du matin. Th. 21° R. Hygr. 43. Cyan. 14°.

$$A\ 94°\ \tfrac{62}{120}$$
$$B\ 95°\ \tfrac{105.5}{120}$$
$$C\ 95°\ \tfrac{110.8}{120}$$
$$D\ 95°\ \tfrac{116.7}{120}$$
$$E\ 95°\ \tfrac{92}{120}$$
$$F\ 95°\ \tfrac{118}{120}$$

« Le soir à 6ʰ ciel couvert; il va pleuvoir. Air extrêmement transparent. Les îles paroissent très-rapprochées. Th. 21°,7 R. Hygr. 49°,2.

$$D\ 95°\ \tfrac{111}{120}$$
$$E\ 95\ \tfrac{92.5}{120}\ \text{ou}\ 95°\ 92;5.$$

« Le 4 septembre à 5ʰ ¼ couvert; air très-transparent. Th. 22°,5. Hygr. 41°,2. L'eau de la mer a sa surface 21°,8. Sable blanc de la plage 28°,5. Au lieu de $\tfrac{62.2}{120}$ je marque l'angle 62,2.

A 94° 62,2.
B 95° 104,5.
C 95° 111,3.
D 95° 116,2.
E 95° 92,5.
F 95° 116.

« Tous les caps suspendus; mais la partie suspendue n'a que 5 à 6 minutes de longueur. La Picuita est entièrement en l'air, sa longueur apparente 0° 11′ 5″. Au coucher du soleil, l'interstice entre le pied ou la base de l'île et l'horizon de la mer diminue à mesure que l'atmosphère s'obscurcit. Lorsque le disque du soleil se cache derrière des nuages très-noirs, le centre de la Picuita repose sur l'horizon : il n'y a que les extrémités de l'île qui restent alors suspendues. Le soleil reparoît dans son éclat, quoique seulement à 4° de hauteur, et toute l'île se relève : elle est entièrement suspendue, tant à son centre, qui forme une petite convexité, qu'aux deux extrémités. Pas de double image, rien que suspension. Après le coucher du soleil, la Picuita reste encore en l'air. Je l'examine avec la grande lunette de Dollond : il fait déjà si obscur que j'ai de la peine à lire le limbe du sextant. Le sol commence sans doute à se refroidir ; mais je vois toujours de l'air (un espace aérien) entre l'horizon déprimé de la mer et la base de l'île. »

« Le 5 septembre. Pendant le crépuscule du matin. Th. 21°,3. Hygr. 45°,2. Le disque du soleil n'est point encore visible, et déjà toute la Picuita paroît suspendue en l'air. Crépuscule très-foible.

    A 94° 62.
    B 95° 103,7.
    C 95° 111,2.
    D 95° 115,9.
    E 95° 93.
    F 95° 117,7.

« A 3^h après-midi. Th. 23°,2 R. Hygr. 36°,2 Deluc. Cyan. 22°.

    B 95° 105,3.
    C 95° 112,7.
    D 95° 117,5.
    E 95° 93.
    F 95° 117,5.

« A 6^h du soir, le soleil n'a que 4° de haut. Th. 22°,8 R. Hygr. 36°,5.

    A 94° 62,2.
    B 95° 104,5.
    C 95° 111,3.
    D 95° 116.
    E 95° 92,7.
    F 95° 116,3.

« Pendant le coucher du soleil, l'horizon est oscillant. La Picuita baisse et n'est plus suspendue; la dépression de l'horizon, au moment même du coucher 95° 115,7, et 12 minutes plus tard, pendant le crépuscule 95° 114,7. *C* ou Picuita 95° 112. Encore plus tard : *C* 95° 111,3. F 95° 116,3. Il n'y a pas d'erreur dans ces observations; car le signal *A* reste à la même hauteur, tandis que l'horizon de la mer éprouve des changemens si brusques. D'autres jours, j'ai vu les îlots se reposer sur l'horizon un peu avant le coucher du soleil. Ce coucher ne produit pas toujours les mêmes changemens de température et de réfractions terrestres. »

« Le 24 septembre. Depuis le 18, ciel constamment couvert. Le temps change dans la nuit du 23. Grande transparence, les étoiles extrêmement brillantes, mais point de scintillement, pas même à l'horizon. Le 24, grande sécheresse. Hygr. à 21^h du matin 32° Deluc (67° Saussure). Therm. 21°,5 R. Dépression de l'horizon, la plus grande de toutes celles que j'ai observées. Eau de la mer 22°. Le terrain aride de la plage 32°,7. La Boracha toute en l'air. Le ciel très-bleu. Cyan. 21°. De petites barques de pêcheurs suspendues, nageant en l'air, 3 à 4 minutes au-dessus de l'horizon de la mer qui est extrêmement tranché. Une des barques, vue par la lunette, offre une image renversée.

A 94° 62.
B 95° 106.
C 95° 116,2.
E 95° 93,2.
F 96° 12, donc de $\frac{16}{100}$ (près de 8′) plus grande que le 4 septembre.

« La Picuita paroît souvent double et renversée pendant le reste du jour. L'image renversée est de la même grandeur et hauteur que l'image directe : la dernière est toute suspendue ; mais l'image renversée, dont l'intensité de lumière est assez foible, empiète sur l'horizon de la mer : elle couvre une partie de dernières couches de l'Océan. A 22^h du matin, therm. 23°,5 R.; hygr. 31°,5.

$$A\ 94°\ \ 62,3.$$
$$C\ 95°\ \ 112.$$
$$F\ 96°\ \ 0.$$

« A midi, la dépression de l'horizon encore 96°,1, Calme plat. »

« Le 25 et le 26 septembre, l'horizon éclatant de lumière, oscillant trois à quatre fois dans l'espace d'une heure. La dépression de l'horizon est tantôt 95° 118, tantôt 96° 4 sans que les instrumens météorologiques changent dans l'endroit où est placé le quart de cercle de Bird. Les changemens ont sans doute lieu dans les couches d'air intermédiaires, dans la température de l'eau et du sol qui rayonnent de la chaleur. Je crois voir que le phénomène d'un changement de dépression s'annonce par une variation de couleur. Sans que la teinte azurée du ciel soit altérée, l'horizon de la mer se sépare en deux bandes. On voit paroître une strie plus foncée que le reste ; tout ce qui est postérieur à cette strie pâlit peu à peu, et finit par disparoître entièrement : tout ce qui est antérieur à la strie, augmente de couleur. L'île de la Picuita est déjà suspendue; son pied (sa limite inférieure) ne change pas; mais, à mesure que la strie devient l'horizon, et que la partie de la mer située derrière la strie s'évanouit, la suspension apparente de l'île augmente. Elle semble s'éloigner de l'horizon, tandis que c'est plutôt l'horizon qui s'est éloigné de l'île. Avant la formation de la strie : D. 95° 116,3. F. 95° 119. Un quart d'heure plus tard, après que la zone derrière la strie est devenue invisible, je trouve D. 95° 116,3. F. 96° 4,8. Peu à peu la zone antérieure qui forme l'horizon pâlit à son tour, la partie de la mer derrière la strie reparoît. On diroit que cette dernière gagne en couleur ce que l'autre perd. F. est de nouveau 95° 118. D. reste invariablement 95° 116,5. La partie qui a reparu prend une teinte bleu foncé; la partie antérieure, au contraire (celle qui formoit l'horizon, lorsque la dépression étoit 95° 119), est toute blanche. J'ai observé cette oscillation pendant plusieurs jours. Les variations de couleur sont les pronostics d'un changement de dépression. Ne doit-on pas admettre que les rayons lumineux que nous envoie la partie la plus éloignée de la mer, celle qui pâlit, sont infléchis de manière, pendant leur passage par les basses couches de l'atmosphère, que, dans leur courbure convexe vers la surface du sol, ils se confondent avec les rayons de la couche antérieure de la mer. Nous ne jugeons que d'après la direction des rayons; ces mêmes rayons infléchis, qui nous arrivent des couches d'eau les plus éloignées, nous semblent dès-lors appartenir aux couches plus rapprochées. C'est cette circonstance qui cause l'apparence des stries, et qui augmente cette intensité de couleur ou d'éclat qu'on remarque dans le nouvel horizon. »

« Tous ces phénomènes s'observent aussi dans les steppes arides de Caracas et sur les bords de l'Orénoque, là où le fleuve est bordé par des terrains sablonneux. Nous avons vu fréquemment le mirage cette année (en 1800), entre Calabozo et San Fernando de Apure, et à l'Orénoque, au nord de la mission de l'Encaramada. Les monticules de San Juan et d'Ortiz, la chaîne appelée le Galera, paroissent suspendues, lorsqu'on les voit du côté des steppes, à 3 ou 4 lieues de distance. Le sable, à midi, étoit échauffé (au soleil) jusqu'à la température de 42° Réaumur. A 18 pouces d'élévation au-dessus du sol, le thermomètre montra, dans l'air, 32° R. A 6 pieds, il s'éleva (à l'ombre) à 29°,5 R. Des palmiers, isolés dans les Llanos, paroissent manquer de pied : on diroit qu'une couche d'air les sépare du sol. Les plaines, dénuées de végétaux, paroissent des mares ou des lacs. C'est l'illusion si commune dans les déserts d'Afrique. A la Mesa de Pavones, au milieu des steppes de Caracas, nous avons vu, M. Bonpland et moi, des vaches en l'air. Distance de 1000 toises. En mesurant avec le sextant la largeur de l'interstice aérien, nous trouvâmes les pieds de l'animal élevés au-dessus du sol de 3′ 20″. Simple suspension; pas de double image. On assure avoir vu, près de Calabozo, des chevaux suspendus et renversés, sans qu'ils présentassent une image directe. »

Tout ce qui précède a été écrit à Cumana, vers la fin de l'année 1800. Le dernier phénomène m'a été rapporté par des personnes très-dignes de foi. Il me paroît analogue à celui que décrit M. Vince, et que M. Biot a très-heureusement expliqué dans ses *Recherches sur les réfractions extraordinaires* (1810, p. 239, fig. 40 *bis*). On a vu deux images de vaisseaux dont la supérieure étoit l'image renversée. Dans l'ouvrage que je viens de citer, M. Biot a discuté une partie des mesures que j'avois faites pendant mon séjour sous la zone torride. Voici la réduction des distances zénithales (ancienne division sexagésimale) pour les jours où la suspension a été la plus forte :

DATES des OBSERVATIONS.	SOMMET de l'île Boracha.	SOMMET de l'île Picuita.	BASE OU PIED de la Picuita.	DÉPRESSION de l'horizon de la mer.
2 septembre à 23ʰ	89° 55' 33"	90° 5' 23"	90° 7' 5"	90° 7' 40"
à 6ʰ	89 55 33	90 5 20	90 6 19	......
3 septembre à 19ʰ	89 55 30	90 4 23	90 7 6	90 7 43
à 6ʰ	89 55 47	90 4 27	......	......
4 septembre à 5ʰ ¼	89 55 46	90 4 36	90 6 52	90 6 48
5 septembre, crépuscule.	89 56 0	90 4 33	90 6 44	90 7 31
à 6ʰ	89 56 0	90 4 36	90 6 48	90 6 51
crépuscule du soir	......	90 4 55	......	90 6 10
plus tard.	89 56 2	90 4 36	......	90 6 57
24 septembre à 21ʰ	......	90 6 48	......	90 14 17

En examinant les angles de hauteur sous lesquels se présentent les sommets des îles Boracha et Picuita, on remarque que l'étendue des variations diminue avec la grandeur des angles. Les oscillations de l'horizon ont été de 7′ 57″; celles du sommet de la Picuita, de 2′ 25″; du sommet de la Boracha, de 0 27″. La dépression vraie de l'horizon devroit être, indépendamment de toute réfraction, 5′ 29″; je l'ai trouvée entre 6′ 10″ et 14′ 17″. Dans tous ces cas, la réfraction a été négative, c'est-à-dire que les trajectoires décrites par les rayons lumineux ont été, au moins dans leur partie inférieure, convexes vers la surface de l'eau. On remarquera encore que la base apparente de l'île Picuita ne s'est pas toujours trouvée au-dessus de l'horizon apparent de la mer. Elle est quelquefois descendue à la même hauteur, par exemple, le 5 septembre, au coucher du soleil. Alors l'île a dû paroître reposer sur l'horizon. Quelquefois même la base de l'île a paru au-dessous de l'horizon apparent de la mer, comme le 4 septembre; alors la surface de la mer a été vue un peu au-delà de l'île. « Pendant ces variations, les trajectoires des rayons lumineux étoient convexes vers la mer, au moins dans leur partie inférieure, comme la dépression de l'horizon le prouve: mais le point de tangence de la trajectoire limite sur la surface de la mer étoit plus ou moins éloigné de l'observateur, et c'est ce qui produisoit les variétés observées dans la suspension des îles, qui se trouvoient tantôt au-delà de cette limite, tantôt en-deçà. » (*Biot, Rech.*, p. 216, 217, 219.)

L'influence du lever et du coucher du soleil qui se manifeste dans mes observations sur la Picuita, confirme ce qui a été observé par Legentil pendant son séjour à Pondichéry. Ce savant voyageur a constamment vu, pendant l'hiver, l'horizon de la mer s'abaisser de 36″, lorsque le premier rayon de cet astre commençoit à paroître. Le soleil se leva *au-dessus* de l'horizon apparent de la mer, *comme s'il sortoit du chaos*. (*Biot*, p. 225. Voyez aussi mon *Recueil d'obs. astron.*, Tom. I, p. 153.)

J'ai fréquemment observé que les deux caps de l'île Boracha étoient inégalement relevés. La partie suspendue avoit, au cap Nord, 5′ de long; au cap Sud, à peine 2′. Le premier de ces caps regarde l'Océan, tandis que le côté sud est opposé au continent et rapproché de l'île Picuita qui rayonne de la chaleur pendant le jour. « Lorsque la mer est plus chaude dans ces parages que l'air, la différence des températures extrêmes de l'eau et de l'air doit être toujours moindre du côté sud que du côté nord, d'où résulte une moindre réfraction négative, et par conséquent une plus petite suspension. » (*Biot*, p. 238.)

J'avois été très-attentif, pendant le cours de mes observations de Cumana, et dans d'autres observations faites sur les côtes de la mer du Sud à Lima, à l'influence qu'exerce la *largeur* de l'objet sur le phénomène de la suspension. J'avois cru trouver, 1.° que, dans des îles à sommet convexe, le centre de l'île repose sur l'horizon, tandis que les extrémités sont relevées; 2.° que de deux îles à formes semblables, par exemple à formes parallélipipèdes, l'île la plus longue ne sera relevée que vers les bords, tandis que la plus courte paroîtra toute en l'air. Les belles expériences faites sur le mirage par MM. Biot et Mathieu, ont parfaitement éclairci les véritables causes de ces phénomènes. Lorsqu'une île rocheuse ne se présente pas comme un mur coupé perpendiculairement aux deux extrémités, mais qu'elle s'élève vers son centre, il n'y a que la partie du ciel qui repose sur les extrémités (les couches d'air qui s'aperçoivent comme plus rapprochées de l'horizon) qui peuvent se mirer. La *bande aérienne*, le ciel réfléchi, ne se verra pas au-dessous du centre de l'île, là où elle est le plus élevée. La même chose arrivera, si de deux objets de forme semblable l'un a une beaucoup plus grande dimension dans le sens latéral. « D'après la théorie des réfractions extraordinaires près de l'horizon, la surface caustique s'élève à mesure qu'elle s'éloigne. Les extrémités latérales d'un objet étant plus éloignées de l'observateur que son centre, seroient donc coupées par la caustique à une plus grande hauteur. Si l'îlot est très-peu large, la différence sera insensible, et il paroîtra tout entier élevé dans le ciel, à peu près également. Mais si l'on observe une île assez grande, dont les contours répondront à des points beaucoup plus éloignés que le milieu, la différence de hauteur de la caustique à ces divers éloignemens pourra devenir sensible, et les extrémités latérales de l'île paroîtront seules relevées. Si peu à peu les différences de température augmentent, et que le point de tangence de la trajectoire limite se rapproche de l'observateur, ou, ce qui revient au même, si l'observateur s'abaisse, la trajectoire limite pourra s'élever au-dessus du sommet de l'île qui sera alors entièrement suspendue en l'air. » (*Biot*, p. 212.) C'est ainsi que je trouve marqué sur mon journal : le 7 septembre, sur la plage près de l'embouchure du Rio Manzanares, au pied du *Fuerte de la boca*, therm. 19° R.; hygrom. 43°,2. Haut. de l'œil 4 pieds 3 pouces. A 19^h du matin, au quart de cercle que j'avois transporté au bord de la mer, C. 95° 91,3. Le corps de l'île repose sur l'horizon de la mer. Les extrémités seules sont relevées. Eau de la mer près des côtes 20°,2 R. A 21^h, therm. 20°,2 R.; hygrom. 42°,8. C. 95° 91,8, mais toute l'île suspendue, le centre comme les extrémités. Eau de la mer, couvrant une plage que le soleil échauffe, 21°,8; le sable 26° R.

Ce que nous venons de dire sur l'influence de la longueur et de la forme des objets sur les phénomènes de la suspension, me paroît conduire à l'explication d'un passage curieux de Théophraste, dans son ouvrage sur *les pronostics des vents*. « Quand les caps (ou parties saillantes des côtes), dit Théophraste, semblent suspendus en l'air, ou quand, au lieu d'une île, *on croit en voir plusieurs*, ce phénomène indique un changement du vent du sud. Quand la terre vous semble noire (lorsqu'elle se détache en brun), vous aurez le vent du nord; vous paroit-elle blanche (se détache-t-elle en clair), attendez-vous au vent du sud.» *Theophr.*, *de signis ventorum* 421. *B. edit. Heinsii* (Furlanus traduit : si promontoria sublimia, insulæve si *ex una plures appareant*, austri mutationem indicant). Lorsqu'une île éloignée est très-inégale dans sa hauteur, ce sont les variations dans la dépression de l'horizon et non l'image renversée du ciel formée dans les parties les plus basses de l'île, qui peuvent la faire paroître comme brisée ou partagée en plusieurs îlots. Si Théophraste avoit voulu indiquer une multiplicité d'images placées les unes au-dessous des autres, il n'auroit pas manqué de parler d'images renversées. Aristote, dans les *Meteorologica*, Lib. III, Cap. IV, p. 577 C. (édit. Duval), fait aussi mention de la suspension des caps, et la considère comme l'effet d'une réfraction dans de l'air condensé.

J'ai soigneusement distingué, dans le cours de mes observations sur le mirage, les cas très-fréquens où il y avoit *suspension* sans *renversement*. M. Biot a exposé les circonstances dans lesquelles ce phénomène a lieu : il prouve (*Rech.*, p. 261) que l'image renversée peut être réduite à des dimensions si petites qu'elle devient imperceptible. Quant aux variations de couleur qu'éprouve l'horizon de la mer et quant aux pronostics d'un changement de réfraction, tirés des bandes ou stries noires [1], ce phénomène ne se présente pas toujours sous l'aspect de plusieurs horizons séparés par des intervalles aériens. (*Biot*, p. 10, 151, 183 et 265.) Je n'ai jamais observé ces intervalles que forme l'air réfléchi; j'ai simplement vu qu'un grand changement de dépression étoit précédé de la formation des stries là où le nouvel horizon alloit se placer. J'ai prouvé plus haut (Chap. III, p. 86) que, près

[1] Voyez plus haut, p. 296.

de l'équateur, la surface de l'Océan est presque habituellement de 1° à 1°,5 plus chaude que l'air ambiant. Cette différence de température est suffisamment grande pour pouvoir être regardée comme une cause du mirage. Sur les bords de l'Elbe, M. Woltmann a observé qu'il y avoit double image, ou simple suspension, lorsque la température de l'eau étoit de deux degrés du thermomètre de Fahrenheit (0°,8 cent.) plus élevée que celle de l'air. Il ne faut donc pas s'étonner que le mirage soit si commun entre les tropiques, lorsque les rayons nous arrivent en rasant la surface de la mer. (Brandes, dans les *Annales de Gilbert*, Tom. XVII, p. 175.)

En sanscrit, le phénomène du mirage porte le nom de *mriga-trichnâ*, soif ou *désir de l'Antilope*, sans doute parce que cet animal (*mriga*), pressé par la soif (*trichnâ*), s'approche de ces lieux arides où, par l'effet de l'inflexion des rayons, il croit voir la surface ondoyante des eaux.

Note E.

Les températures *moyennes* de l'année indiquent les températures qu'auroient les divers lieux de la terre si les quantités inégales de chaleur, qui se développent en différentes saisons et à différentes heures du jour et de la nuit, étoient *uniformément* répandues dans l'espace d'une année. Depuis les dernières recherches qu'on a faites sur la chaleur de l'intérieur de la terre, à différentes latitudes et à différentes hauteurs, on ne peut plus regarder comme identiques, dans un lieu donné, les températures moyennes des basses couches de l'atmosphère et les températures de la croûte pierreuse du globe. On a dit souvent que les températures moyennes caractérisoient par un seul chiffre les climats à différentes latitudes : cette assertion n'est pas tout-à-fait exacte. Pour connoître le *climat*, il faut savoir quelle est la distribution de la chaleur en différentes parties de l'année, et deux endroits, par exemple Milan et Pekin, dont la température moyenne (de 13°) est la même, peuvent avoir, le premier un hiver de $+$ 2°,4, et un été de 22°,8; le second, un hiver de $-$ 3°, et un été de 28°. Il est vrai que, partout où la température moyenne de l'année s'élève à 15°, on ne trouvera plus une température moyenne de l'hiver au-dessous de *zéro*. En réunissant par une courbe (*isotherme*), des lieux dont les températures moyennes de l'année sont les mêmes, on voit que le partage de la chaleur entre l'hiver et l'été se fait d'après des proportions fixes, c'est-à-dire que les variations ne dépassent pas de certaines limites; mais ces oscillations, que j'ai examinées récemment dans un mémoire particulier (*Mém. de la Société d'Arcueil*, Tom. III.), sont encore assez grandes pour exercer une influence sensible sur la culture des plantes utiles à l'homme. Si l'on veut caractériser un *climat de vigne*, il ne suffit pas de dire que la température de l'année doit être au-dessus de 8°,7 ou 9°;

il faut ajouter que, pour avoir du vin potable, l'hiver ne doit pas être au-dessous de $+ 1°$, l'été pas au-dessous de $18°,5$ à $19°$. Or, dans le Nouveau-Continent (aux États-Unis), les hivers sont au-dessous de *zéro*, là où les températures moyennes de l'année n'excèdent pas $9°$. Sur la ligne isotherme de $9°$ on voit souvent descendre le thermomètre, dans le système de climats trans-atlantiques, à $-18°$.

Il résulte de l'ensemble de ces considérations que, pour donner une idée précise du climat d'un lieu, il faut faire connoître, outre les moyennes de l'année, des saisons ou des mois, les variations de températures qui ont eu lieu effectivement à différentes heures du jour et de la nuit, pendant un espace de temps assez considérable. Lorsqu'on peut disposer d'une grande masse d'observations, on doit, je pense, chercher par des moyennes diurnes de 15 années (par conséquent par 10950 données partielles) les moyennes de l'année et des mois, et choisir pour exemple la marche du thermomètre, à différentes heures du jour et de la nuit, dans le mois qui rapproche le plus de la moyenne de ces 15 années. Cette méthode de présenter les observations telles qu'elles ont été successivement faites, dans l'espace d'un mois, me paroît préférable à la méthode d'après laquelle on chercheroit, par 10950 observations, la moyenne de chaque jour de l'année. Pour *caractériser* un climat, il ne faut pas faire disparoître entièrement ce que j'oserois appeler sa physionomie, ses traits individuels, les passages brusques d'une température à une autre, les variations qui sont accidentelles, mais qui se répètent fréquemment. C'est en suivant ces principes que je me suis proposé de publier dans cette Relation une partie des observations météorologiques que j'ai faites entre les tropiques à différentes hauteurs. Lorsqu'on réfléchit sur la position d'un voyageur, qui ne peut pas observer à des heures fixes, et qui doit partager son attention entre un grand nombre d'objets à la fois, on ne sera pas surpris de trouver des lacunes là où l'on désireroit une suite non interrompue d'observations. J'ai ajouté aux températures de Caracas celles de Cumana, notées par don Faustin Rubio. Les unes et les autres sont exprimées en degrés du thermomètre de Réaumur, divisé en 80 degrés. Les instrumens étoient en plein air, à l'ombre, loin du reflet des murs et du sol. L'hygromètre est celui de Deluc; il n'a pas été corrigé par la température, de sorte qu'il indique l'humidité apparente. Les observations de Cumana sont précédées d'un C et se rapportent aux mêmes heures; par exemple, le 28 octobre, la température de l'air étoit à Caracas, à midi, 18°,4; à Cumana (au faubourg des Indiens Guaiqueries), d'après un thermomètre comparé aux miens, 23°,2. Pour ne pas ajouter sans cesse les mots avant ou après midi, le temps est exprimé à la manière des astronomes, de sorte qu'ici comme dans le *Journal de route* (p. 267) 10^h du matin répondent à 22^h.

Caracas, quartier de la Trinidad; Lat. 10° 30' 50". Long. 69° 25'. Haut. 454 toises. Temp. moyenne de l'année 17°,2 R. (*Voyez* plus haut, p. 195.)

NOVEMBRE 1799.	THERM. Réaumur.	HYGROM. à baleine.	OBSERVATIONS.
28.			
0^h	18°,4	48°,2	clair (C. 23°,2).
8	15,0	53,2	brouillard.
11	14,2	54,2	clair.
29.			
20^h	14°,0	54°,0	clair (C. 21°,7).
21	15,2	53,2	
23	18,1	50,0	
1	19,2	47,3	(C. 24°,1).
9	15,6	54,0	
11	15,0	53,2	
30.			
20^h	14°,0	54°,2	bleu (C. 21°,3).
1	18,2	49,7	
3	18,0	48,2	(C. 24°,0).
4$\frac{1}{2}$	18,0	47,3	bleu.
5$\frac{1}{2}$	17,1	48,0	
8$\frac{1}{2}$	14,5	53,2	bleu (C. 22°,2).
9$\frac{1}{2}$	15,0	52,0	
11	14,7	53,2	les nuages très-bas).
Décembre 1.er.			
19$^h\frac{1}{2}$	13°,0	50°,3	bleu (C. 21°,2).
21$\frac{1}{2}$	15,0	51,3	

DÉCEMBRE 1799.	THERM. Réaumur.	HYGROM. à baleine.	OBSERVATIONS.
1.er			
22h	16,5°	49,5°	
23	17,2	47,7	bleu.
0	18,0	46,9	
0 ½	18,7	45,4	
1	19,0	44,7	bleu (C. 24°,0).
2.			
23h	17°,5	48°,2	couvert.
0	18,0	47,9	(C. 23°,5).
5 ½	16,5	48,7	couvert.
11	15,5	52,2	pluie.
3.			
20h ½	14°,9	50°,7	bleu.
21 ½	16,0	49,9	vent d'est impét.
0	17,5	47,8	
2 ½	18,0	47,2	(C. 23°,6).
3.			
1 ½	18,2	46,8	
7	15,5	49,7	bleu.
11	14,0	53,2	(C. 21°,7).
4.			
20h	15°,0	51°,0	azuré (C. 20°,2).
21	15,3	50,4	

DÉCEMBRE 1799.	THERM. Réaumur.	HYGROM. à baleine.	OBSERVATIONS.
4.			
22^h	16°,2	48°,1	
4 ½	18,4	43,8	(C. 23°,5).
7 ½	14,8	46,3	
9	13,5	47,9	beau clair de lune.
11	13,2	47,3	bleu (C. 21°,3).
5.			
21^h	15°,0	48°,7	azuré avec nuages.
22	15,5	47,5	couvert.
22 ½	16,3	46,5	
23 ½	17,3	45,9	
0	18,2	45,3	azuré, vent.
1	18,0	43,9	(C. 23°,5).
4	18,0	42,9	
5	17,3	42,9	bleu.
11	13,5	46,3	calme (C. 21°,5).
6.			
20^h	12°,2	49°,2	brouillard.
20 ½	12,8	49,4	couvert (C. 20°,4).
21	14,0	50,2	
21 ½	15,2	50,3	bleu.
23	17,0	46,2	nuages (C. 23°,1).
0	17,5	45,0	
4	18,2	41,6	

DÉCEMBRE 1799.	THERM. Réaumur.	HYGROM. à baleine.	OBSERVATIONS.
6.			
5	17,0	44,2	bleu.
6 ½	15	43,6	
7.			
19ʰ	12°,5	51°,6	azuré (C. 19°,5).
20	14,0	51,2	
21	15,2	49,7	
22	16,5	48,2	
23	17,7	47,5	Silla découverte.
0 ½	18,5	45,0	(C. 23°,2).
3 ½	18,0	46,8	
7.			
7	16	48,2	azuré.
10 ½	13,5	50,2	
11 ½	13,7	50,7	(C. 21°,7).
8.			
16ʰ ½	12°,5	49°,2	bleu.
18	12,3	49,2	soleil levant.
20	13,4	49,7	couvert (C. 20°,0).
21	13,4	50,2	
5	16,7	48,2	couvert (C. 22°,0).
8	15,0	51,1	
14	14,5	52,9	brume.

DÉCEMBRE 1799.	THERM. Réaumur.	HYGROM. à baleine.	OBSERVATIONS.
9.			
$23^h\frac{1}{2}$	17°,3	50°,2	bleu avec nuages.
$3\frac{1}{2}$	18,2	45,3	bleu calme.
$4\frac{1}{2}$	18,0	45,3	(C. 23°,0).
7	16,2	49,2	
8	15,0	50,3	bleu.
9	14,2	53,2	
10	15,0	52,7	couvert.
11	15,2	52,2	bleu.
11.			
$0^h\frac{1}{2}$	17°,5	46°,3	couvert (C. 22°,8).
7	16,2	51,1	
11	15,0	52,2	bleu.
12.			
$19^h\frac{1}{2}$	12°,7	50°,7	serein (C. 20°,0).
4	17,0	45,4	
9	13,2	49,5	azuré.
$12\frac{1}{2}$	14,0	49,5	id. (C. 21°,3).
13.			
$1^h\frac{1}{2}$	18°,1	46°,3	bleu (C. 22°,6).
$3\frac{1}{2}$	17,5	46,3	
5	16,2	47,2	couvert.
12	15,0	52,3	(C. 21°,3).

DÉCEMBRE 1799.	THERM. Réaumur.	HYGROM. à balcine.	OBSERVATIONS.
14.			
21ʰ	15°,0	51°,1	couvert (C. 20°,8).
21½	16,5	50,9	
22	16,5	50,2	
14.			
23	17,0	49,7	couvert.
0	17,0	49,5	(C. 21°,7).
6	15,2	51,6	
7½	15,5	53,2	
11	14,5	55,7	la Silla découverte.
15.			
22ʰ	16°,5	50°,2	azuré.
0½	18,5	47,3	la Silla se couvre.
2½	17,8	47,3	(C. 22°,6).
5	17,5	49,9	
6	16,3	51,0	nuages très-bas.
6½	16,0	51,6	
9	15,0	53,6	couvert.
10	15,1	53,5	couvert.
11	15,0	53,2	(C. 21°,7).
16.			
20ʰ ½	16°,2	48°,7	bleu (C. 20°,4).
22	16,5	48,7	nuages très-bas.
23½	17,5	47,0	

DÉCEMBRE 1799.	THERM. Réaumur.	HYGROM. à baleine.	OBSERVATIONS.
16.			
0	18,0	46,3	(C. 22°,6).
5½	17,3	47,0	très-beau.
7	16,0	49,5	Silla découverte.
9	15,5	50,5	
11	15,2	51,1	(C. 21°,3).
17.			
23^h	16°,5	49°,2	couvert.
0	17,5	47,2	
1	17,7	46,3	
2	18,5	45,0	(C. 23°,1).
4	16,7	48,7	couvert.
18.			
19^h	13°,0	53°,2	(C. 20°,0) couvert.
20	14,2	52,2	
21	16,0	50,1	
22	16,8	49,0	couvert.
0	18,5	46,1	
1	18,6	44,9	(C. 22°,6).
3	18,5	44,5	couvert.
6½	15,8	49,0	azuré.
19.			
19^h	14°,5	52°,2	(C. 20°,4) couvert.
20	15,0	51,9	

DÉCEMBRE 1799.	THERM. Réaumur.	HYGROM. à baleine.	OBSERVATIONS.
19.			
22½	16,3	50,8	vent d'est impét.
1	17,7	48,0	(C. 22°,2).
3½	17,0	47,5	couvert.
5	17,1	48,0	calme.
7½	15,5	51,0	
8½	15,3	51,0	couvert.
12	14,8	53,5	(C. 21°,0) pluie.
20.			
19^h	14°,3	54°,9	(C. 20°,4) couvert.
21½	16,0	51,8	est impétueux.
22½	16,8	49,9	
23½	17,0	47,8	couvert.
3½	17,4	44,4	(C. 22°,6).
4	17,5	43,0	azuré.
7½	15,2	50,1	
11	12,5	53,2	(C. 21°,3) couvert
21.			
21^h	14°,5	53°,7	couvert.
22½	13,5	56,8	pluie.
23	16,0	55,7	
0	15,5	55,7	pluie.
1	15,3	54,9	(C. 22°,6).
4	14,9	53,2	

DÉCEMBRE 1799.	THERM. Réaumur.	HYGROM. à baleine.	OBSERVATIONS.
21.			
5	14,5	53,3	
9	14,0	54,4	couvert.
11	14,3	54,9	(C. 21°,3).
22.			
23^h	16°,0	48°,7	couvert.
0	17,2	46,3	
1	17,7	45,4	(C. 23°,1).
5	17,1	45,8	
8	15,0	53,7	couvert.
11	14,2	54,9	(C. 21°,3).
23.			
22^h	16°,0	50°,2	couvert.
23	16,2	49,7	
0	16,7	49,0	
0½	17,5	48,2	
1	17,8	47,9	
3½	18,2	45,4	nuageux.
4½	17,3	45,9	bleu.
5	17,0	46,2	
8	15,1	50,1	
10	14,2	51,8	
11	13,4	54,9	bleu.

DÉCEMBRE 1799.	THERM. Réaumur.	HYGROM. à baleine.	OBSERVATIONS.
24.			
22^h	17°,2	47°,6	bleu.
23	17,5	47,6	est impétueux.
1	18,0	46,3	
3$\frac{1}{2}$	17,2	48,2	calme.
7	16,1	53,2	couvert.
8	15,4	54,2	
10	14,7	54,9	
14	14,3	57,8	
25.			
23^h	17°,0	49°,7	couvert.
0	16,5	51,1	pluie.
3	15,3	57,8	couvert.
7	15,0	57,6	
11	14,2	58,8	couvert.
26.			
21$\frac{1}{2}$	17°,0	53°,2	couvert.
22$\frac{1}{2}$	16,5	52,3	
0	17,7	48,9	
0$\frac{1}{2}$	17,9	48,2	
4$\frac{1}{2}$	17,5	45,2	bleu.
6	15,4	48,3	
8	15,0	52,2	couvert.

DÉCEMBRE 1799.	THERM. Réaumur.	HYGROM. à baleine.	OBSERVATIONS.
27.			
21ʰ	16°,0	51°,0	nuageux.
0	17,8	46,8	bleu.
3½	18,2	40,7	Silla découverte.
6	17,0	41,6	
11	13,2	54,2	bleu.
28.			
20ʰ	12°,2	52°,0	
21	12,5	55,7	brume.
22	15,0	54,9	assez bleu.
11	16,2	49,2	
1	17,5	45,5	
3½	17,7	42,7	
4	18,0	42,0	bleu.
9	14,2	51,0	étoilé.
11	16,0	53,2	couvert.
29.			
20ʰ	14°,0	52°,2	azuré.
21	14,8	53,2	
22	16,0	51,0	
23	17,2	48,2	
1	17,5	47,2	azuré.
10	14,6	54,9	couvert.

NOTES.

DÉCEMBRE 1799.	THERM. Réaumur.	HYGROM. à baleine.	OBSERVATIONS.
30.			
20^h	15°,0	50°,2	bleu.
22½	17,2	47,2	
23½	17,5	45,0	
0	18,5	44,5	
1	18,5	43,6	
3	18,0	39,7	bleu.
4½	18,1	44,4	
10½	15,2	49,2	couvert.
31.			
20	15°,0	50°,2	bleu.
22½	17,0	47,3	
23½	17,5	45,0	
0	18,2	44,5	
1	18,5	43,6	
3	18,0	39,7	bleu.
4½	18,0	44,5	
10½	15,2	49,2	couvert.
1.er janv.			
9^h	15°,5	49°,2	azuré.
11½	10,0	54,9	tout couvert.

JANVIER 1800.	THERM. Réaum.	HYGROM. à baleine.	OBSERVATIONS.
4.			
4^h	18°,3	40°,7	azuré (C. 23°,5).
9	15,7	48,2	azuré.
11	15	51,6	couvert (C. 21°,7).
8.			
22^h	16°,5	44°,1	bleu.
0	19,0	40,7	(C. 22°,2).
7	15,5	48,2	
11	15,0	47,5	bleu (C. 21°,3).
9.			
$22^h\frac{1}{2}$	17°,5	45°,0	bleu.
1	19,5	43,6	(C. 23°,5).
3	18,4	45,7	couvert.
5	17,5	45,6	
$12\frac{1}{2}$	15,0	48,2	couvert (C. 21°,7).
10.			
20^h	15°,0	49°,2	couvert (C. 21°,3).
21	16,2	48,1	
3	19,0	40,7	bleu (C. 23°,0).
$4\frac{1}{2}$	18,2	41,6	
10	14,5	49,2	
$1\frac{1}{2}$	14,0	49,0	étoilé (C. 21°,4).

JANVIER 1800.	THERM. Réaumur.	HYGROM. à baleine.	OBSERVATIONS.
11.			
1^h	19°,2	41°,7	bleu (C. 22°,6).
4	19,0	39,6	
$5\frac{1}{2}$	17,5	41,7	couvert.
7	15,0	46,3	étoilé.
12.			
1^h	18°,8	37°,6	bleu (C. 22°,7).
4	19,0	35,9	
9	14,5	46,0	
13	13,0	44,5	étoilé (C. 21°,3).
13.			
21^h	13°,2	44°,1	nuageux.
0	17,1	40,7	
1	18,0	40,1	bleu (C. 22°,6).
$3\frac{1}{2}$	17,2	41,7	
$4\frac{1}{2}$	17,0	42,6	
$12\frac{1}{2}$	12,5	43,8	étoilé (C. 20°,4).
14.			
$20\frac{1}{2}$	15°,0	44°,5	bleu (C. 18°,6).
11	17,2	41,3	
1	17,5	40,1	(C. 22°,2).
$3\frac{1}{2}$	18,3	38,3	bleu.
$5\frac{1}{2}$	15,7	44,3	

JANVIER 1800.	THERM. Réaumur.	HYGROM. à baleine.	OBSERVATIONS.
14.			
9	14,3	47,2	couvert.
11	13,5	49,3	couvert (C. 20°,8).
15.			
22^h	16°,5	41°,7	couvert.
1	17,6	41,7	bleu (C. 22°,2).
3$\frac{1}{2}$	18,0	41,9	couvert.
4$\frac{1}{2}$	16,7	42,7	
9	15,0	43,6	
11	14,5	44,0	étoilé (C. 21°,3).
16.			
17^h	13°,2	45°,4	bleu (C. 20°,0).
0	18,0	41,7	
16.			
4	16,5	45,3	vent de Catia (C.22°,2)
7	15,2	48,2	couvert.
10	14,0	48,5	couvert (C. 21°,3).
17.			
20^h	13°,3	47°,2	bleu (C. 19°,5).
3$\frac{1}{2}$	18,7	39,6	(C. 22°,6).
12	14,0	42,7	étoilé (C. 21°,3).

JANVIER 1800.	THERM. Réaumur.	HYGROM. à baleine.	OBSERVATIONS.
18.			
21^h	16°,0	45°,4	azuré.
1	19,2	38,6	(C. 23°,5).
3$\frac{1}{2}$	19,3	36,9	
5$\frac{1}{2}$	18,5	41,7	azuré.
11	14,6	41,9	couvert (C. 21°,7).
22.			
0^h	19°,0	33°,8	bleu (C. 22°,6).
6	16,3	36,9	
11$\frac{1}{2}$	15,1	45,4	bleu (C. 21°,2).

Les observations faites simultanément à Cumana et à Caracas, aux extrémités d'une colonne d'air de 900 mètres (459 toises) de hauteur, me paroissent d'un grand intérêt. Quoique le port de Cumana soit plus éloigné de Caracas que ne l'est la Guayra, ce port offre pourtant un point de comparaison beaucoup plus sûr. L'air circule plus librement autour de Cumana, et la température y est moins sujette à des influences locales. En comparant, sur toute la masse des observations, 21 jours sereins choisis indistinctement dans les mois de novembre, décembre et janvier, je trouve, en calculant les températures moyennes de chaque jour, d'après les *maximum* et les *minimum* observés, les résultats suivans:

JOURS.	TEMPÉRATURE MOYENNE des jours à		DIFFÉRENCES Réaumur.
	Cumana.	Caracas.	
29 novemb.	22°,9	16°,6	6°,3
30	22,6	16,0	6,6
1er décemb.	22,6	16,0	6,6
3	22,6	16,1	6,5
4	21,8	15,8	6,0
5	21,7	15,7	6,0
6	21,7	15,1	6,6
9	21,7	16,6	5,1
12	21,3	14,8	6,5
15	21,6	16,7	4,9
4 janvier.	21,9	16,6	5,3
8	20,8	17,0	3,8
9	22,4	17,2	5,2
12	22,0	16,0	6,0
13	21,7	15,2	6,5
14	20,4	15,9	4,5
15	20,8	16,2	4,6
16	21,1	15,6	5,5
17	21,0	15,6	5,4
18	21,0	16,8	4,2
19	21,5	17,0	4,5

Les températures moyennes de 21 jours sereins ont différé à Cumana de 3°,1; à Caracas, de 3°,0 du thermomètre centésimal. Les différences les moins grandes entre les températures moyennes des deux endroits, n'ont pas toujours eu lieu lorsqu'il a fait le plus chaud à Caracas; elles ont oscillé entre 4°,8 et 8°,2. La moyenne de toutes les différences a été de 6°,8 (5°,5 Réaum.), à peu près de 132 mètres par degré centésimal. La vallée de Caracas est plus fraîche qu'elle ne devroit l'être à une hauteur de 900 mètres, et cette circonstance rend le décroissement du calorique singulièrement rapide. La moyenne de toutes mes observations, faites entre les tropiques, m'a donné, pour les premières couches d'air comprises entre le niveau de la mer et 1000 mètres d'élévation, 170 mètres, correspondans à 1° du thermomètre centigrade ou 109 toises pour 1° Réaum.

SUPPLÉMENT.

Le Frontispice, gravé d'après le dessin de M. Gérard, représente l'Amérique consolée par Minerve et Mercure des maux de la conquête. On lit au bas de la planche les mots: *humanitas, litteræ, fruges.* Pline le jeune écrit à Maxime, questeur de Bithynie, nommé gouverneur de la province de l'Achaïe: « Songez que les Grecs ont donné aux autres peuples la *civilisation*, les *lettres* et le *froment*. » Ces mêmes biens, l'Amérique les doit à l'ancien continent. Les armes, les costumes et les monumens sont d'une exacte fidélité. (Voyez l'*Atlas pittoresque* ou *Vues des Cordillères et Monumens des peuples indigènes*, Pl. 1, 7, 9, 14, 16, 21, 38, 49.)

Le désir que j'ai énoncé de voir examiner l'archipel des îles Canaries, sous le rapport de la géologie, de la physique et de la géographie des végétaux, par des voyageurs qui pourroient y faire un long séjour, a été rempli depuis peu. M. Léopold de Buch prépare un ouvrage étendu qui renfermera les fruits de ses laborieuses recherches sur Ténériffe et les îles voisines. C'est à ce grand géognoste et aux travaux de

M. Smith qui, victime de son zèle pour les sciences, a péri récemment dans l'expédition du Congo, qu'est dû le tableau physique du Pic de Teyde. (*Atlas géographique*, Pl. II.) Je n'ai pas hésité de substituer des notions plus exactes à celles que M. Broussonnet m'avoit communiquées. (*Voyez* Tom. I, p. 406-419.) M. de Buch distingue, 1.° la *région des formes africaines* 0—200 toises; 2.° la *région des vignes* et *des céréales* 200—430 toises; 3.° la région des Lauriers, *regio sylvatica*, 430—680 toises; 4.° la *région du Pinus canariensis* 680—980 toises; 5.° la *région des Retama*, *Spartium nubigenum*, 980—1730 toises. Le Retama ne se trouve qu'à Ténériffe. Sa limite inférieure est de 1000 toises. Les montagnes de toutes les autres îles, à l'exception de Palma, ne sont pas assez élevées pour entrer dans cette limite, et le sommet du *Pico de los Muchachos* de Palma (1193 toises) n'est formé que de rochers nus et arides. Les graminées sont très-rares, et, comme l'observe M. de Buch, elles ne forment pas une zone particulière. On a mis dans la carte entre deux parenthèses les plantes étrangères au Pic de Ténériffe, mais qui croissent, aux hauteurs indiquées, dans les montagnes des îles voisines. On a ajouté un *S* (Smith) aux espèces nouvelles qui seront publiées par MM. de Buch et Smith. Une croix placée à la fin d'un mot marque la limite supérieure d'une plante, la hauteur à laquelle elle cesse de végéter.

Je vais consigner ici d'autres notions que je dois à l'obligeante communication de M. de Buch, et qui serviront à rectifier ce que j'ai avancé dans le 2.ᵉ Chapitre de cette Relation. Je saisis avec empressement les occasions qui se présentent de perfectionner cet ouvrage, d'après le rapport des personnes instruites qui ont visité les mêmes lieux, et qui y ont séjourné plus long-temps que moi. « Le Pin des Canaries (T. I, p. 414.) est bien certainement une espèce nouvelle, inconnue jusqu'ici aux botanistes de l'Europe. Le Dragonnier (p. 253) ne paroît point appartenir aux Indes orientales, comme Linné l'avoit avancé. On le trouve à l'état sauvage près d'Igueste, à 170 ou 200 toises de hauteur au-dessus du niveau de l'Océan. La plante épineuse de Lancerote, que M. Broussonnet a prise pour un Sonchus (T. I, p. 374), est le Prenanthes spinosa.—Le volcan de Lancerote, que j'avois jugé de 300 toises d'élévation (p. 171), d'après des angles pris sous voile, est la *Corona*, dont la hauteur, d'après une mesure barométrique très-exacte, est de 292 tois. La hauteur de la ville de la Laguna, qui n'avoit jamais été déterminée d'une manière précise (T. I, p. 221, et T. II, p. 225), est de 264 toises. Aucun mur circulaire de laves n'empêche, du côté du nord et de l'ouest, d'entrer dans le cratère du Pic de Ténériffe. Ce que j'ai dit de ce mur et de l'analogie entre le sommet du Pic et du Cotopaxi (T. I, p. 284) ne paroît pas exact. Aucune notion postérieure n'a confirmé l'assertion de M. Broussonnet (p. 372), que l'île de la Gomère renferme un noyau de granite et de schiste micacé ; mais M. Escolar, savant minéralogiste espagnol, a trouvé, à l'île de Fortaventure, un bloc de roche primitive syénitique. C'est une masse à base de feldspath renfermant des cristaux d'amphibole. M. de Buch a découvert, dans le grand cirque de l'île de Palma qu'il regarde comme l'ancien *cratère de soulèvement*, une autre roche primitive. Elle offre également une base feldspathique qui enchâsse des grenats et de l'actinote (strahlstein). Dans un ravin voisin on observe des blocs isolés de schiste micacé avec de l'amphibole. Les formations calcaires et gypseuses de Lancerote et de Fortaventure (p. 374) sont des couches subordonnées à la formation des tufs volcaniques. On y trouve même des bancs d'oolithes. D'après M. de Buch, auquel sont dues toutes les observations rapportées dans ce supplément, la température moyenne de Sainte-Croix de Ténériffe est de 71°,8 Fahr. ou 21°,8 cent. »

Dans cette *Relation historique*, toutes les indications de température sont comptées en degrés du thermomètre centésimal, si le contraire n'est pas expressément marqué. Les noms génériques et spécifiques des plantes imprimés en caractère *italique*, désignent des genres ou des espèces inconnus avant notre voyage, et décrits dans nos *Nova Genera et Species plantarum orbis novi*.

ERRATA.

Page 27, avant-dernière ligne, *au lieu* de 46° 46': *lisez* 66° 46'.

69, ligne 1, *au lieu* de Famants : *lisez* Flamants.

89, ligne 15, *au lieu* de N.60°O. : *lisez* N.60°E.

92, ligne 7, *au lieu* de l'est à l'ouest : *lisez* de l'ouest à l'est.

Dernière ligne, *au lieu* de T. I ; p. 50 : *lisez* T. I, p. 310.

94, ligne 9, *au lieu* de la première : *lisez* la seconde.

152, ligne 6, *au lieu* d'Indiens de castes : *lisez* d'Indiens et de castes.

155, ligne 12, *au lieu* de la population : *lisez* la population indienne.

177, ligne 16, *au lieu* du sud-est vers le nord-ouest : *lisez* du nord-est vers le sud-ouest.

TABLE DES MATIÈRES

CONTENUES DANS LE QUATRIÈME VOLUME.

LIVRE QUATRIÈME. *Pag.* 5

Chapitre X. Second séjour à Cumana.—Tremblement de terre.—Météores extraordinaires. *Ibid.*

Chapitre XI. Trajet de Cumana à la Guayra.—Morro de Nueva Barcelona.—Cap Codera.—Route de la Guayra à Caracas. 54

Chapitre XII. Vue générale sur les provinces de Venezuela.—Diversité de leurs intérêts.—Ville et vallée de Caracas.—Climat. 143

Chapitre XIII. Séjour à Caracas.—Montagnes qui avoisinent la ville.—Excursion à la cime de la Silla.—Indices de mines. 203

FIN DU QUATRIÈME VOLUME.

AVIS

Sur l'Atlas de la Relation historique et sur les éditions in-8°.

~~~~~~~~~~~

Ce quatrième volume de l'édition in-8°. termine le premier volume de l'édition in-4.° de la *Relation historique* du Voyage de MM. DE HUMBOLDT et BONPLAND.

L'Atlas géographique, physique et géologique qui accompagne cette dernière édition, *se vendant séparément*, pour mettre les personnes qui achèteront l'édition in-8°. à portée de connoître la composition de cet Atlas, on donne ici la Notice publiée par M. de Humboldt sur les cartes qui ont déjà paru.

A la suite de cette Notice, le public trouvera le prospectus général du Voyage et l'analyse de chacune de ses parties.

Il a été fait une édition in-8.° de celles qui ont paru propres à être publiées dans ce format; savoir:

Vues des Cordillères et Monumens des peuples indigènes de l'Amérique, par Alex. de Humboldt, avec 19 figures, dont plusieurs coloriées, 2 volumes.

Relation historique du Voyage, etc., rédigée par Alex. de Humboldt, vol. 1 et 2.

Ces 4 volumes se vendent ensemble 36 fr.

Les volumes 3 et 4 de la Relation historique du Voyage, etc. . . . . . . 12 fr.

Essai politique sur le royaume de la Nouvelle-Espagne, par Alex. de Humboldt, avec la carte du Mexique et des pays limitrophes, et un tableau représentant le profil du plateau de la Nouvelle-Espagne et du terrain qui s'étend de l'Océan-Pacifique jusqu'à la mer des Antilles, 5 vol. . . . . 40 fr.

La première édition in-8.° de cette partie est épuisée : la seconde est sous presse et paraîtra incessamment.

SUR LES MATÉRIAUX

QUI ONT SERVI POUR LA CONSTRUCTION

DE L'ATLAS

GÉOGRAPHIQUE ET PHYSIQUE;

Par A. DE HUMBOLDT.

La *Relation historique du Voyage aux régions équinoxiales du Nouveau-Continent*, dont cette livraison termine le premier vol. (éd. in-4.°), est accompagnée de deux Atlas, l'un *pittoresque*, l'autre *géographique* et *physique*. Le premier est depuis long-temps entre les mains du public : il porte le titre de *Vues des Cordillères et Monumens des peuples indigènes de l'Amérique*. Un texte explicatif est joint à chaque planche, et la réunion de ces morceaux détachés, mais intimement liés entre eux par la nature des objets qui y sont discutés, forme un ouvrage particulier. C'est un essai sur les traditions, les monumens et la division du temps des peuples à demi-barbares du Nouveau-Monde, comparés à ceux de l'Asie orientale.

Le second Atlas, celui des cartes géographiques et physiques, sera également accompagné d'un texte explicatif. Ce texte renfermera l'*Analyse raisonnée* des matériaux employés pour ce travail. En construisant les cartes qui composent l'Atlas des régions équinoxiales du Nouveau-Continent, je n'ai pas voulu me borner aux parties indispensablement nécessaires pour l'intelligence d'une Relation historique; j'ai eu en vue d'offrir aux géographes un grand nombre de résultats propres à rectifier la carte générale de l'Amérique. Comme ce travail est un de ceux auxquels je me suis livré avec le plus d'assiduité pendant le cours de mon voyage et depuis mon retour en Europe, et qu'il est intimement lié au *Recueil astronomique* [1] que j'ai publié il y a sept ans,

---

[1] *Recueil d'Observations astronomiques, d'opérations trigonométriques et de mesures barométriques*,

conjointement avec M. Oltmanns, il est de mon intérêt de mettre les savans en état de juger par eux-mêmes du degré de confiance que mérite cette partie de mes ouvrages. Je distinguerai surtout, comme je l'ai déjà fait dans l'*Analyse raisonnée de l'Atlas de la Nouvelle-Espagne*[1], ce qui se fonde, dans chaque carte, sur mes propres observations, de ce qui repose sur des matériaux inédits qui m'ont été communiqués par d'autres. C'est dans l'emploi de ces matériaux d'inégale valeur, dans la combinaison d'autorités qui ne sont pas toujours d'accord entre elles, que j'ai tâché de suivre les préceptes que d'Anville a donnés dans ses *Considérations générales sur les compositions géographiques* et dans deux mémoires célèbres insérés dans le *Journal des savans*[2] et les *Lettres édifiantes*[3].

faites de 1799 à 1804, rédigées et calculées par M. Oltmanns (2 vol. in-4.°). Le tableau des positions, d'après les trois coordonnées de longitude, de latitude et de hauteur, se trouve dans le premier volume, p. 1-30.

[1] *Essai politique sur le royaume de la Nouv. Esp.*, Tom. I, p. 1-xcii.

[2] Années 1750, mars, p. 175-188; avril, p. 210-226.

[3] *Ed. de 1781*, Tom. IX, p. 254.

Le Nouveau-Continent offre aujourd'hui près de 700 points dont la position est déterminée par des observations astronomiques. Ces points ont été calculés d'une manière uniforme, et d'après les tables les plus récentes, par M. Oltmanns, membre de l'académie de Berlin. Il est à regretter que ce travail de géographie astronomique, le plus étendu que nous possédions sur aucune partie du globe, n'ait presque point encore été mis à profit par ceux qui s'occupent de la construction des cartes. Parmi les 700 points discutés et examinés avec soin, il n'y en a que 235 qui soient les résultats de mes propres observations : mais ces résultats offrent d'autant plus d'intérêt qu'ils appartiennent presque tous à la géographie de l'intérieur des terres. Les colonies espagnoles renferment une surface de terrain de 468,000 lieues carrées de 25 au degré, c'est-à-dire dix-huit fois autant que la surface de la France. Dans cette vaste étendue, des provinces entières ne présentent pas plus de points dont la latitude soit connue par des hauteurs circumméridiennes, que la Perse, l'Asie-Mineure ou les montagnes centrales de l'Atlas. En jetant les yeux sur l'état de la géographie de l'Amérique équinoxiale, on voit qu'il n'y a que celle des côtes qui ait fait des progrès rapides de nos temps. Quant à l'intérieur des provinces les plus fréquentées par les Européens, les cartes ne s'en perfectionnent qu'avec une lenteur extrême; et si l'on fait le relèvement exact des positions astronomiques, on aperçoit que, pendant le cours d'un demi-siècle, le nombre de ces positions augmente à peine sensiblement. A l'exception de la province de Quito, aucune partie de l'Amérique équinoxiale n'est connue comme le sont déjà les parties les plus reculées de l'Inde.

Dans cet état de la géographie du Nouveau-Monde, les matériaux que j'ai rapportés de mes courses, offriront sans doute quelque intérêt à une époque où la lutte des colonies avec les métropoles fixe l'attention de l'Europe. Les cartes que j'ai tracées d'après mes propres observations, présentent des changemens considérables dans la longitude de la ville de Quito, que d'Anville et La Condamine avoient crue exacte jusqu'à 7 ou 8 minutes en arc [1], dans le royaume de la

[1] La Condamine avoit communiqué une note à

Nouvelle-Grenade, dans les provinces de Popayan et de Los Pastos, dans le cours de l'Orénoque et l'intérieur du Mexique [1]. Les

d'Anville (*Journal des Savans*, 1750, p. 176), d'après laquelle la ville de Quito devoit être placée « définitivement, et sans craindre l'erreur d'un quart de degré en longitude, entre 80° 22′ et 80° 30′ à l'ouest du méridien de Paris. » La fausse position des villes de Quito et de Mexico a eu une influence funeste sur la configuration des pays limitrophes. Dix-neuf distances de la lune au soleil, que j'ai prises à Quito et qui ont été calculées d'après les tables de Bürg, donnent 81° 6′ 30″. Les séries des deux jours ne diffèrent de la moyenne que de 2 à 3 minutes en arc, et M. Oltmanns a prouvé, en soumettant au calcul toutes les anciennes observations d'éclipses de lune et de satellites de Jupiter, faites lors de la mesure du degré équinoxial que, d'après les seules observations des académiciens françois et espagnols, on trouve aussi pour la longitude de Quito 81° 5′ 3″. Ce résultat diffère de 50′ 30″ en arc de celui qui a été adopté dans la *Connoissance des temps*, avant la publication de mon *Recueil d'Observations astronomiques*, Tom. II, p. 319-358.

[2] Pour apprécier les changemens que la géographie mexicaine a subis dans ces derniers temps, il faut comparer les 20 planches contenues dans mon *Atlas de la Nouvelle-Espagne* avec la carte d'Alzate, publiée à Paris par l'académie des sciences, et regardée avec

parties les plus sauvages de l'Amérique méridionale, par exemple les bords du Guainia ou Rio Negro, qui reçoit le Cassiquiare, offroient des erreurs en latitude qui s'élevoient à plus d'un degré; dans d'autres parties plus fréquentées du continent, les erreurs en longitude étoient de 1° 30', même de 2°. Pour justifier des corrections aussi importantes, il a fallu mettre les astronomes en état de pouvoir examiner la précision de mes observations partielles et les limites des erreurs dont elles ont été susceptibles. La majeure partie de ces observations ayant été faites sur les bords des grands fleuves qui traversent l'Amérique méridionale du sud au nord et de l'ouest à l'est, le cours de ces rivières m'a servi pour appuyer, comme sur des points

raison, à l'époque de mon voyage, comme la carte la plus exacte de ce vaste pays. (*Nuevo Mapa de la America septentrional perteneciente al Vyrreynato de Mexico por Don Joseph Antonio de Alzate y Ramirez.*) La ville de Mexico étoit indiquée, dans la *Conn. des temps* pour 1772, par long. 106° 1' 0"; dans la *Conn. des temps* pour 1804, long. 102° 25' 45". Sa véritable longitude est, d'après mes observations, 101° 25' 30"; par celles de M. de Galiano, 101° 26' 0".

fixes, un nombre considérable de lieux placés dans l'intérieur des terres. Partout j'ai comparé mes résultats à ceux qui ont été publiés par le *Deposito hidrografico de Madrid*, soit dans les belles cartes des côtes de l'Amérique espagnole, soit dans les deux volumes qui portent le titre de *Memorias sobre las observaciones astronomicas hechas por los Navegantes Españoles in varios lugares del globo* [1], et que l'on ne sauroit assez recommander aux géographes.

L'état de guerre dans lequel se trouve aujourd'hui une grande partie des colonies,

---

[1] Madrid, 1809. J'ai discuté les points qui ont été simultanément déterminés par les navigateurs espagnols et par moi dans l'Introduction de mon *Recueil d'Observ. astron.*, Tom. I, p. XXXIV-XLVII. Je puis ajouter aujourd'hui que l'habile astronome espagnol, don Joaquin de Ferrer, ayant soumis récemment à un examen approfondi la longitude de la Havane, l'a trouvée de $5^h 38' 49''$. (*Conn. des temps* pour 1817, p. 330). J'avois trouvé, par des éclipses de satellites, $5^h 38' 50''$ (*Recueil d'Observ. astron.*, Tom. II, p. 53), à une époque où, par le transport du temps de la Vera-Cruz, M. de Ferrer crut la Havane par les $5^h 38' 9''$. (*Zach, Ephemer.*, Tom. II, p. 233.)

contribuera probablement au perfectionnement des cartes de l'intérieur. On dressera des journaux de route, on fera des reconnoissances militaires, on appréciera les erreurs de distances et de gisemens; mais, pour tirer parti de tant de nouveaux matériaux, il faudra toujours avoir recours aux observations astronomiques faites dans des temps plus calmes. Nous nous flattons que les cartes de cet Atlas offrent un certain nombre de points fixes, qui contiendront, entre de justes limites, les levées partielles. Partout les guerres ont forcé les gouvernemens à s'occuper du perfectionnement de la géographie; et, d'après le témoignage du colonel Mudge[1], ce sont les événemens qui ont précédé la bataille de Culloden qui ont donné lieu, en 1747, au relèvement trigonométrique de l'Écosse.

L'Analyse raisonnée de mon Atlas ne pouvant être donnée au public qu'avec la prochaine livraison, je me contenterai ici de rappeler les cartes qui ont déjà paru, et dont le nombre s'élève à 9.

[1] *Trigonometrical Survey of England*, Vol. I, p. 2.

Pl. I. *Limite inférieure des neiges perpétuelles.*

La ligne horizontale indique les degrés de latitude depuis 10° sud jusqu'à 75° nord. Les quatre groupes de montagnes, les Andes de Quito, les Cordillères du Mexique ou de l'ancien Anahuac, les Alpes de la Suisse et les montagnes de la Norwège, sont projetés sur un même méridien. Ce n'est que dans ces derniers temps qu'on a appris à connoître avec précision la limite des neiges perpétuelles sur les bords de la zone torride, par les 19° et 20° de latitude, et au-delà du cercle polaire. On a cru long-temps que cette limite indiquoit la hauteur d'une couche d'air dont la température moyenne de l'année étoit le point de la congélation de l'eau. Des observations multipliées ont prouvé que la courbe des neiges n'est pas une *courbe isotherme.* Il paroît qu'à la limite inférieure des neiges éternelles, la température moyenne de l'air est sous l'équateur $+1°,5$; dans la zone tempérée $-3°,7$; par les 68°-69° de latitude $-6°$. Comme la chaleur des hautes régions de l'atmosphère dépend du rayonnement des plaines et de leur *chaleur normale*, on conçoit que, sous les mêmes parallèles géographiques, on ne peut trouver, dans le système des climats transatlantiques (par exemple sur la pente des Montagnes Rochenses, à l'ouest du Missoury), les neiges à la même hauteur au-dessus du niveau de l'Océan, que dans le système des climats européens. La planche I réunit les montagnes équatoriales du Nouveau-Monde et les montagnes des zones froide et tempérée de l'ancien. Les phénomènes qui ont rapport à la hauteur des neiges se trouveront discutés dans un ouvrage intitulé [1] : *Des lignes isothermes et de la distribution de la chaleur sur le globe*, dont je viens de publier un extrait dans le troisième volume des *Mémoires de la Société d'Arcueil*.

Pl. II. *Géographie des plantes du Pic de Ténériffe.*

Ce tableau physique des îles Canaries offre les diverses zones de la végétation, les hau-

---

[1] Cet ouvrage, la nouvelle édition de la Géographie des plantes, et le Recueil de mes observations faites

teurs des points les plus importans pour la géologie, et les températures moyennes. C'est l'ouvrage d'un voyageur célèbre, M. Léopold de Buch, qui, après avoir visité les glaces du Cap Nord en Laponie, a fait récemment un long séjour dans l'archipel des Canaries, conjointement avec M. Smith, natif de la Norwège, naturaliste de l'expédition du Congo. (*Voyez* le Supplément du premier volume de la *Relation historique*, p. 639.)

Pl. XV. *Cours de l'Orénoque, depuis le Rio Sinaruco jusqu'à l'Angostura.*

Le cours de l'Orénoque est si extraordinaire dans ses trois inflexions, de l'est à l'ouest, du sud au nord et de l'ouest à l'est, que, pour le représenter sur une grande échelle, il est nécessaire de le partager en plusieurs sections. La carte XV offre le *Bas-Orénoque* ou la partie du fleuve qui fait la communication entre

---

sur l'inclinaison de l'aiguille, les variations horaires de la déclinaison et l'intensité des forces magnétiques, seront publiés dans la *cinquième Section*, portant le titre de *Physique générale*.

la capitale de la Guiane (Saint-Thomas ou l'Angostura) et la province de Varinas sur les bords de l'Apure. Au nord suivent, de l'est à l'ouest, les immenses savanes (*Llanos*) de Cumana, de Nueva Barcelona et de Caracas ou Venezuela. J'ai fait le premier croquis de cette carte à l'Angostura, après mon retour du Rio Negro, au mois de juin 1800. Je n'ai pas voulu étendre le cours du fleuve vers l'est, jusqu'à ce dédale de canaux qui forment l'embouchure de l'Orénoque, parce que mes observations astronomiques ne s'étendent pas au-delà du méridien de 66° 15′. Je donnerai une esquisse des bouches de l'Orénoque, d'après des matériaux inédits, dans la *Carte des Missions du Rio Carony*. Les fondemens de la planche XV sont les déterminations de latitude et de longitude que j'ai faites à la bouche du Rio Apure, à San Rafael del Capuchino, au port de Los Frailes, à Muitaco, à Saint-Thomas de la Guayana et à la Villa del Pao. (Voyez *Obs. ast.*, T. I, p. 217, 244-256.)

Pl. XVI. *Carte itinéraire du Cours de l'Orénoque, de l'Atabapo, du Cassiquiare et du Rio Negro, offrant la bifurcation de l'Orénoque et sa communication avec la rivière des Amazones.*

Nous sommes parvenus, M. Bonpland et moi, par l'intérieur des terres, des côtes de Cumana et de Caracas aux frontières du Brésil. La carte XVI, qui offre la partie la moins connue de l'Amérique méridionale, et qui se lie par le confluent du Sinaruco à la carte du Bas-Orénoque, est le fruit de ce voyage long et pénible. Il suffit de tracer la route que nous avons suivie de Cumana à San Carlos del Rio Negro par Caracas et les cataractes, et de San Carlos del Rio Negro à Cumana par ces mêmes cataractes et Saint-Thomas de la Nueva Guayana, pour faire entrevoir comment j'ai pu lier, au moyen du transport du temps, les points de l'intérieur à ceux de la côte, surtout à Cumana et à Caracas, deux villes dont les positions sont fondées sur des observations d'éclipses de soleil, de satellites de Jupiter et de distances lunaires. (*Obs. astr.*, p. 157-278.)

Partis de Caracas au mois de février, nous traversâmes les vallées d'Aragua et les steppes (*Llanos*) de Calabozo, région de pâturages qui sépare la partie cultivée de Venezuela de la région des forêts et des missions. A San Fernando de Apure (Pl. XVIII), nous nous embarquâmes pour descendre le Rio Apure jusqu'à son embouchure dans l'Orénoque, vis-à-vis de la métairie de San Rafael del Capuchino. Après avoir remonté l'Orénoque et franchi les cataractes d'Atures et de Maypures, terme du voyage de ceux qui ont donné des descriptions de l'Orénoque (les PP. Gumilla, Caulin et Gili), nous quittâmes ce fleuve à sa jonction avec le Guaviare et l'Atabapo. Nous remontâmes l'Atabapo, le Temi et le Tuamini jusqu'au village indien de Javita; de là nous fîmes porter notre canot à travers la forêt jusqu'au Caño Pimichin, qu'un isthme de 6000 toises sépare du Tuamini. Nous entrâmes, par le Pimichin, dans le Rio Negro, et nous descendîmes cette dernière rivière jusqu'au fort de San Carlos, que l'on avoit cru jusque-là placé tout près de l'équateur. Depuis le fort de San Carlos, nous remontâmes d'abord le Rio Negro, et puis le Cassiquiare, bras de l'Orénoque qui communique avec le Rio Negro et fait la jonction si contestée de l'Orénoque avec l'Amazone. Rentré dans l'Orénoque par le Cassiquiare, nous le remontâmes jusqu'au Rio Guapo et à l'Esmeralda, la plus isolée de toutes les missions de la Guiane. De l'Esmeralda, nous descendîmes l'Orénoque en vingt-deux jours (en passant de nouveau le confluent du Guaviare, les cataractes d'Atures et l'embouchure de l'Apure) jusqu'à Saint-Thomas de la Nueva Guayana où siége le gouverneur de la province. En suivant, dans ma carte itinéraire, cette navigation de cinq cents lieues marines sur les grands fleuves de l'Orénoque, de l'Atabapo, du Rio Negro et du Cassiquiare, on voit que nous avons constaté, M. Bonpland et moi, la bifurcation de l'Orénoque, et fait disparoître les doutes qu'on avoit élevés de nouveau, à l'époque de mon voyage, sur la communication de l'Orénoque avec le Rio Negro et la rivière des Amazones. La bouche de l'Apure a été liée à Caracas, comme Saint-Thomas de la Nueva Guayana à Cumana [1].

[1] Cumana et Caracas se fondent sur des observations purement célestes. L'Orénoque, le Rio Negro

Les doubles observations faites dans les mêmes lieux, en remontant et en descendant l'Orénoque, ont servi à apprécier l'étendue des erreurs en longitude dont les points intermédiaires peuvent être affectés. La marche du chronomètre de Louis Berthoud, n.° 27, dont je me suis servi, a été si uniforme dans les canots, pendant la navigation sur les rivières, que les doubles observations faites dans les cataractes et à San Fernando de Atabapo, après l'intervalle d'un mois, donnent, pour le retard diurne, $28''{,}0$ et $27''{,}9$. Deux mois plus tard, à l'Angostura, le retard étoit encore $27''{,}9$. Pour juger des changemens que mes observations ont apportés au tracé du cours de l'Orénoque, il faut recourir à la carte du père Caulin et à celle de La Cruz Caño y

et le Cassiquiare présentent un système de longitudes rapporté à la seule *Bocca del Apure*. Les doutes que l'on pourra élever un jour sur la longitude de cette *Bocca* ne produiront d'autre effet que celui qui est produit par toute incertitude sur un *premier méridien*. On peut changer la *position absolue* de tout le système des rivières de la Guiane espagnole, sans que la *position relative* des missions en soit affectée. (*Observ. astr.*, Vol. I, p. 264.)

Olmedilla, qui ont donné naissance à toutes les cartes publiées de nos jours. La Cruz, en 1775, a copié et probablement défiguré les plans manuscrits de Solano. La carte du père Caulin, avant de paroître en 1778, avoit de même déjà été défigurée par son éditeur, don Luis de Surville, second archiviste de la secrétairerie d'état sous le ministère du comte de Galvez. On n'a qu'à étudier avec soin l'ouvrage estimable du père Caulin qui, comme aumônier, avoit accompagné, en 1756, l'expédition d'Iturriaga et de Solano, pour reconnoître de fréquentes contradictions entre le texte de la *Historia corografica de la Nueva Andalusia* et la carte de Caulin publiée par Surville. Les dernières notions sur l'origine de l'Orénoque et sur le lac ou les lacs Parime, placés tantôt 3°, tantôt 7° à l'est de l'Esmeralda, sont dus à des rapports en partie confus, en partie mensongers, recueillis par le gouverneur don Manuel Centurion et par d'autres personnes également crédules qui ont visité le Rio Paragua jusqu'au Guirior. Je discuterai ce point, très-important pour la géographie, dans le second volume de la *Relation historique* : je tâcherai surtout d'expliquer comment, en confondant *ce qui a été vu* avec ce que l'on a *conclu* de données purement hypothétiques, les mêmes rapports officiels de l'expédition de Solano, placés entre les mains de La Cruz, de Caulin et de Surville, ont pu donner lieu à des cartes entièrement différentes. Il suffit ici de faire observer en général que, d'après les observations astronomiques que j'ai faites sur les rives de l'Orénoque et du Rio Negro, les erreurs[1] de la carte de Caulin et de Surville s'élèvent, pour la cataracte de Maypures, en longitude, à 0°32′27″, en latitude, à 17′32″; pour San Fernando de Atabapo, en longitude, à 1°16′46″; pour l'Esmeralda, en longitude, à 2°13′19″, en latitude, à 27′0″; pour San Carlos del Rio Negro, en longi-

---

[1] Il n'est pas probable que les officiers chargés des déterminations astronomiques aient observé dans les endroits que nous citons, et qui sont cependant des plus remarquables. D'après le père Caulin (*Corografia*, p. 71), on n'observa qu'à Muitaco, à Atures, et peut-être à San Fernando de Atabapo. Dans ces trois endroits, les erreurs s'élèvent en latitude à peine à 2 ou 3 minutes. Mais comment a-t-on si mal lié entre eux les points intermédiaires ?

tude, à 2°40′39″; en latit., à 59′42″. Caulin indique assez bien le cours général de l'Orénoque et sa jonction avec l'Amazone, mais il recule trop vers l'est et le sud tous les lieux habités. Sa carte est d'ailleurs surchargée de noms de rivières et de montagnes qui n'existent pas [1], tandis que l'on y cherche en vain cette haute chaîne granitique qui s'étend du Duida vers les cataractes, du S. E. au N. O. On ne doit pas s'étonner de trouver d'énormes erreurs en latitude et en longitude au-dessus de San Fernando de Atabapo. D'après les renseignemens que j'ai pris sur les lieux, et les manuscrits de don Apollinario Diez de la Fuente [2], que je me suis procurés sur les rives

---

[1] D'autres noms, et les plus remarquables, y sont méconnoissables. On y lit Atropiche pour Orocopiche, Aredato pour Erevato, Orochuma pour Arichuna, Caviani pour Cabullare.

[2] Nous avons herborisé, M. Bonpland et moi, entre le Rio Sodomoni et le Rio Guapo, avec des Indiens qui avoient connu don Apollinario Diez. Il fonda la mission de l'Esmeralda, et se donna alors le titre pompeux de *Capitan poblador* du Haut-Orénoque, et *Cabo militar* du fort du Cassiquiare. Ce fort consistoit en quelques troncs d'arbres réunis par des planches.

de l'Amazone, à Tomependa, et dans un couvent à Quito, les instrumens astronomiques de l'expédition d'Iturriaga restèrent au nord des cataractes d'Aturès, ou, s'ils furent portés plus loin, ils ne dépassèrent pas la bouche de l'Atabapo. Personne n'avoit observé avant mon voyage, soit à l'Esmeralda sur les rives du Haut-Orénoque, soit le long du Cassiquiare, soit à San Carlos del Rio Negro. Une carte manuscrite de M. Requena[1], que

Diez fut dans la suite gouverneur de la province de Quixos et (comme il connoissoit les *aires de vent* d'une boussole) *Cosmographe* de l'Expédition des limites. On doit craindre qu'il n'ait eu beaucoup d'influence sur la construction des cartes du Haut-Orénoque. Le père Gili le rencontra au retour d'un voyage fait pour découvrir les sources de cette rivière (*Saggio di Storia americana*, Tom. I, p. 19 et 324.) A cette époque, Diez n'avoit aucune notion du lac Parime ou d'un lac quelconque dont puisse sortir l'Orénoque.

[1] *Mapa de una parte de la America meridional, en que se manifiestan los payses pertenecientes al N. R. de Grenada, y Capitania General de Caracas que confinan con los establecimientos de S. M. Fidelissima por el Ten. Coronel y Ingen. ordin. Don Franc. Requena, Primer Comissario de la quarta Partida de la Exped. de limites, Governador y Comend. general de la Prov.*

j'ai copiée pendant mon séjour à Quito, place San Jose de los Maravitanos au-delà des frontières du Brésil, par 1°30′ de latitude. Comme les observations les plus septentrionales des astronomes portugais attachés à l'*Expédition des limites* ne dépassent pas l'équateur, et que la carte de Requena place San Carlos del Rio Negro 20′ trop au nord, j'ai cru devoir changer les positions au sud de la caverne de Cocuy.

La Pl. XVI offre en même temps les esquisses que j'ai faites sur les lieux du lac de Vasiva et de la cataracte de Maypures. J'ai voulu montrer, par l'une de ces esquisses, comment, en réunissant le Caño Toparo au Cameji, on pourra éviter les rapides de Maypures et faciliter la navigation. Comme ma carte itinéraire de l'Orénoque paroît aujourd'hui pour la première fois, je dois rappeler ici qu'une partie des matériaux et des données

de Maynas, 1783. Cette carte manuscrite s'étend sur 24° de longitude, de 10° de latitude nord à 8° latitude sud. La partie qui comprend l'Orénoque est infiniment vague et inexacte : mais on y trouve marquées les observations des astronomes portugais dans le Rio Yapura.

partielles ont été publiés dès mon retour en Europe, soit par moi, dans le *Recueil d'observations astronomiques* et dans une petite carte jointe à un Mémoire sur la *bifurcation des rivières*[1], soit par M. Poirson et d'autres ingénieurs-géographes auxquels je les avois communiqués.

Les matériaux inédits que je possède sur les montagnes qui s'étendent à l'est du Rio Padamo vers le Rio Esquibo, où les *Sierras* de Quimiropaca et de Pacaraimo divisent les versans du Bas-Orénoque et du Rio Negro (les eaux du Paraguamuzi et du Rio Parime ou Rio de Aguas Blancas), seront publiés dans la Planche XIV. J'y tracerai la route qu'a suivie don Antonio Santos, employé dans la dernière expédition qu'a tentée le gouverneur Centurion pour la découverte du lac Parime et du Dorado. Cet officier intrépide est parvenu, presque nu et peint d'Onoto comme un Caribe, des missions de Caroni, au Rio Negro par le Rio Parime, sans tou-

---

[1] Ce Mémoire, qui m'est commun avec M. de Prony, est inséré dans le *Journal de l'École polytechnique*, Tom. IV, Cah. 10, p. 65.

cher les rives de l'Orénoque. Selon le père Caulin et les discussions très-judicieuses de M. Malte-Brun [1], ce sont les inondations du Rio Parime qui ont donné lieu aux récits fabuleux de la Laguna del Dorado. D'après des notions que j'ai acquises, sur les frontières du Brésil, par des Indiens et des Portugais qui venoient de San Jose de Maravitanos au fort espagnol de San Carlos du Rio Negro, le Rio Tacucu ou Tacutu (branche du Rio Parime) sort d'un lac très-considérable. Ce Tacutu se retrouve dans les journaux de route de Santos, sous le nom de Mao, recevant, par le Caño Pirara, une partie de ses eaux du lac Parime, situé dans le pays des Indiens Macusis. Or, on a remonté le Carony, le Paragua et le Paraguamuci, traversé la Cordillère de Quimiropaca qui va de l'est à l'ouest, et descendu, du nord au sud, le Curiacara et le Rio Parime jusqu'à son confluent avec le Mao, laissant loin à l'est les lacs de Pumacena et de Parime, si toutefois ils existent comme des lacs permanens. Il ne peut par consé-

---

[1] *Précis de la Géographie universelle*, Tom. V, p. 523.

quent pas rester douteux que l'Orénoque naît *à l'ouest* du Rio Parime, et que cette rivière l'empêche tout aussi bien de tirer ses eaux de lacs situés dans le pays des Indiens Macusis, que le cours de la Saone empêcheroit la Loire d'avoir sa source dans le lac de Genève. Ces considérations suffisent pour prouver les fictions des cartes de Solano et de La Cruz. Quant à la carte de Surville, moins inexacte dans l'indication du cours de Rio Parime, elle confond l'Orénoque avec les rivières qui tombent dans l'Orénoque, avec l'Ocamo et le Mavaca, séparé de l'Idapa ou Siapa par le portage de l'Unturan.

Quoique la carte de l'Amérique méridionale de d'Anville soit extrêmement inexacte dans les latitudes [1] assignées à différens points sur les rives de l'Orénoque, on doit être surpris que d'Anville connut mieux à Paris, en 1748, la bifurcation de l'Orénoque et sa communication avec le Rio Negro, que les

---

[1] Les erreurs de d'Anville sont, à la bouche de Meta, de 1° 43′; à San Fernando de Atabapo 1° 11′; à l'Esmeralda, où se sépare le Cassiquiare, de 1° 13′ en latitude. Il connoissoit bien d'ailleurs le Mao et le Pirara.

Jésuites à Quito. Dans la carte très-rare, gravée à Rome en 1751, sous le titre : *Provincia Quitensis Societatis Jesu in America auctor. Carolo Brentano et Nicolao de la Torre*, le Rio Negro est encore figuré comme un bras de l'Orénoque. Il se sépare là où est située aujourd'hui la mission de Santa-Barbara. D'Anville, au contraire, trace très-bien le cours du Cassiquiare comme un canal qui réunit l'Orénoque et le Rio Negro. Il nomme la partie la plus méridionale du Cassiquiare Rio Branco, comme s'il le confondoit (d'après des notions vagues sur le Pacimony, le Baria, le Cunimiti et le Cababury) avec le Rio Parime ou Rio de Aguas Blancas. L'erreur du point de communication entre le Rio Negro et le Cassiquiare, bras de l'Orénoque, s'élève, sur la carte de d'Anville, à 2°25′ en latitude et à 1°49′ en longitude.

Pl. XVIII. *Embranchemens des Rivières situées entre l'Apure et le Meta.*

La Villa de San Fernando de Apure, l'embouchure de l'Apure dans l'Orénoque et le confluent du Meta [1], sont des points que j'ai déterminés par des moyens astronomiques. Le cours de l'Apure, à l'est de San Fernando, a été relevé en descendant la rivière, et ce relèvement sera publié séparément sur une plus grande échelle. Le dédale de fleuves entre l'Arauca et l'Apure, les embranchemens du Biruaca, Catamaica, Cabullare, Payare et Apure Seco, ont été tracés en partie d'après les croquis que j'ai formés pendant mon séjour à San Fernando, en partie d'après un plan de près de trois pieds en carré, que don Jose Rodriguez, Alcalde de cette *Villa* (avec lequel j'ai passé de Cumana à la Havane), a bien voulu me communiquer. Ce plan indiquoit jusqu'aux cabanes isolées dans les savanes. La différence de latitude entre les bouches de l'Apure et du Meta, et les petites rivières que traverse le chemin de San Fernando à San Francisco de Capanaparo, m'ont donné les moyens de contenir

---

[1] J'ai obtenu, à la bouche du Meta, une observation de longitude, mais point d'observation de latitude. Nous avons bivouaqué un peu au-dessus du Rio Horeda. Les nuages nous dérobèrent la vue des étoiles.

entre de justes limites les détails du tracé, et de corriger les distances itinéraires.

En comparant le cours de l'Apure, de l'Arauca, du Capanaparo et du Sinaruco, tel qu'il est tracé sur ma carte et sur celles de La Cruz et d'Arrowsmith, on verra combien cette partie de l'hydrographie a été incertaine jusqu'ici.

Pl. XIX. *Cours du Rio Meta et d'une partie de la chaîne orientale des montagnes de la Nouvelle-Grenade.*

La grande rivière du Meta, qui débouche dans l'Orénoque, lie pour ainsi dire le royaume de la Nouvelle-Grenade à la Guiane espagnole et à la province de Caracas. Elle parcourt les plaines qui séparent les Cordillères de Santa-Fe de Bogota et de Pamplona des montagnes granitiques de la Parime. C'est le canal par lequel un jour les farines produites sur le plateau de l'ancien Cundinamarca trouveront un débouché pour parvenir aux régions chaudes des provinces de Venezuela, de Nueva Barcelona et de Cumana. La carte indique l'état actuel des établissemens chrétiens sur les rives du Meta, les limites entre le pays habité par des Indiens civilisés et le désert exposé aux incursions fréquentes des sauvages. Elle renferme 15 points dont j'ai déterminé la position par des moyens astronomiques, savoir à l'est:

Embouchure du Rio Meta, lat.	6°20′ 0″; long.	70° 4′
Ile Panumana	5 41 3	70 8
Rapides d'Atures	5 37 34	70 19
Rapides de Maypures	5 13 32	70 37

à l'ouest:

Santa-Fe de Bogota, lat.	4°35′48″; long.	76°34′ 8″
Fusagasuga	4 20 31	76 50 7
Honda	5 11 45	77 13 7
Mariquita	5 13 6	77 21 51
S. Ana	5 7 0	77 25 42
Guaduas	5 4 4	77 8 13
Détroit de Carare	6 12 25	76 57 57
Ile de Bruxas	6 55 51	76 14 27
San Bartholomè	6 35 46	76 29 0
Narès	6 9 49	77 1 3
Guaramo	5 34 27	77 3 9

D'autres points, dont la latitude n'a été fixée que par des moyens gnomoniques, ont servi à corriger la direction des Cordillères. Ces observations gnomoniques sont de M. don Carlos Cabrié, officier très-instruit du corps des ingénieurs de S. M. C. La hauteur de son gnomon a été telle, que la limite moyenne des erreurs ne peut être que de 4' à 5', comme le prouve la comparaison de mes observations astronomiques, faites sur les rives de la Madeleine, avec les résultats gnomoniques obtenus par Bouguer [1].

Les sources du Rio Meta, les plaines de l'Apiay et l'embarcadère du Pachaquiaro, auquel on parvient par le chemin de la Cabulla, ont été assujettis en longitude à la position de Santa-Fe de Bogota et du Paramo de la Suma Paz, point central de la Cordillère de Cundinamarca. J'avois ajouté, en publiant cette carte dans la première livraison de cet Atlas, la position des missions ou établissemens chrétiens d'après les renseignemens recueillis près de la bouche du Meta, dans les cataractes de l'Orénoque et à Santa-Fe de Bogota. Depuis cette époque, j'ai eu, par les soins empressés de M. *don Manuel Palacio-Faxardo*, des

---

[1] Bouguer trouva, par des gnomons, les latitudes de Monpox et de Honda 9° 19' et 5° 16'. (*Figure de la terre*, p. 83.) Des observations d'étoiles me les ont données 9° 14' 11" et 5° 11' 45". (Voyez mes *Obs. astr.*, Tom. II, p. 195 et 211.)

matériaux extrêmement précieux, le Journal de route du chanoine *don Joseph Cortès Madariaga* de Santa-Fe de Bogota à Caracas par le Rio Meta, et la carte détaillée qui accompagne ce Journal de route. D'après ces nouvelles données, j'ai rectifié toute la partie de la Pl. XIX qui représente le cours du Meta, et c'est cette carte rectifiée que renferme la seconde livraison de mon Atlas[1]. La suite des villages étoit exacte dans la première édition, de même que les longitudes des confluens du Rio Negro et du Casanare avec le Meta ; mais les distances relatives d'une mission à l'autre l'étaient si peu que, pour Casimena et Surimena, l'erreur s'élevoit à 1° en longitude. En réunissant des parties dont les unes avoient été vues en remontant, les autres en descendant le fleuve, les distances devoient être sujettes à des erreurs qui tendoient tantôt vers l'est, tantôt vers l'ouest. Comme aucune observation astronomique n'a

---

[1] Le lecteur est invité de substituer la Pl. XIX, qui porte le nom de M. Madariaga, et qui est donnée une seconde fois *aux frais des éditeurs*, à l'épreuve ancienne sur laquelle manque ce nom.

eté faite sur les rives du Meta, et que M. Cortès Madariaga n'a aussi pu juger des différences en latitude et en longitude que par la direction du chemin et le temps employé dans la descente de la rivière, j'ai commencé à examiner la valeur des *lieues* sur lesquelles se fondent les évaluations partielles. Le chanoine compte de la bouche du Meta à Bahia Cortès (c'est ainsi qu'il propose de nommer le point où le Meta prend son nom par la réunion du Rio Negro et de l'Umadea) 7°50′ de longitude. Or, d'après mes observations astronomiques faites à Santa-Fe de Bogota et au confluent du Meta et de l'Orénoque, ces 7°50′ n'équivalent qu'à 4°46′. Cette réduction (presque de 3 à 2) m'a servi à resserrer les distances entre de justes limites. En prenant pour point de départ la bouche du Meta (long. 70°4′), on placeroit, d'après la carte manuscrite, la bouche de l'Umadea par les 77°54′ de longitude, c'est-à-dire 1°20′ à l'*ouest* du méridien de Santa-Fe. Lorsque j'ai trouvé des différences entre les évaluations du Journal et le tracé de la carte (qui a près de 4 pieds de long), j'ai suivi le Journal de route. Je pense que c'est rendre hommage au zèle éclairé qu'a montré M. Cortès Madariaga pour les progrès de la géographie américaine, que d'employer les matériaux précieux qu'il nous a fournis d'après les règles et la méthode prescrites pour la construction de bonnes cartes géographiques.

Les hauteurs des lieux au-dessus du niveau de la mer se fondent sur mes propres observations barométriques. Celle de Honda a été rectifiée d'après M. Caldas. Pamplona, dont l'élévation est de 1255 toises, a été ajoutée d'après le *Semanario de Santa-Fe*, T. I, p. 273.

Pl. XX. *Missions du Rio Caura.*

J'ai esquissé cette carte du Rio Caura, d'après les renseignemens que j'ai pris dans les missions de l'Orénoque et au couvent des Pères de l'*Observance de Saint-François* à Nueva Barcelona. J'ai placé l'embouchure de la rivière par 60°42′ de longitude. Voici les fondemens de cette position : 1.° Mes observations astronomiques donnent au Torno 67°15′, et à Cabruta (par la métairie de San Rafael del Capuchino) 69°3′. D'après les airs de vents indiqués dans un journal de route très-exact de 1772, il y a du Torno à la bouche de Caura 7,5 ; de cette bouche à Cabruta 19,5 parties, d'où résulte qu'une de ces parties équivaut à 4', et que la bouche du Caura se trouve par les 67°45' de longitude. 2.° D'après la carte du P. Caulin, il y a de la bouche du Caura à Real Corona 35' ; de la bouche à San Rafael 75'. Cette distance de 1°50' se réduit à 2° par mes observations chronométriques ; donc la bouche de Caura est par Real Corona 67°43' de long. 3.° Des méthodes semblables donnent, d'après la carte de La Cruz, par Angostura et Cabruta 67°36'. Les missions du Rio Caura, à cause de la direction de cette rivière, du S.S.E. au N.N.O., sont du plus grand intérêt pour la civilisation des peuples sauvages de la Guiane. Les indigènes ont abandonné les rives de l'Orénoque, et on ne peut aujourd'hui se rapprocher d'eux et découvrir l'intérieur d'un pays si inculte, que par les établissemens formés progressivement sur les rives du Carony, du Paragua, du Caura, de l'Erevato, du Ventuari et du Padamo.

Pl. XXVIII et XIXX. *Volcan de Jorullo.*

Le vif intérêt qu'inspire, dans l'état actuel de la géologie, tout ce qui a rapport à des *soulèvemens* volcaniques, m'a engagé à publier les plans et les coupes que j'ai tracés dans les plaines malsaines de Jorullo. (*Essai pol. sur la Nouv. Esp.*, T. I, p. 248.) La Pl. XXVIII offre une coupe à travers le terrain bombé et soulevé (Malpays) et le grand volcan de Jorullo, selon une ligne dirigée N.15°E. L'échelle des distances est à celle des hauteurs comme 3 à 2. La Pl. XXIX représente à la fois le *plan* levé d'après la méthode hypsométrique (des bases verticales et des angles de hauteur), la *vue pittoresque* des volcans, et dans une *coupe* l'étendue de la masse soulevée (A E B). Il faut se rappeler que la coupe ACB est dirigée N.40°O. presque à angle droit avec celle de la Pl. XXVIII, et que dans A E B l'échelle des distances est égale à celle des hauteurs. Des angles que j'ai pris entre les sommets des six grandes buttes volcaniques, ont servi à déterminer la masse soulevée.

24*

La ferme des Playas de Jorullo est située 48 lieues à l'ouest de la ville de Mexico, dans une plaine où l'on cultive l'indigo, et qui est élevée de 404 toises au-dessus du niveau de la mer du Sud. Les montagnes du Mortero et de las Canoas, qui renferment les unes du basalte, les autres des trachytes ou porphyres trapéens, prouvent que, très-anciennement, ce pays a déjà été le théâtre de bouleversemens volcaniques. Même le Mirador et la butte désignée dans le plan par le chiffre (5), ont préexisté à la catastrophe du mois de septembre de l'année 1759. Dans cette catastrophe, il faut distinguer entre le soulèvement du Malpays (6) hérissé de milliers de petits cônes (*hornitos*), et celui des six volcans (3, 1, 2 et 4), sortis par une fente ou filon, et situés dans une même direction. Il n'y a que le volcan central (1) qui soit enflammé aujourd'hui. Les laves noires et spongieuses de la colline (2) renferment des fragmens d'une roche syénitique primitive. De toutes les révolutions du globe qui ont eu lieu dans des temps très-rapprochés de nous, le soulèvement du volcan de Jorullo, dont le nom a été jusqu'ici presque inconnu en Europe, est peut-être la plus grande et la plus extraordinaire. On a ajouté une esquisse de la Vue pittoresque, à l'usage de ceux qui ne possèdent pas les *Vues des Cordillères*.

FIN.

LE VOYAGE

DANS

L'AMÉRIQUE ESPAGNOLE

PAR

MM. A. DE HUMBOLDT et AIMÉ BONPLAND

CONTIENT

1. Relation historique du Voyage, 4 vol. in-4.º avec Atlas;
2.º Atlas pittoresque, ou Vues et Monumens des peuples indigènes de l'Amérique, 2 vol. in-fol.;
3.º Zoologie ou Anatomie comparée, 2 vol. in-4.º avec figures;
4. Essai politique sur la Nouvelle-Espagne, 2 vol. in-4.º avec Atlas;
5.º Astronomie, ou Recueil d'Observations astronomiques, 2 vol. in-4.º;

6.º Physique génerale et Géographie des Plantes, 1 vol. in-4.º avec une grande Carte;

7.º Botanique : Plantes équin., 2 vol. in-fol.;
Melastomes, 1 vol. in-fol.;
Rhexia, 1 vol. in-fol.

Chacune de ces parties forme un ouvrage particulier, QUI SE VEND SÉPARÉMENT.

Le tout sera composé de

    11 vol. in-4.º.

    4 vol. in-fol., papier grand-jésus vélin, contenant la Botanique.

    4 vol. in-fol., papier colombier vélin, contenant les Atlas.

    400 Gravures, dont une grande partie sont coloriées.

    70 Cartes géographiques, physiques et géologiques.

ANALYSE DE CHAQUE PARTIE DU VOYAGE.

PREMIÈRE PARTIE.

Relation historique du Voyage aux régions équinoxiales du Nouveau-Continent, fait en 1799, 1800, 1801, 1802, 1803 et 1804, par ALEXANDRE DE HUMBOLDT *et* AIMÉ BONPLAND; *rédigée par Alex. de Humboldt, avec deux Atlas qui renferment, l'un les Vues des Cordillères et les Monumens des peuples indigènes de l'Amérique, et l'autre des Cartes géographiques et physiques.*

PREMIÈRE DIVISION.

Relation historique du Voyage avec un Atlas géographique, géologique et physique.

Les auteurs ont réuni dans des ouvrages particuliers tout ce qui a rapport à l'astronomie, à la botanique, à la zoologie, à la description politique de la Nouvelle-Espagne et à l'histoire de l'ancienne civilisation de quelques peuples du Nouveau-Continent. Ils ont réservé pour la *Relation du Voyage* le tableau des mœurs et des progrès de la société dans les différentes colonies; des considérations générales sur l'aspect du paysage, l'influence des climats et les grands phénomènes de la nature; le récit des obstacles qu'il a fallu surmonter pendant un voyage de cinq ans dans l'intérieur des terres, à travers des pays en partie déserts ou habités par des peuples sauvages. On suit les voyageurs pas à pas sur la cime du volcan de Ténériffe, dans les montagnes de la Nouvelle-Andalousie et de Venezuela, sur les rives de l'Orénoque, les Cordillères de la Nouvelle-Grenade, de Quito, du Pérou et du Mexique. On aime à les voir en contact avec les objets qui les entourent, et leur récit nous intéresse d'autant plus qu'une teinte locale est répandue sur la description des lieux et des habitans. Pour que l'ouvrage fût plus varié dans les formes, M. de Humboldt a interrompu de temps en temps la partie purement historique par de simples descriptions. Il expose d'abord les phénomènes dans l'ordre où ils se sont présentés, puis il les considère dans l'ensemble de leurs rapports. Il fait connoître le régime intérieur des missions, de ces vastes établissemens monastiques, dont l'existence favorise l'agriculture, et qui, après avoir jeté les premières bases de la société dans les forêts du Nouveau-Monde, ont ralenti dans la suite les progrès des peuples vers la civilisation. Avec le tableau de ces hordes à demi-barbares contraste celui de la culture intellectuelle que l'on trouve sur les côtes ou dans les grandes capitales placées sur le dos des Cordillères. M. de Humboldt a visité successivement Caracas, la Havane, Santa-Fe de Bogota, Quito, Lima et Mexico. Il caractérise les nuances diverses de la culture nationale dans chaque colonie. Il trouve une tendance plus marquée pour l'étude approfondie des sciences à Mexico et à Santa-Fe de Bogota; plus de goût pour les lettres et tout ce qui peut flatter une imagination ardente et mobile à Quito et à Lima; plus de lumières sur les rapports politiques des nations, des vues plus étendues sur l'état des colonies et des métropoles, à la Havane et à Caracas. Le premier volume, qui vient d'être publié, renferme, outre une introduction générale, les observations faites dans les îles Canaries, dans la province de Cumana, dans les missions des Indiens Chaymas et dans la capitainerie générale de Caracas. Comme la côte de la Terre-Ferme avoit été agitée par des mouvemens révolutionnaires en 1797 et 1798, M. de Humboldt examine la force relative ou la prépondérance des castes, l'influence que le progrès des lumières et le changement dans les mœurs ont eue sur les habitudes et les idées anciennes, la tendance diverse des opinions politiques dans les colonies, selon leur position, l'état de l'agriculture et du commerce, le nombre des noirs et des indigènes. Nous pensons que cette dernière partie de l'ouvrage offre un vif intérêt dans un moment où l'Europe entière a les yeux fixés sur l'issue de la grande lutte entre les colonies et les métropoles.

La Relation historique du voyage renferme, dans des chapitres particuliers ou dans des notes ajoutées à la fin de chaque livre, les vues géologiques de l'auteur, ses observations sur la température, l'humidité et la tension électrique de l'air; enfin, tous les résultats importans qui n'avoient pas trouvé une place convenable dans les parties de l'ouvrage spécialement consacrées aux sciences mathématiques et physiques. M. de Humboldt rappelle « qu'uni par les liens de l'amitié la plus intime avec M. Bonpland, il publie en commun avec lui tous les ouvrages qui sont le fruit de leurs travaux, qu'il a exposé les faits tels qu'ils les ont observés ensemble; mais que, cette Relation ayant été rédigée d'après les notes écrites sur les lieux par M. de Humboldt, les inexactitudes qui peuvent se trouver dans le récit et dans les jugemens sur les mœurs et les institutions ne doivent être attribuées qu'à lui seul. »

L'Atlas géographique de la Relation historique contient les Cartes suivantes:

Limite inférieure des neiges perpétuelles à différentes latitudes. — Carte physique de l'Océan Atlantique. — Péninsule d'Araya et environs du port de Cumana. — Configuration des plaines qui s'étendent depuis les montagnes côtières de Caracas jusqu'aux rives de l'Orénoque. — Profil géologique du Rio de la Magdalena et d'une partie des Andes situées entre Honda et Santa-Fe de Bogota. — Crêtes des Cordillères de la Nouvelle-Grenade, de Popayan et de Quito.—Carte géologique du volcan de Rucu-Pichincha. — Carte géologique du volcan de Cotopaxi. — Profil géologique et physique du Chimborazo et du plateau de Calpi.—Coupe du volcan éteint de Toluca.— *Coupe du volcan de Jorullo.* — Esquisse d'un tableau général de la chaîne des Andes, au sud et au nord de l'équateur.— *Tableau physique et botanique du Pic de Ténériffe* (d'après les observations les plus récentes de MM. de Buch et C. Smith).—*Carte du Bas-Orénoque.—Missions du Rio Caura.* —Cours du Rio Apure.—*Partie orientale de la province de Varinas, et embranchemens des rivières situées entre l'Apure et le Meta. —Rio Meta et Cordillères orientales de Cundinamarca ou Andes de la Nouvelle-Grenade.* — Rio Guaviare et Caño Pimichin. — *Carte itinéraire de l'Orénoque, du Cassiquiare et du Rio Negro, offrant la communication de l'Orénoque avec la rivière des Amazones, et les plans topographiques de la cataracte de Maypures et du lac de Vasiva.*—Ile de Cuba. — Cours du Rio de la Magdalena, avec une partie du royaume de la Nouvelle-Grenade.

—Province de Pasto.—Volcan d'Antisana et province de Quixos.—Terrain bouleversé par le tremblement de terre de Riobamba, le 4 février 1797. — *Plan du volcan de Jorullo et du terrain qui entoure la partie soulevée.* —Province de Jaen de Bracamoros.—Partie supérieure et occidentale de la Rivière des Amazones.—Province de Maynas et cours du Rio Huallaga.—Carte générale (géologique) de l'Amérique méridionale.

Nota. Les caractères italiques indiquent les Cartes qui ont paru avec la première et la seconde Partie de la Relation historique (édit. in-4.°).

SECONDE DIVISION (COMPLÈTE).

Atlas pittoresque ou *Vues des Cordillères et Monumens des peuples indigènes du Nouveau-Continent.*

Quoique appartenant à la première partie, les Vues des Cordillères ou Atlas pittoresque font un ouvrage distinct. Il est destiné à la fois à faire connoître quelques-unes des grandes scènes que présente la nature dans les hautes chaînes des Andes, et à jeter du jour sur l'ancienne civilisation des Américains par l'étude de leurs monumens d'architecture, de leurs hiéroglyphes, de leur culte religieux et de leurs rêveries astrologiques. M. de Humboldt y a décrit la construction des téocallis ou pyramides mexicaines, comparée à celle du temple de Bélus, les arabesques qui couvrent les ruines de Mitla, des idoles en basalte ornées de la Calantica des têtes d'Isis, et un nombre considérable de peintures symboliques représentant la femme au serpent, qui est l'Ève mexicaine, le déluge de Coxcox, et les premières migrations des peuples de race aztèque. Il y a exposé les analogies frappantes qu'offrent le calendrier des Toltèques et les catastérismes de leur zodiaque avec les divisions du temps des peuples tartares et tibétains, de même que les traditions mexicaines sur les quatre régénérations du globe avec les pralayas des Hindoux et les quatre âges d'Hésiode : il y a consigné aussi, outre les peintures hiéroglyphiques qu'il a rapportées en Europe, des fragmens de tous les manuscrits aztèques qui se trouvent à Rome, à Veletri, à Vienne et à Dresde, et dont le dernier rappelle, par des symboles linéaires, les kouas des Chinois. A côté de ces monumens grossiers des peuples de l'Amérique, se trouvent dans le même ouvrage les vues pittoresques du pays montueux que ces peuples ont habité, comme celles de la cascade du Tequendama, du Chimborazo, du volcan de Jorullo et du Cayambé dont la cime aplatie, couverte de glaces éternelles, est placée immédiatement sous la ligne équatoriale. Dans toutes les zones, la configuration du sol, la physionomie des végétaux et l'aspect d'une nature riante ou sauvage influent sur les progrès des arts et sur le style qui distingue leurs productions. Cette influence est d'autant plus sensible, que l'homme est plus éloigné de la civilisation.

Les Vues et les Monumens se composent des planches suivantes au nombre de 69 :

Buste d'une prêtresse aztèque.—Vues de la grande place de Mexico. — Ponts naturels d'Icononzo. — Passage de la montagne de Quindiu, dans la Cordillère des Andes.—Chute du Tequendama.—Pyramide de Cholula.—Masse détachée de la pyramide de Cholula.—Monument de Xochicalco. — Volcan de Cotopaxi. — Relief mexicain trouvé à Oaxaca. — Généalogie des princes d'Azcapozalco; pièce de procès en écriture hiéroglyphique. — Manuscrit hiéroglyphique aztèque, conservé à la bibliothèque du Vatican. — Costumes dessinés par des peintres mexicains du temps de Montézuma. — Hiéroglyphes aztèques du manuscrit de Veletri. — Vue du Chimborazo et du Carguairazo. — Monument péruvien du Cañar. — Rocher d'Inti-Guaicu. — Ynga-Chungana, près du Cañar. — Intérieur de la maison de l'Inca, au Cañar. — Bas-relief aztèque trouvé à la grande place de Mexico. — Roches basaltiques et Cascade de Régla. — Relief en basalte représentant le calendrier mexicain. — Maison de l'Inca, à Callo, dans le royaume de Quito. — Le Chimborazo, vu depuis le plateau de Tapia. — Époques de la nature, d'après la mythologie aztèque. — Peinture hiéroglyphique tirée du manuscrit borgien de Veletri, et signes des jours de l'almanach mexicain. — Hache aztèque. — Idole aztèque de porphyre basaltique, trouvée sous le pavé de la grande place de Mexico. — Cascade du Rio Vinagre, près du volcan de Puracé. — Les Indiens qui nagent ou poste aux lettres de Bracamoros.—Histoire hiéroglyphique des Aztèques, depuis le déluge jusqu'à la fondation de la ville de Mexico. — Pont de cordage près de Pénipé.—Coffre de Perote.—Montagne d'Ilinissa.—Fragmens de peintures hiéroglyphiques, déposés à la bibliothèque royale de Berlin.—Peintures hiéroglyphiques du musée Borgia à Veletri.— Migration des peuples aztèques, peinture hiéroglyphique déposée à la bibliothèque royale de Berlin. — Vases de granit, trouvés sur la côte de Honduras. — Idole aztèque, en basalte, trouvée dans la ville de Mexico.—Volcan d'air de Turbaco.—Volcan de Cayambe. —Volcan de Jorullo. — Calendrier des Indiens Muyscas, anciens habitans du plateau de Bogota. — Fragment d'un manuscrit hiéroglyphique conservé à la bibliothèque royale de Dresde.—Peintures hiéroglyphiques tirées du manuscrit mexicain conservé à la bibliothèque impériale de Vienne, n.º 1, 2 et 3. — Ruines de Miguitlan ou Mitla dans la province d'Oaxaca; plan et élévation.—Vue du Corazon.—Costumes des Indiens de Méchoacan.—Vue de l'intérieur du cratère du Pic de Ténériffe.—Fragmens de peintures hiéroglyphiques tirés du Codex Telleriano-Remensis. — Fragment d'un calendrier chrétien tiré des manuscrits aztèques conservés à la bibliothèque royale de Berlin. — Peintures hiéroglyphiques de la Raccolta di Mendoza. — Fragmens de peintures aztèques tirés d'un manuscrit conservé à la bibliothèque du Vatican. — Volcan de Pichincha. — Plan d'une maison fortifiée de l'Inca, située sur le dos de la Cordillère de l'Assuay. — Ruines d'une partie de l'ancienne ville péruvienne de Chulucanas.—Radeau de la rivière de Guayaquil.—Sommet de la montagne des Organos d'Actopan. — Montagnes de porphyre colonnaire du Jacal.—Tête gravée en pierre dure par les Indiens Muyscas ; bracelet d'obsidienne. — Vue du lac de Guatavita.—Vue de la Silla de Caracas.—Le dragonnier de l'Orotava.

SECONDE PARTIE.

Recueil d'Observations de zoologie et d'anatomie comparée, avec planches dont la plupart sont coloriées.

M. de Humboldt a réuni dans cet ouvrage

l'histoire du Condor ; des expériences sur l'électricité des Gymnotes ; un mémoire sur le larynx des Crocodiles, des quadrumanes et des oiseaux des tropiques ; la description de plusieurs nouvelles espèces de reptiles, de poissons, d'oiseaux, de singes et d'autres mammifères peu connus. M. Cuvier a enrichi ce recueil d'un mémoire très-étendu sur l'Axolotl du lac de Mexico et sur les Protées en général. Le même naturaliste a aussi reconnu deux nouvelles espèces de Mastodontes et un véritable éléphant, parmi les os fossiles que MM. de Humboldt et Bonpland ont rapportés des deux Amériques. La description des insectes recueillis par M. Bonpland, est due à M. Latreille, dont les travaux ont tant contribué de nos jours aux progrès de l'entomologie. Le second volume de cet ouvrage renfermera les coquilles, les quadrupèdes de la province de Quito et les figures des crânes mexicains, péruviens et autres que les auteurs ont déposés au Muséum d'histoire naturelle de Paris, et sur lesquels M. Blumenbach a déjà publié quelques observations dans le *Decas quinta craniorum diversarum gentium.*

TROISIÈME PARTIE (COMPLÈTE).

Essai politique sur le royaume de la Nouvelle-Espagne, avec un Atlas physique et géographique fondé sur des observations astronomiques, des mesures trigonométriques et des nivellemens barométriques.

Cet ouvrage, fondé sur un grand nombre de mémoires officiels, offre en six divisions des considérations sur l'étendue et l'aspect physique du Mexique, sur la population, les mœurs des habitans, leur ancienne civilisation et la division du pays en intendances. Il embrasse à la fois l'agriculture, les richesses minérales, les manufactures, le commerce, les finances, et la défense militaire de ces contrées. En traitant ces différens objets de l'économie politique, M. de Humboldt les a envisagés sous un point de vue général; il a mis en parallèle la Nouvelle-Espagne, non seulement avec les autres colonies espagnoles et la confédération des États-Unis de l'Amérique septentrionale, mais aussi avec les possessions des Anglois en Asie; il a comparé l'agriculture des pays situés sous la zone torride à celle des climats tempérés; il a examiné la quantité de denrées coloniales dont l'Europe a besoin dans l'état actuel de sa civilisation. En traçant la description géognostique des districts des mines les plus riches du Mexique, il a présenté le tableau du produit minéral, de la population, des importations et des exportations de toute l'Amérique espagnole; enfin, il a abordé plusieurs questions qui, faute de données exactes, n'avoient pu être traitées jusqu'ici avec toute la profondeur qu'elles exigent, comme celles sur le flux et le reflux des richesses métalliques, sur leur accumulation progressive en Europe et en Asie, et sur la quantité d'or et d'argent que, depuis la découverte de l'Amérique jusqu'à nos jours, l'ancien continent a reçue du nouveau. L'introduction géographique, placée à la tête de cet ouvrage, renferme l'analyse des matériaux qui ont servi à rédiger l'Atlas mexicain. Voici l'indication des cartes dont se compose cet Atlas:

Carte réduite du royaume de la Nouvelle-

Espagne [1].—Carte de la Nouvelle-Espagne et des pays limitrophes.—Carte de la vallée de Mexico ou de l'ancien Ténochtitlan. — Carte qui présente les points sur lesquels on a projeté des communications entre l'Océan atlantique et la mer du Sud.—Carte réduite de la route d'Acapulco à Mexico.—Carte de la route de Mexico à Durango.—Carte de la route de Durango à Chihuahua. — Carte de la route de Chihuahua à Santa-Fe del Nuevo-Mexico. —Carte de la pente orientale de la Nouvelle-Espagne, depuis le plateau de Mexico jusqu'aux côtes de la Vera - Cruz. — Carte des fausses positions. — Plan du port de la Vera-Cruz.—Tableau physique de la pente orientale du plateau d'Anahuac.—Tableau physique de la pente occidentale du plateau de la Nouvelle-

---

[1] Cette carte de M. de Humboldt a été copiée par M. Arrowsmith à Londres, qui se l'est appropriée en la publiant sur une plus grande échelle, en 1805, sous le titre de *New Map of Mexico, compiled from original documents by Arrowsmith*. Il est facile de reconnoître la copie par beaucoup de fautes chalcographiques et par l'explication des signes qu'on a *oublié de traduire* du françois en anglois.

Espagne.—Tableau physique du plateau central de la Cordillère de la Nouvelle-Espagne.—Profil du canal de Huehuetoca.—Vue pittoresque des volcans de Mexico ou de la Puebla.—Vue pittoresque du Pic d'Orizaba.—Plan du port d'Acapulco. — Carte des diverses routes par lesquelles les richesses métalliques refluent d'un continent à l'autre.—Figures représentant la surface de la Nouvelle-Espagne et de ses intendances, les progrès de l'exploitation métallique, et d'autres objets relatifs aux colonies des Espagnols dans les deux Indes. — (Ces cartes se fondent sur le tableau des positions géographiques du royaume de la Nouvelle-Espagne, déterminées par des observations astronomiques et sur le tableau des hauteurs les plus remarquables, mesurées dans l'intérieur de ce vaste pays.)

QUATRIÈME PARTIE (complète).

Recueil d'Observations astronomiques, d'Opérations trigonométriques et de Mesures barométriques, faites pendant le cours d'un voyage aux régions équinoxiales du Nouveau-Continent, en 1799-1804, rédigées et calculées par M. Oltmanns.

M. de Humboldt discute, dans l'Introduction placée à la tête de cet ouvrage, le choix des instrumens propres à employer, dans des voyages lointains, le degré de précision que l'on peut atteindre dans les différens genres d'observations, le mouvement propre de quelques grandes étoiles de l'hémisphère austral, et plusieurs méthodes dont l'usage n'est pas assez répandu parmi les navigateurs.

Cet ouvrage, auquel on a joint des recherches historiques sur la position de plusieurs points importans pour les navigateurs, renferme, 1.° les observations que M. de Humboldt a faites depuis les 12° de latitude australe jusqu'aux 41° de latitude boréale, comme passages du soleil et des étoiles par le méridien, distances de la lune au soleil et aux étoiles, occultations de satellites, éclipses de soleil et de lune, passage de Mercure sur le disque du soleil, azimuths, hauteurs circumméridiennes de la lune pour déterminer la longitude par le moyen des différences de déclinaisons, recherches sur l'intensité relative de la lumière des étoiles australes, mesures géodésiques, etc.; 2.º un Mémoire sur les réfractions astronomiques sous la zone torride, considérées comme effet du décroissement du calorique dans les couches superposées de l'air; 3.º le nivellement barométrique de la Cordillère des Andes, du Mexique, de la province de Venezuela, du royaume de Quito et de la Nouvelle-Grenade, suivi d'observations géologiques et renfermant l'indication de quatre cent cinquante-trois hauteurs calculées d'après la formule de M. La Place et le nouveau coëfficient de M. Ramond; 4.º un tableau de près de sept cents positions géographiques du Nouveau-Continent, dont deux cent trente-cinq ont été déterminées par les observations de M. de Humboldt, selon les trois coordonnées de longitude, de latitude et de hauteur. M. Oltmanns a discuté et calculé toutes ces observations d'après les tables les plus récentes.

CINQUIÈME PARTIE.

Physique générale, renfermant un traité sur les climats (ou la théorie des lignes isothermes), l'essai sur la géographie des végétaux et un Recueil d'Observations sur l'inclinaison de l'aiguille aimantée et l'intensité des forces magnétiques.

La théorie des lignes isothermes, dont M. de Humboldt a exposé les élémens dans les *Prolegomena de distributione geographica plantarum* et dans le troisième volume des *Mémoires de la Société d'Arcueil*, renferme tout ce qui a rapport à la distribution de la chaleur sur le globe : 1.° à sa surface, dans les plaines ; 2°. sur la pente des montagnes ; 3.° dans l'Océan ; 4.° dans l'intérieur de la terre. Cette théorie offre les *élémens numériques* de la *Climatologie*, les inflexions des lignes isothermes qui ont leurs sommets convexes sur les côtes occidentales des continens, la distribution d'une même quantité de chaleur entre les différentes saisons d'après des proportions fixes ou renfermées entre des limites très-étroites. Elle offre les résultats tirés d'un grand nombre d'observations inédites; elle les groupe d'après une méthode qui n'avoit point encore été essayée, quoique l'avantage qu'elle présente ait été reconnu, depuis un siècle, dans l'Exposé des phénomènes de la déclinaison et de l'inclinaison magnétiques.

L'Essai sur la géographie des plantes a été publié, pour la première fois, en 1806. Cet ouvrage a été depuis entièrement refondu et augmenté de recherches sur *les lois qu'on reconnoît dans la distribution des formes végétales* sous différens climats. M. de Humboldt prouve que si l'on a déterminé, sur un point quelconque du globe, le nombre d'espèces qu'offre une des grandes familles des glumacées, des crucifères ou des légumineuses, on peut évaluer avec beaucoup de probabilité et le nombre de toutes les plantes phanérogames et le nombre des espèces qui composent les diverses familles végétales. On voit certaines formes devenir plus communes, de l'équateur vers le pôle, comme les fougères, les glumacées, les amentacées, les éricinées et les rhododendrum. D'autres formes, au contraire, augmentent des pôles vers l'équateur, et peuvent être considérées dans notre hémisphère comme des formes méridionales : telles sont les rubiacées, les malvacées, les euphorbiacées, les légumineuses et les composées. D'autres enfin atteignent leur maximum dans la zone tempérée même, et diminuent également vers l'équateur et les pôles. Telles sont les labiées, les crucifères et les ombellifères. En connoissant, sous la zone tempérée, le nombre des cypéracées ou des composées, on peut deviner celui des graminées ou des légumineuses. L'auteur a réuni dans un seul tableau l'ensemble des phénomènes physiques que présente la partie du Nouveau-Continent comprise dans la zone torride depuis le niveau de la mer du Sud jusqu'au sommet de la plus haute cime des Andes ; savoir : la végétation, les animaux, les rapports géologiques, la culture du sol, la température de l'air, les limites des neiges perpétuelles, la constitution chimique de l'atmosphère, sa tension électrique, sa pression barométrique, le décroissement de la gravitation, l'intensité de la couleur azurée de ciel, l'affoiblissement de la lumière pendant son passage par les couches superposées de l'air, les réfractions horizontales et la chaleur de l'eau bouillante à différentes hauteurs. Quatorze échelles disposées à côté d'un profil des Andes, indiquent les modifications que subissent ces phénomènes par l'influence de l'élévation du sol au-dessus du niveau de l'Océan. Chaque groupe de végétaux est placé à la hauteur que la nature lui a assignée, et l'on peut suivre la prodigieuse variété de leurs formes depuis la région des palmiers et des fougères en arbres jusqu'à celles des Johannesia (Chuquiraga, Juss.), des graminées et des plantes licheneuses. Ces régions forment les divisions naturelles de l'empire végétal; et, de même que les neiges perpétuelles se trouvent sous chaque climat à une hauteur déterminée, les espèces fébrifuges de Quinquina (Cinchona) ont aussi des limites fixes indiquées sur la Carte botanique qui accompagne cet Essai sur la Géographie des plantes.

Le volume de la physique générale sera terminé par l'exposé des phénomènes magnétiques observés par M. de Humboldt, sous la zone torride, depuis les plaines jusque sur le dos des Andes. Il y traitera de l'inclinaison de l'aiguille aimantée, des variations horaires de la déclinaison, et surtout de la *loi du décroissement d'intensité des forces magnétiques* du pôle vers l'équateur, loi qu'il a reconnue pendant le cours de son voyage en Amérique.

SIXIÈME PARTIE. (*Botanique, rédigée par M. Bonpland* [1]).

[1] Indépendamment de la description des plantes contenues dans cette Partie, M. Bonpland publie, conjointement avec MM. de Humboldt et Kunth, comme cela avoit été annoncé dans l'Introduction de la Relation historique, un ouvrage particulier sous le titre de *Nova genera et Species plantarum quas in peregrinatione ad plagam œquinoctialem orbis novi collegerunt, descripserunt, partim adumbraverunt, Amat. Bonpland et Alexander de Humboldt; ex schedis autographis Amati Bonplandi in ordinem digessit Carolus Sigism. Kunth. Accedunt tabulæ æri incisæ et Alexandri de Humboldt notationes ad Geographiam plantarum spectantes.*) Cet ouvrage, dont le premier volume a paru, et qui renfermera 3000 nouvelles espèces, se trouve également à la Librairie grecque, latine et allemande.

Première Division (complète).

Plantes équinoxiales recueillies au Mexique, dans l'île de Cuba, dans les provinces de Caracas, de Cumana et de Barcelone, aux Andes de la Nouvelle-Grenade, de Quito et du Pérou, et sur les bords du Rio Negro, de l'Orénoque et de la rivière des Amazones.

M. Bonpland y a donné les figures de près de quarante nouveaux genres de plantes de la zone torride, rapportées à leurs familles naturelles. Les descriptions méthodiques des espèces sont à la fois en françois et en latin, et accompagnées d'observations sur les propriétés médicales des végétaux, sur leur usage dans les arts et sur le climat des contrées où ils se trouvent.

Seconde Division.

1.º *Melastomes* (complets).
2.º *Rhexia*. Il reste à publier trois Livraisons, contenant 15 planches.

Monographie des Mélastomes, Rhexia et autres genres de cet ordre de plantes.

Cet ouvrage est destiné à faire connoître plus de cent cinquante espèces de Mélastomacées que MM. de Humboldt et Bonpland ont recueillies pendant le cours de leur voyage, et qui font un des plus beaux ornemens de la végétation des tropiques. M. Bonpland y a joint les plantes de la même famille que, parmi tant d'autres richesses d'histoire naturelle, M. Richard a rapportées de son intéressant voyage aux Antilles et à la Guiane françoise, et dont il a bien voulu lui communiquer les descriptions.

Il n'appartient point à l'éditeur de faire l'éloge de la partie typographique de cet ouvrage et des gravures qui en accompagnent les diverses parties. Outre les dessins faits par M. de Humboldt, nous nous bornerons à citer pour la Botanique ceux de MM. Turpin et Poiteau; pour la Zoologie, ceux de MM. Baraband, Huet, Laurillard, Bessa et Oppel; pour les Monumens et les Vues des Cordillères, ceux de MM. Thibaut et Marchais à

Paris, Gmelin, Pinelli et Koch à Rome, Arnold à Berlin et Ximeno à Mexico. Les cartes géographiques ont été gravées par MM. Tardieu père et fils, Barrière et Aubert. L'exécution des planches qui composent les deux volumes des Plantes équinoxiales a été confiée à M. Sellier, celle des Melastomes à M. Bouquet. C'est des belles presses de M. Langlois qu'est sorti l'ensemble de ces gravures au nombre de 470, dont une grande partie sont coloriées. On a tiré de tous les ouvrages de MM. de Humboldt et Bonpland *deux exemplaires complets sur peau vélin*, dignes d'orner une des grandes bibliothèques de l'Europe.

ÉTAT DE LA PUBLICATION DU VOYAGE

AU MOIS DE JUIN 1817.

	PRIX.			
	papier fin.		pap.er vél.	
	publié.	à publier.	publié.	à publier.
	fr.	fr.	fr.	fr.
Première section.				
Première division. *Relation historique du Voyage*, formant 4 vol. in-4.° et 3 vol. d'Atlas in-fol.				
La première Partie du 1.er volume de la Relation historique, contenant 350 pages de texte et 5 cartes géograp.	60		72	
La seconde Partie paroît dans ce moment. Tous les deux mois il sera publié successivement un ½ vol. in-4.°, contenant 350 pages de texte, et 4 à 5 cartes géographiques............	60		72	
Les six demi-volumes............		360		432
Deuxième division (complète). *Vues des Cordillères* ou *Atlas pittoresque*, 2 vol. in-fol., papier colombier vélin, contenant 350 pages de texte et 69 gravures, la plupart coloriées.				
Figures avant la lettre.........			756	
Figures avec la lettre.........	504			
Quoique compris dans la première division du Voyage, l'Atlas pittoresque forme un ouvrage distinct et *se vend séparément.*				
Seconde section.				
Zoologie et Anatomie comparée, 2 vol. in-4.°, accompagnés d'un grand nombre de planches, la plupart imprimées en couleur.				
Les neuf Cahiers qui ont paru, dont sept forment le 1.er vol........	176		232	
Les quatre Cahiers suivans paroîtront avant six mois, et compléteront le second volume.......		100		140
Troisième section (complète).				
Essai politique sur la Nouvelle-Espagne, 2 vol. in-4.° de 900 pages et d'un Atlas in-fol., de 52 cartes et tableaux géographiques, physiques et statistiques.........................	300		380	

(69)

	PRIX.			
	papier fin.		pap.er vél.	
	publié.	à publier	publié.	à publier
	fr.	fr.	fr.	fr.
QUATRIÈME SECTION (complète). *Astronomie* ou *Recueil d'Observations astronomiques, d'Opérations trigonométriques, et de Mesures barométriques faites pendant le cours du Voyage*, 2 vol. in-4.° de 700 pag.	192		352	
CINQUIÈME SECTION. *Physique générale*, contenant *un Traité sur les climats, la Géographie des Plantes et les observations magnétiques* avec la carte, 1 vol. in-4°. Ce volume sera publié avant le mois de septembre prochain............		60		72
SIXIÈME SECTION (*Botanique*). Première division (complète). *Plantes équinoxiales*, 2 vol. in-fol. de 500 pages de texte, et 144 planches en noir......................	520		520	
Deuxième division, 1.° Les *Melastomes* (complets), 1 vol. in-fol. de 150 pag. de texte, et 60 fig. coloriées.....................	432		432	
2.° Les *Rhexia*, 1 vol. in-fol. de 150 pag., et 60 figures coloriées. Les sept Cahiers qui ont paru......	252		252	
Les trois derniers Cahiers paroîtront dans le cours de six mois........ La Partie Botanique n'existe que sur papier vélin. Pour les personnes qui voudront l'avoir dans le même format que les Atlas, il en a été tiré un petit nombre d'exemplaires sur papier colombier. Dans ce format, l'exemplaire complet des Plant. équin. coûte 880f. au lieu de 520f. des Melastomes..... 720 au lieu de 432 des Rhexia........ 600 au lieu de 360		108		108
	2496	628	3068	752
Prix de l'exemplaire complet de toutes les Parties..............	3124		3820	

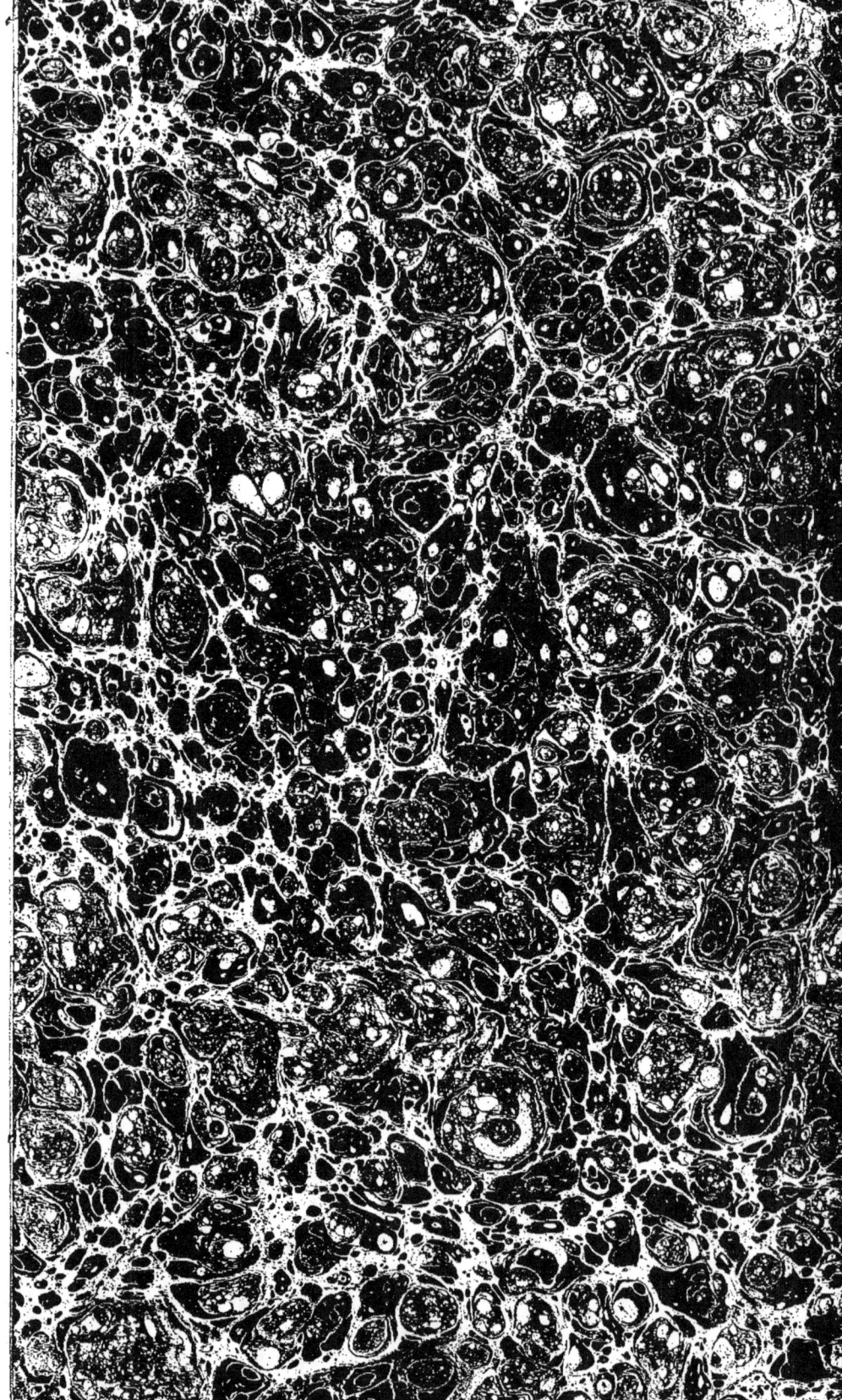

8° H
1,568
4

HUMBOLDT

VOYAGE
AUX RÉGIONS
ÉQUINOXIALES

www.ingramcontent.com/pod-product-compliance
Lightning Source LLC
Chambersburg PA
CBHW071943220426
43662CB00009B/975